O Direito a Ações Imorais
PAUL JOHANN ANSELM VON FEUERBACH
E A CONSTRUÇÃO DO MODERNO DIREITO PENAL

O Direito a Ações Imorais
PAUL JOHANN ANSELM VON FEUERBACH
E A CONSTRUÇÃO DO MODERNO DIREITO PENAL

Rafael Mafei Rabelo Queiroz

O DIREITO A AÇÕES IMORAIS
PAUL JOHANN ANSELM VON FEUERBACH
E A CONSTRUÇÃO DO MODERNO DIREITO PENAL
@ Almedina, 2012

Rafael Mafei Rabelo Queiroz

DIRETORA EDITORIAL: Paula Valente
DIAGRAMAÇÃO: G.C. – Gráfica de Coimbra, Lda.
DESIGN DE CAPA: FBA.

ISBN: 978-85-63182-23-4

Dados Internacionais de Catalogação na Publicação (CIP)
(Câmara Brasileira do Livro, SP, Brasil)

Queiroz, Rafael Mafei Rabelo
O direito a ações imorais : Paul Johann Anselm von Feuerbach
e a construção do moderno direito penal / Rafael Mafei Rabelo Queiroz.
– São Paulo : Almedina, 2012.

ISBN: 978-85-63182-23-4

1. Direito – Filosofia 2. Direito – Teoria 3. Direito penal 4. Direito penal – História
5. Feuerbach, Paul Johann Anselm von, 1775-1833 I. Título.

12-11262   CDU-343

Índices para catálogo sistemático:
1. Direito penal 343

Este livro segue as regras do novo Acordo Ortográfico da Língua Portuguesa (1990).

Todos os direitos reservados. Nenhuma parte deste livro, protegido por copyright, pode ser reproduzida, armazenada ou transmitida de alguma forma ou por algum meio, seja eletrônico ou mecânico, inclusive fotocópia, gravação ou qualquer sistema de armazenagem de informações, sem a permissão expressa e por escrito da editora.

Setembro, 2012

EDITOR: ALMEDINA
Alameda Campinas, 1.077, 6º andar, Jd. Paulista
01404-001 – São Paulo, SP – Brasil
Tel./Fax: +55 11 3885-6624
editorial@almedina.com.br
www.almedina.com.br | www.grupoalmedina.net

Para Tathiane, em memória de uma viagem a Istambul.

Obrigado pela compreensão e apoio infinitos.

AGRADECIMENTOS

Este livro jamais existiria sem duas pessoas: Tathiane Piscitelli, minha esposa, que passou cada dia dos últimos cinco anos dando-me apoio, ideias e opiniões, e mostrou, mais uma vez, o quanto ela, que já é insubstituível nos momentos de calmaria, torna-se particularmente maravilhosa nos de tormenta; e José Reinaldo de Lima Lopes, orientador participativo e exigente, que nunca poupou esforços para contribuir com o desenvolvimento deste trabalho, e ao mesmo tempo jamais deixou que eu me eximisse de meus ônus e deveres de pesquisador. A ambos, agradeço especialmente.

As condições materiais para a realização deste trabalho dependeram enormemente de bolsas de estudos concedidas pela Coordenação de Aperfeiçoamento de Pessoal de Nível Superior (CAPES), do Ministério da Educação, e pelo Serviço Alemão de Intercâmbio Acadêmico (*Deutscher Akademischer Austauschdienst – DAAD*), que financiaram uma estada de um ano no Instituto Max Planck para Direito Penal Estrangeiro e Internacional em Friburgo, na Alemanha. A essas três instituições, e especialmente aos amigos do Max Planck (Prof. Ulrich Sieber, Johanna Rinceanu, Jan Simon e Pablo Galain; Daniela Cernko e Andreas Armborst), meus sinceros agradecimentos. Essa passagem pela Alemanha, que foi ótima, ganhou um toque especial pela companhia dos amigos brasileiros, especialmente Régis Anderson Dudena, Janaísa Martins Viscardi e Eduardo Oliveira. Enquanto estivemos na Alemanha, minha família e a família de minha esposa deram todo o apoio para que as coisas seguissem nos eixos no Brasil, e por isso também lhes agradeço.

Devo também um especial agradecimento aos membros da banca de qualificação da tese que deu origem a este livro. Não é exagero dizer que, não fossem os preciosos comentários dos professores Sérgio Salomão Shecaira e Ronaldo Porto Macedo Jr., além dos de meu orientador, meu trabalho teria seguido rumos incertos e perigosos, que não posso nem quero imaginar quais teriam sido, mas que seguramente teriam redundado em uma tese sensivelmente pior. Agradeço também aos membros da banca examinadora da versão final da tese cujos comentários foram importantes para a melhora pontual do texto que examinaram: Theo Dias, Arno Wehling e José Rogério Cruz e Tucci. Também ajudaram muito na troca de ideias e consulta a fontes os amigos Davi Tangerino, Luiz Gustavo Bambini de Assis e Thiago Acca. Os estagiários Flávio Riva e Fernanda de Deus colaboraram muito na coleta de materiais bibliográficos. Agradeço também a Adriane Piscitelli, responsável pelo copidesque feito na versão original da tese que resultou neste livro, cuja prova final foi revisada por Ana Maria Ferreira Côrtes e Rafael Barros de Oliveira, a quem igualmente agradeço.

Na Direito GV, encontrei, nos seis últimos anos, um ambiente único de amizade e estímulo acadêmico. Agradeço a todos os seus membros, de ambos os lados da Rua Rocha, por fazerem isso possível. Não citarei nomes para não cometer a indelicadeza de deixar alguém de fora, pelo que não me perdoaria.

Nos momentos de finalização deste livro, já pude contar com a incrível presença de meus dois filhos na minha vida. Ao Miguel e ao Gustavo agradeço também, porque eles são a grande motivação de minhas realizações, por mais que não tenham ainda idade para entendê-las.

PREFÁCIO
Um código penal para cidadãos

José Reinaldo de Lima Lopes[1]

Em 1830 foi cumprida a promessa da Carta Constitucional de 1824 e o Império do Brasil ganhou seu primeiro código, o Código Criminal. Não é de surpreender que este código e não o código civil fosse o primeiro a ser sancionado: algo semelhante acontecera em vários outros Estados que se constitucionalizavam, e a razão disso é fácil de compreender. Em primeiro lugar, o abandono do modelo antigo de direito penal fora precedido de longa gestação no ambiente ilustrado, na república das letras do século XVIII. Em segundo lugar as maiores queixas contra administração da justiça no Brasil, a partir da chegada da corte em 1808, eram dirigidas ao sistema penal. Era tido como arbitrário, palco privilegiado para as perseguições políticas e verdadeira colcha de retalhos historicamente acumulada sobre o corpo da *respublcia*. Os próprios operadores do sistema, os desembargadores dos tribunais superiores (Relações da Bahia, Recife, São Luiz, Casa da Suplicação e Desembargo do Paço), eram os primeiros a denunciar as mazelas do sistema. Alguns diziam que a legislação criminal era tão severa e irracional para o tempo,

---

[1] Professor da Escola de Direito de São Paulo da Fundação Getulio Vargas e da Faculdade de Direito da Universidade de São Paulo.

que os julgadores mesmos deixavam de aplicá-la. Agindo assim aplacavam seus próprios escrúpulos, mas davam ao público uma indicação capaz de enfraquecer o próprio senso de legalidade. Ora, um Estado liberal e constitucional, como pretendiam seus defensores, deveria ser necessariamente um Estado de legalidade.

O trabalho que se vai ler a seguir aponta para a primeira das razões da codificação penal brasileira. Trata-se de um trabalho de história das idéias jurídicas, não de uma história das instituições. Tem inúmeras originalidades, das quais vale a pena destacar o fato de procurar num lugar menos explorado, a cultura jurídica de língua alemã, uma fonte importante de nosso pensamento. Uma segunda notável originalidade no panorama brasileiro diz respeito à recapitulação do ambiente intelectual em que nosso código se origina.

Para fazer isso, Rafael oferece-nos um panorama da cultura jurídica das primeiras décadas do século XIX, tanto no ambiente de Feuerbach, a Baviera cultivadora, por seus príncipes ilustrados, de uma reforma ilustrada típica do "iluminismo de Estado" dos países católicos, quanto do ambiente brasileiro, também ele diretamente herdeiro dessa ilustração católica.

Apesar de apontar primeiramente para o modelo de direito penal, a pesquisa aponta para um elemento central do novo direito penal, a legalidade. É certo que a legalidade sempre esteve presente no pensamento criminal anterior, mas adquire uma dimensão específica nos Estados constitucionais porque indica uma passagem importantíssima em que o estatuto de cidadão precede logicamente e dá forma a todos os outros estatutos pessoais e a todas as outras condições humanas (os estatutos *naturais*). É nesse ponto que o direito penal se apresenta como um dos campos fundamentais da nova instituição, o Estado liberal constitucional e de direito que se está projetando naquela altura da história.

A Carta de 1824, batizada posteriormente nas urnas pela Revolução de 1831 e pela emenda constitucional de 1834 (Ato Adicional), prometera dois códigos: um código civil e um código criminal. Pelo primeiro, seriam estabelecidas com clareza as relações possíveis entre os cidadão privados. Pelo segundo, seriam estabelecidas as relações dos cidadãos privados entre si mediadas pela punição vinda do Estado. Somados esses dois códigos à Constituição, interpretada à época como o código do direito público, punha-se de pé o edifício legal. Nestes termos, o novo direito penal incorporava o assunto a uma forma de relação entre as pessoas que bem se poderia definir como estatuto de cidadania. O Estado punia não para melhorar os indivíduos, mas para garantir a segurança pública, da qual todos eram beneficiários, ou a ordem pública, base da vida política. E punia para reduzir todos ao estado de cidadãos, de participantes na república, ou seja, na comunidade política que se fundava. O código de 1830 aboliu, como sabemos, os crimes imaginários e os crimes sem vítima, bem na linha do pensamento ilustrado. Ora essas dimensões do direito penal não se destacam completamente, portanto, de um modelo político em que a redução e o controle do poder público, e no caso do direito penal, a redução e o controle do poder arbitrário (quiçá discricionário) dos julgadores. O direito penal passa a ser um direito dos cidadãos e, diante da autoridade, o cidadãos afirmam e exercem direitos fundamentais. Reduzir o número de crimes e organizá-los em um sistema exaustivo e compreensível era, pois, elementar para por fim ao regime antigo.

Isso não seria possível a não ser mediante um sistema conceitual. A realidade e os fatos são caóticos: nossos conceitos são o que os organiza. E as ações humanas não podem ser inteligíveis senão mediante esquemas conceituais, os quais simultaneamente permitem que se realizem propriamente, que venham a existir como ações e não como fenômenos ou processos naturais. E é esse o objeto do trabalho que se vai ler agora. Como nasceu o direito penal que organizou e continua a organizar nossa vida social e nossa vida civil, vida de cidadãos. Não se trata de uma narrativa de eventos, ou anedótica, mas de uma história das idéias, feita com os artifícios da historiografia que apenas agora, e em círculos muito restritos no Brasil, se vai conhecendo entre nós: uma história dos discursos e das controvérsias, das hesitações e das alternativas conceituais criadas, experimentadas, abandonadas até, por razões também práticas e institucionais. Uma história complexa, pois, e indispensável para recompor nossa consciência jurídica. Instigante e elegantemente escrita. Paro por aqui porque não convém retardar mais o prazer da leitura que se terá ao acompanhar a investigação cumprida neste livro.

APRESENTAÇÃO

Este livro é uma derivação de minha tese de doutorado, originada de uma pesquisa realizada nos anos de 2007 e 2008 na Faculdade de Direito da USP e no Instituto Max Planck para Direito Penal Estrangeiro e Internacional em Friburgo, Alemanha. A tese de que ele resulta é maior, tanto em extensão quanto em relação ao seu objeto. Enquanto este livro se foca na construção da dogmática penal contemporânea em Feuerbach, a tese de que ele nasceu contém um capítulo adicional, que analisa o processo de chegada e consolidação desse modelo de dogmática penal no pensamento jurídico brasileiro. Se, na tese, fazia sentido que as duas partes estivessem reunidas, para um livro, que deve levar em conta também razões de natureza editorial, parece-me melhor que sejam separadas.

O foco deste livro é a construção de um objeto teórico-jurídico, a dogmática penal, e sua relação com um conjunto de elementos (teóricos e institucionais) historicamente estabelecidos, ligados a uma orientação político-filosófica que se pode chamar de liberal. Seu autor chave será Paul Johann Anselm von Feuerbach (1775-1833), mas o enfoque escolhido para o trabalho fará com que ele se coloque a todo momento em diálogos e disputas com outros autores contemporâneos e anteriores a ele, do campo do direito e da filosofia.

Um marco importante deste trabalho está na orientação metodológica que assume: uma leitura hermenêutica da dogmática jurídica do passado, inspirada sobretudo em H. L. A. Hart e sua doutrina da análise do direito por um ponto de vista interno. O fato da dogmática e do direito aqui analisados serem do passado, e não do presente, não invalida a utilidade desse método, que julgo ter rendido bons resultados para a composição do argumento deste livro.

O livro tem três grandes partes, cada uma merecedora de um capítulo. O Capítulo I explica detalhadamente o objeto do livro, além de indicar a forma como foi feita a pesquisa e análise de dados e oferecer justificativas para alguns pontos do trabalho que julgo carecerem de esclarecimentos mais pontuais. O Capítulo II faz um exame amplo da posição de alguns conceitos e ideias centrais para a dogmática penal contemporânea no pensamento jurídico e político moderno, período imediatamente anterior à doutrina de Feuerbach. Este capítulo serve para situar a obra de Feuerbach em seu tempo, bem como para permitir a aferição da exata medida em que foi inovadora no sentido de construir um objeto jurídico-penal distinto daquele que até então predominava no pensamento jurídico europeu. O Capítulo III traz, enfim, a análise da obra de Feuerbach, mostrando como ele constrói uma doutrina que espelha a dogmática penal contemporânea, e especialmente como o fez a partir de um sentido intimamente ligado a uma doutrina filosófica e política específica. Com isso, o argumento do livro é, em síntese, que a nossa forma hoje em dia natural de conceber o direito penal é produto de um conjunto complexo de postulações normativas engenhosamente articuladas em forma de um conjunto dogmático que, desde então, dá ao direito penal o aspecto teórico que nele enxergamos. As implicações disso são extraídas no capítulo IV, à guisa de considerações finais.

LISTA DE ABREVIAÇÕES DAS OBRAS DE P. J. A. FEUERBACH

Über Philosophie – 1969. *Über Philosophie und Empirie in ihrem Verhältnisse zur positiven Rechtswissenschaft*. Darmstadt: Wissenschaftliche Buchgesellschaft.

Einige Worte – 1833. Einige Worte über historische Rechtsgelehrsamkeit und einheimische teutsche Gesezgebung. In: P.J.A. Feuerbach, *Kleine Schriften vermischten Inhalts*. Nürnberg: Theodor Otto Verlag.

Über die Strafe – 1800. *Über die Strafe als Sicherungsmittel vor künftigen Beleidigungen des Verbrechers, nebst einer näheren Prüfung der kleinischen Strafrechtstheorie*. Chemnitz: Georg Friedrich Tasché.

Revision – 1799/1800. *Revision der Grundsätze und Grundbegriffe des positiven peinlichen Rechts*. 2 V. Erfurt: Henningschen Buchhandlung.

Untersuchung – 1798a. *Philosophisch-juridische Untersuchung über das Verbrechen des Hochverraths*. Erfurt: Henningsschen Buchhandlung.

Rezension – 1798b. Grundsätze der Criminalrechtswissenschaft, von D. Karl Grolman (Rezension). *Allgemeine Literatur-Zeitung*, 113-4, p. 65-79.

AH – 1797. *Anti-Hobbes, oder über die Grenzen der höchsten Gewalt und das Zwangsrechte der Bürger gegen den Oberherrn*. Gießen: Müllerschen Buchhandlung, 1797.

Kritik – 1796. *Kritik des natürlichen Rechts als Propädeutik zu einer Wissenschaft der natürlichen Rechte*. Altona: s.e., 1796.

Beweisgründe – 1795. *Über die einzig möglichen Beweisgründe gegen das Dasein und die Gültigkeit der natürlichen Rechte*. Leipzig und Gera.

From the obscurity in which the limits of a *law*, and the distinction betwixt a law of the civil or simply imperative kind and a punitory law, of are naturally involved, results the obscurity of the limits betwixt a civil and a penal *code*, betwixt a civil branch of the law and the penal. The question, *What parts of the total mass of legislative matter belong to the civil branch, and what to the penal?* supposes that divers political states, or at least that some one such state, are to be found, having as well a civil code as a penal code, each of them complete in its kind, and marked out by certain limits. But no one such state has ever yet existed.

JEREMY BENTHAM, *An Introduction to the Principles of Moral and Legislation*, 1789.

La pénalité se lie avec toutes les branches du droit ensemble, et avec chacune d'elles séparément, considérée soi dans ses principes généraux de droit naturel, soit dans ses principes positifs.

J. ORTOLAN, *Cours de Legislation Pénale Comparée*, 1839.

O Direito Criminal tem duas relações: uma publica, e outra particular. A primeira é a que respeita á imposição da pena, á infracção do preceito da lei, á referencia para com a consequente sancção repressora. A segunda é a que refere-se á indemnisação, ao interesse particular da satisfação do damno operado. Não obstante estes dous caracteres distinctos do direito criminal, que faz com que elle importe ao Estado e ao individuo, com que participe do direito publico e particular, elle é incluido por todas as legislações no dominio deste segundo ramo, ou antes do poder judiciario: por isso que mais que muito convem premunir os direitos individuaes, e as liberdades publicas, não só do arbitrio, mas mesmo da influencia do poder administrativo.

PIMENTA BUENO, *Direito Publico Brazileiro e Analyse da Constituição do Império*, 1857.

INTRODUÇÃO

Quando lemos os mais populares cursos e manuais de direito penal, brasileiros ou estrangeiros, chama-nos a atenção a quantidade de discussões pontuais que os penalistas têm por ofício e profissão: diferentes teorias da pena, da dosimetria penal, da tipicidade, da culpabilidade, do erro e assim por diante. Se atentarmos para o fato, nem sempre lembrado, de que o direito penal é uma realidade de tipo institucional e que depende, por isso, de um certo comportamento consensual para que possa chegar a existir, não deixa de ser surpreendente que, em meio a tanta disputa, ele consiga ainda sobreviver com a unidade que hoje apresenta, ou mesmo que algum dia tenha chegado a se formar enquanto disciplina jurídica. Ainda mais se considerarmos que, no momento histórico dessa formação – entre meados dos séculos XVIII e XIX –, as sociedades pelas quais esse tipo de direito penal logrou espalhar-se eram, do ponto de vista político e social, incrivelmente diferentes umas das outras: da França pós-revolucionária a outros Estados com uma monarquia nobilitária ainda forte; dos Estados alemães tão influenciados por filosofias jurídicas secularizantes a países onde vingou uma versão conservadora e religiosa do Iluminismo, como Itália e Portugal; de nações que combatiam a escravidão com amparo em teorias políticas liberais a lugares em que o trabalho servil era amplamente presente, como no Brasil ou no sul dos Estados Unidos.

Do ponto de vista histórico, esses mesmos cursos e manuais dão uma importante pista sobre aquilo que talvez tenha sido o sentido comum que levou tantos pontos de dissenso a uma unidade teórica que resultou no direito penal como hoje o conhecemos: o combate às práticas punitivas absolutistas e o velho mundo penal do Antigo Regime, com suas penas bárbaras e excessivas, desproporcionais e aleatórias, além de suas estratégias criminalizantes confessionais e moralizadoras, que foram substituídas por técnicas „mais humanas e racionais" de punição, bem como por um estudo científico das leis que a fundamentam. De fato, quando lemos o Livro V das Ordenações Filipinas, não reconhecemos nele o nosso direito penal: tudo lá nos parece ora curioso, ora involuído. Ele parece ser parte de um outro mundo, que ficou para trás a partir do século XVIII, quando os códigos penais iluministas entraram em cena. Nesses códigos, e nas obras jurídicas escritas a partir deles, já conseguimos encontrar o nosso direito penal, ainda que com muitas diferenças pontuais em relação àquilo que hoje estudamos sob essa rubrica; mas trata-se, ao menos, de dois objetos comparáveis, porque minimamente semelhantes. Mesmo reconhecendo que ele estava longe de ser perfeito, esse direito penal que nasce no século XVIII parece representar indubitavelmente uma melhora em relação ao „direito penal" do „velho livro de capa rota", e consideramos natural que ele o tenha substituído. Isso explica o porquê dos cursos e manuais de direito penal terem invariavelmente um capítulo dedicado à história do direito penal, cujo roteiro usual é pintar com cores fortes os exageros das práticas punitivas pré-Iluministas e saudar com entusiasmo os movimentos reformadores dos séculos XVIII e XIX, responsáveis pela formação das estruturas desta que é a nossa dogmática penal contemporânea.

Porém, quando voltamos aos textos dos juristas da época de surgimento desse novo direito penal e da derrocada das práticas de castigo do Antigo Regime, nosso estado de inquietação é novamente aguçado: neles, tomamos conhecimento de que, em meio ao Iluminismo europeu e por muito tempo depois de Beccaria, muitos dos pontos hoje tidos por elementares desse nosso direito penal melhorado e humanizado, superador dos horrores absolutistas, estavam ainda em aberto e postos a debate: havia penalistas inteligentes e competentes que não tinham conseguido separar com clareza os ilícitos criminais dos ilícitos morais; havia dúvidas quanto à pertença do direito penal ao direito público ou privado; havia múltiplas representações do que deveria ser a parte geral

INTRODUÇÃO

do direito penal; havia dificuldades em casar a ideia de que a legislação criminal cabia exclusivamente ao soberano com aquela segundo a qual os direitos individuais podiam fazer frente a esse poder penal inoponível; e, sobretudo, havia muitas dúvidas sobre como superar as controvérsias aparentemente insuperáveis entre as teorias punitivas retributivistas e utilitaristas. A bem da verdade, a própria existência do direito penal, como o ramo autônomo do direito que hoje conhecemos, era posta em dúvida por um pensador do calibre de Bentham, que tanto influenciou os juristas que o sucederam: o direito penal como um ramo cerrado e exclusivo do direito, independente do direito civil, é algo difícil de se conceber, e quase impossível de se efetivar, dizia ele em 1791.[1] Esses pontos de disputa, note-se bem, dizem respeito àquelas coisas que, hoje, são por nós tidas como elementares e inquestionáveis: nós brigamos sobre a culpabilidade ser componente do delito ou pressuposto da pena, ou sobre as teorias psicológicas ou normativas do erro, mas ninguém duvida de que o direito penal exista e faça parte do direito público, ou que sua parte geral contenha uma teoria do delito e uma teoria da pena. Elas não são, portanto, disputas internas ao direito penal; são, isto sim, disputas que se referem aos seus limites e pressupostos teóricos – ou seja, à sua própria forma de existência enquanto objeto teórico-jurídico.

Se as controvérsias em torno dos fundamentos mais básicos do direito penal eram assim tão grandes, como é, então, que esse nosso direito penal, como objeto teórico, conseguiu se formar? Porque é que hoje enxergamos com tanta naturalidade que o direito penal existe, ou que ele faz parte do direito público, ou que a legalidade é-lhe fundamental,

---

[1] That branch which concerns the method of dealing with offences, and which is termed sometimes the *criminal*, sometimes the *penal*, branch, is universally understood to be but one out of two branches which compose the whole subject of the art of legislation; that which is termed the *civil* being the other. Between these two branches then, it is evident enough, there cannot but be a very intimate connection; so intimate is it indeed, that the limits between them are by no means easy to mark out" (Bentham, 1823, XVII, 1, I). Mais adiante: "The question, *What parts of the total mass of legislative matter belong to the civil branch, and what to the penal?* supposes that divers political states, or at least that some one such state, are to be found, having as well a civil code as a penal code, each of them complete in its kind, and marked out by certain limits. But no one such state has ever yet existed."

se pessoas tão inteligentes quanto nós não conseguiam enxergar isso há mais ou menos duzentos anos? Este trabalho mostra como a construção dogmática de nosso direito penal foi, acima de tudo, um sofisticado trabalho teórico de conciliar elementos à primeira vista inconciliáveis, porque partes de dois mundos distintos: um mundo velho, em que se destacavam **(i.a)** uma teoria absolutista do poder político que advogava em favor do Estado um poder punitivo exclusivo e incontrastável, associado ao caráter magnânimo do soberano, muito mais fácil de se arquitetar em teoria do que de se efetivar na prática, bem como **(i.b)** uma doutrina retributivista e moralizante da punição; e, ao lado desse mundo velho e em grande parte em oposição a ele, um mundo novo, impregnado por dois movimentos de sentidos rivais a esses primeiros: **(ii.a)** o ideário político liberal, que se opunha, no plano teórico, à inoponibilidade do poder político do soberano a partir da ideia de limitação e racionalização do exercício do poder político, dentro do qual encontrava-se o direito de punir; e **(ii.b)** a filosofia moral "sensualista" e utilitarista, que disputava com a teoria moralizante retributivista no campo dos fundamentos da punição. A despeito dessas controvérsias, contudo, havia um sentido comum, compartilhado pelos autores da época da fundação do nosso direito penal, de que a solução desses impasses políticos e filosóficos era um elemento fundamental para possibilitar um estudo verdadeiramente científico e não sectário daquilo que responde, em essência, pelos mais passionais debates do nosso mundo moral e político: crimes, penas, punição e paz social. Esse sentido é o que impulsionou a busca pela construção de um objeto teórico que, eventualmente, conseguiu ser costurado da forma que hoje nós conhecemos e resultou em nossa dogmática penal contemporânea.

    O foco deste livro é o processo de construção teórica desse objeto intelectual na obra de Paul Johann Anselm von Feuerbach, que é tido no presente por muitos como o fundador da dogmática penal contemporânea. Ele mostra como Feuerbach construiu essa dogmática penal a partir de uma filosofia jurídica de bases explícitas, conectada de maneira muito próxima à filosofia jurídica kantiana. Mostra também como alguns dos importantes alicerces teóricos e práticos de nosso direito penal atual, que tomamos por naturais como, por exemplo, o princípio da legalidade penal, foram, em sua obra, ferramentas teóricas utilizadas de maneira engenhosa e criativa para dar conta de problemas filosóficos, jurídicos e políticos que preenchiam a pauta dos juristas de então e polarizavam opiniões respeitáveis.

Ao fazer isso, este trabalho cumpre ao menos dois papéis distintos. De um ponto de vista da teoria geral do direito, ele permite que se enxergue conexões entre a dogmática jurídica (neste caso a dogmática penal) e as bases normativas que estão por trás de alguns de seus mais importantes institutos jurídicos, alimentando, assim, o contínuo debate sobre conexões conceituais entre direito e moralidade. Adicionalmente, este trabalho também joga luzes diferentes no tema da desnaturalização da dogmática penal contemporânea, por um ponto de vista até então pouco explorado: a própria constituição teórica da disciplina. Mais ainda, ele permite reabrir, em bases fundamentadas, os debates sobre a missão de direito penal na sociedade em que vivemos, bem como sobre a sua capacidade de dar conta dela, tendo em vista as ferramentas e objetivos que o próprio direito penal chamou para si no momento de seu nascimento como o ramo do direito que hoje conhecemos.

I.
Os pontos de partida

I. Uma história da dogmática penal

Este livro tem por objetivo investigar o processo histórico de formação do direito penal tal qual hoje conhecemos, situando-o no processo mais geral de transformação da teoria do direito e principalmente da filosofia jurídica a partir de meados do século XVIII. O direito penal como hoje conhecemos será chamado ao longo deste livro de "direito penal contemporâneo".[2] Em linhas introdutórias e muito gerais, a ideia central da investigação é explicitar o sentido normativo por trás da formação da dogmática penal contemporânea, do ponto de vista de sua formação teórica, ou seja, de nossa forma hoje em dia já naturalizada de enxergar um ramo particular do direito que trata dos crimes e das penas criminais. Para este fim, seu foco recairá sobre a obra jurídica e filosófica de Paul Johann Anselm von Feuerbach (1775 – 1833), que é por muitos apontado como o pai da moderna dogmática penal.

Esse argumento pressupõe que existem alguns traços comuns às diversas teorias dogmáticas do direito penal hoje existentes, que formam os (borrados) limites teóricos da disciplina desde algum tempo. Esses limites estão compreendidos naquilo que se poderia considerar uma definição elementar do nosso direito penal, que bem poderia ser oferecida a qualquer primeiranista de um curso de direito: "o direito penal é um ramo do direito que pertence ao direito público e cuida da defi-

---

[2] Dada a importância da ideia de direito penal contemporâneo como instrumento metodológico deste livro, um item separado deste primeiro capítulo (IV, adiante) é dedicado apenas a ele.

nição de crimes e imposição de penas criminais segundo as leis penais vigentes, dividindo-se em uma parte geral (que traz as regras gerais referentes a todos os crimes e penas) e uma parte especial (que cuida das regras particulares a cada crime em espécie)". Tais traços comuns, que pertencem mesmo a teorias dogmáticas diferentes ou rivais entre si, são os dados que nos permitem reconhecer que, mesmo quando discordamos profundamente sobre tópicos específicos do direito penal (como as regras sobre o erro de proibição ou a responsabilidade penal de dirigentes corporativos), estamos ainda discutindo dentro dos limites de uma área particular do direito chamada "direito penal". Esses traços comuns compreendem, note-se bem, tanto elementos substantivos, quanto elementos *prima facie* puramente formais do direito penal enquanto objeto teórico: eles fornecem, em outras palavras, não só um conteúdo mínimo do nosso direito penal (legalidade, crimes e penas), mas também uma particular forma de disposição desse conteúdo dentro de uma disciplina (a sua separação em relação a outras disciplinas jurídicas, inclusive o processo penal, bem como sua disposição em parte geral e parte especial).

A hipótese central da pesquisa que gerou este livro era que a formação histórica deste direito penal que hoje conhecemos, e que hoje temos por natural (de fato, é muito difícil enxergar um direito penal sem crimes, penas e legalidade, ou mesmo um mundo onde um direito penal não exista), tratou-se de um fenômeno que pode ser historicamente explicado como a formação de um discurso normativo particular em torno da forma oficial de tratamento jurídico de um certo tipo de ilegalidade. Por "historicamente explicado", quero dizer que, em primeiro lugar, é possível reconhecer, através de uma pesquisa histórica, o caráter contingente de todos esses pontos constitutivos da definição de "direito penal contemporâneo", que hoje parecem propriedades meramente descritivas da disciplina. E, em segundo lugar, que esses pontos contingentes podem ser vistos como postulações de caráter normativo por parte dos juristas da época da formação da dogmática penal contemporânea, sobre qual seria a melhor forma de lidar com os problemas jurídicos referentes a "crimes" e "penas" naquele momento histórico em que viviam, e diante das realidades institucionais e do ambiente intelectual de seu tempo. O curso das investigações ajudou a especificar

OS PONTOS DE PARTIDA

adicionalmente essa hipótese inicial de trabalho, mostrando que essas postulações giravam em torno de dois temas centrais da filosofia política e moral de então, que foram acomodados na dogmática do direito penal contemporâneo e dão-lhe desde então a cara e o conteúdo que conhecemos: **(i)** um debate filosófico-político sobre a maneira de viabilizar os propósitos fundamentais de um corpo social, e o papel da violência estatal (com destaque para a pena criminal) nessa empreitada; e **(ii)** um debate filosófico-moral sobre a realização justa e eficiente da punição estatal, em um mundo moderno dividido por teorias da punição absolutistas e utilitaristas. Assim, ao afirmar que essa explicação histórica é capaz de revelar a formação de um "discurso normativo particular", quero dizer que os pontos básicos pelos quais hoje descrevemos a disciplina do direito penal não são, se atentarmo-nos bem, meros elementos de um discurso descritivo, mas sim de uma proposição normativa sobre a forma correta e adequada de lidar com os problemas atualmente tidos por criminais. Porém, como hoje já os naturalizamos, eles são equivocadamente vistos como meras descrições de propriedades elementares desse campo do saber jurídico.

Do ponto de vista cronológico, tomando por base outros elementos indiciários, a hipótese de trabalho foi de que esse tal direito penal contemporâneo formou-se com robustez apenas no século XIX. Antes disso, ainda que já houvesse, evidentemente, discussões jurídicas sobre "crimes" e "penas", elas davam-se fora dos quadros teóricos de uma disciplina tal qual o direito penal contemporâneo. Se, de um lado, o reconhecimento da existência de tais discussões permite-nos ampliar os horizontes do "direito penal" até as práticas punitivas de outras sociedades muito afastadas do tempo presente, a afirmação do tipo da dogmática penal contemporânea exige, por outro lado, que se reconheça que o sentido do tratamento jurídico da punição era, nessas outras épocas, significativamente diferente daquele que é hoje, ou desde um passado relativamente recente. O tipo[3] da dogmática penal contemporânea pretende justamente possibilitar, metodologicamente, não só a locali-

---

[3] A ferramenta do tipo aqui empregada é emprestada da metodologia weberiana. Para uma explicação introdutória a seu respeito, v. FREUND, Julien. 2006, *Sociologia de Max Weber*. 5ª ed. Rio de Janeiro: Forense Universitária, p. 49 e ss. Para um bom exemplo de

zação temporal do processo de formação desse nosso objeto teórico, como também a predicação dos sentidos por trás das ações que levaram à construção do direito penal tal qual existe hoje, identificando a normatividade que subjaz a inflexão da teoria jurídica no sentido da construção do nosso direito penal.

II. Algumas justificativas

O objeto desta pesquisa poderá causar algum desconforto a quem esteja acostumado com as linhas de trabalho que há algum tempo vêm sendo majoritárias na historiografia penal, em um sentido bastante amplo da expressão (nos estudos de natureza histórica que tenham por objetos as práticas punitivas, o controle social e o saber jurídico sobre o crime, a pena e o criminoso). Esse estranhamento pode ser formulado através de algumas perguntas simples: por que estudar a doutrina penal? Não faria mais sentido estudar as práticas penais, ou seja, a forma pela qual o direito penal "verdadeiramente" funciona, em vez de se preocupar com o mundo de conceitos e abstrações em que muitas vezes vivem os doutrinadores do direito penal, sobretudo aqueles mais próximos do chamado "período humanitário", como Feuerbach? Pode-se chamar essas perguntas de perguntas "foucaultianas", não porque sejam perguntas que Foucault faria (eu particularmente creio que ele próprio não se espantaria diante do objeto deste livro), mas sim porque elas refletem uma espécie de ceticismo que uma particular tradição histórica derivada de Foucault ajudou a cultivar: a descrença nas ideias jurídico-penais como objetos relevantes, em favor de investigações sobre as práticas punitivas e do funcionamento real dos mecanismos oficiais de controle social.

Desde que Foucault publicou, na década de 1970, seu *Vigiar e Punir*, difundiu-se entre os estudiosos das chamadas ciências criminais a visão de que os juristas penalistas têm tendências a delírios e devaneios, e por isso precisam ser sempre puxados de volta à realidade por seus colegas de outras disciplinas que tenham vocação mais científica e menos dogmática. Isso é evidentemente uma caricatura que, como toda cari-

---

sua aplicação acadêmica, v. BENDIX, Reinhard. 1996, *Construção Nacional e Cidadania*. São Paulo: Edusp, *passim*, esp. 353 e ss.

catura, tende a exagerar as características mais salientes do objeto em que se foca. Entretanto, ela é descritivamente pertinente. Basta que nos atentemos para o sentido de muitos relevantes desenvolvimentos teóricos no campo criminal para verificar o quanto essa consciência tem estado presente entre seus estudiosos, que têm buscado distintas maneiras de continuamente realimentar os conceitos jurídico-penais a partir de constatações de natureza empírica ou político-criminais. Por tudo isso, pode-se dizer que, no universo do direito penal, os platonistas têm um porto seguro, já que há nele tanto um mundo conceitual (a dogmática) quanto um mundo real (as práticas punitivas, as decisões político-criminais etc.).

Não há nada de muito novo nessa constatação. Desde o advento do positivismo criminal, os estudiosos do direito penal sabem que há um conjunto de dados empíricos que é fundamental para o desenvolvimento dogmático da disciplina.[4] Ao menos desde Hart, a teoria jurídica tem enfatizado a importância das regras para a constituição do campo teórico do direito e o seu papel constitutivo em relação a muitas instituições sociais, bem como a importância metodológica de se fazer a ponte entre essas regras e as práticas sociais normativas de nosso mundo. A grande diferença é que, enquanto a teoria do direito e a dogmática penal contemporâneas preservam a importância do mundo das regras representado pela dogmática jurídica, a historiografia penal as tem frequentemente ignorado em detrimento das práticas punitivas, privilegiando a realização fática do direito penal no lugar do arcabouço conceitual de sua dogmática, muitas vezes visto como mero conjunto de postulações desejosas e sem real importância em face das práticas punitivas do mundo empírico.

Pode-se vislumbrar duas explicações diferentes para isso, que talvez sejam cumulativas. Em primeiro lugar, tem sido adotado o ponto de vista de que na tradicional divisão de trabalho dos saberes penais a dogmática penal ocupa-se das coisas abstratas – conceitos, princípios, regras –, enquanto os outros saberes, entre os quais a história do direito penal, devem trazer as informações fáticas com as quais ela, a

---

[4] Para uma descrição de importantes impactos na dogmática penal causados pelo positivismo criminal, v. Queiroz, 2007: 159 e ss.

dogmática, vai trabalhar. Essa é uma visão que vem de longa data e é bem ilustrada pela denominação de "ciências auxiliares" muitas vezes emprestada a todas as disciplinas que compõem o mosaico de saberes a partir do qual o direito penal se constrói.[5] Ademais, e talvez conexamente, tem-se assumido que uma história da dogmática penal seria algo de pouca importância, especialmente dentro do período histórico do Iluminismo. Afinal, se Foucault está certo em dizer que os discursos humanizadores da pena acabaram por construir a sociedade disciplinar, fazer uma história da dogmática penal iluminista equivaleria, na melhor das hipóteses, a escrever uma "história das boas intenções" e, na pior delas, a ajudar a perpetuar as grandes ilusões do direito penal liberal supostamente humanizador.

Essa impressão é falsa. Um estudo histórico a respeito da dogmática penal desse período é não só sensato, como também relevante. Digo isso por duas razões metodológicas diferentes, uma jurídica e outra histórica.

A razão jurídica é que, se ao leigo é permitido enxergar as teorias jurídicas sobre o crime e a pena como não mais do que um conjunto de boas intenções, ou como uma metafísica delirante que não desce à realidade dos cárceres (porque "a vida como ela é" nunca equivale às pregações acadêmicas dos penalistas), um jurista sabe, instintivamente, que esse ponto de vista tem algo de problemático para a descrição da prática social de que ele é parte: tal abordagem desconsidera o fato de que os juristas não enxergam doutrinas jurídicas como mera expressão de opiniões em sentido fraco, mas sim como postulações de caráter vinculante, que exigem de nós um comportamento conforme, ou uma boa justificativa para um comportamento desobediente. Dizer "o melhor fundamento para a pena criminal é A, B, ou C" é diferente de dizer "o melhor acompanhamento para sorvete de chocolate é X, Y, ou Z". Apesar de, em ambos os casos, estarmos diante de afirma-

---

[5] Na literatura penal tradicional, isso é extremamente comum. Veja-se, por todos, Basileu Garcia (1956, T. I: 39 e ss.). Entre os estrangeiros isso era também frequente (Feuerbach, *Lehrbuch*: 6). Ainda que hoje a expressão "ciências auxiliares" venha sendo preterida, a representação circunscrita do papel da dogmática penal com frequência permanece. Roxin (2006: 4 e ss.), na esteira de Liszt, fala do direito penal como parte de uma ciência penal global.

ções ontologicamente subjetivas, cada uma dessas frases tem não só pretensões distintas, mas recebe também um tratamento social diferente no mundo em que vivemos, especialmente dentro da comunidade jurídica. Juristas não se importam como os seus colegas tomam sorvete, mas são capazes de debater à exaustão quando surgem opiniões jurídicas divergentes sobre um tema jurídico que julguem importante, cada qual tentando convencer a parte contrária com o uso de argumentos racionais. E todos nós juristas sabemos que esses debates fazem sentido, mesmo reconhecendo que tende a zero a probabilidade de atingirmos opiniões consensuais em muitos desses temas. Por isso, doutrinas jurídicas não são meras dissertações em que juristas abrem seus corações sobre determinado tema jurídico, e nem são apenas pensamentos desejosos sobre temas de seu deleite: são argumentos sobre aquilo que seus autores entendem por certo ou errado à luz do direito (e, portanto, devido ou indevido), e por isso esperam que os outros acolham suas postulações, a menos que ofereçam boas razões para não fazê-lo.

Não bastasse isso, negligenciar as doutrinas jurídicas implica eliminar da pauta de estudos do direito uma parcela importante daquilo que ele deve ser enquanto disciplina acadêmica, já que essa prática de oferecer definições, justificativas e postulações com pretensões normativas é constitutiva do próprio direito enquanto objeto teórico: do ponto de vista penal, as doutrinas jurídico-penais são condições de tratamento dos problemas penais sob o ponto de vista jurídico (da construção de juízos práticos pautados no direito penal, portanto), já que fornecem a linguagem dentro da qual pensar "problemas reais" em termos jurídico-penais é possível.[6] O mesmo vale para qualquer outro ramo do direito. Assim, a reconstrução histórica do direito penal, como prática social que é, não pode ser feita apenas através das práticas punitivas; ao con-

---

[6] Adoto neste trabalho a posição de Lopes (2004: 27 e ss.), segundo quem o direito pode ser adequadamente descrito como uma realidade social institucional, em termos searleanos (Searle, 1995). Aceito também a postulação de MacCormick (1986) de que nós juristas somos profissionais cuja formação nos permite reconhecer, interpretar e organizar as regras que dão corpo ao direito como realidade institucional.

trário, deve ser feita também a partir do estudo histórico das ideias dos juristas sobre o crime e a pena – a "doutrina" dos penalistas.

Além dessas razões jurídicas, há também uma razão histórica pela qual o estudo das ideias jurídico-penais se faz importante: há um leque grande de hipóteses históricas relevantes sobre o direito penal que apenas uma pesquisa que toma a sério a doutrina jurídica como objeto é capaz de testar. Nesse sentido, merecem destaque investigações sobre os processos de (re)definição dos institutos de direito penal, das relações entre inovações teóricas anteriores e subsequentes e das implicações dessas mudanças para as categorias dogmáticas com as quais os penalistas acabam por "construir" o direito penal como objeto teórico, estipulando o campo de validade de argumentos e justificativas jurídico-penais; ou, como foi o caso da pesquisa que gerou este livro, da própria construção histórica do direito penal tal qual hoje existe, com os traços fundamentais que conhecemos.

No que diz respeito ao pensamento jurídico amplamente considerado, um bom exemplo disso está em *As palavras e a lei* (2004), de José Reinaldo de Lima Lopes, que mostrou como as mudanças nas definições em alguns conceitos-chave do pensamento jurídico (*ius* e *lex*) foram mais do que simples mudanças de opinião dos juristas ao longo da história; foram, isto sim, o processo pelo qual o direito moderno, dentro do qual hoje vivemos, foi criado. Um historiador que não tenha a dimensão de que câmbios nas teorias jurídicas acabam por resultar em alterações do próprio direito pode perder dimensão da finitude histórica de categorias jurídicas que hoje nos parecem naturais: a ideia de lei como um comando, ou a dicotomia direito público *versus* direito privado, a existência do Estado como o ente político que hoje conhecemos (Skinner, 1989) ou, como argumenta-se nesta tese, a própria existência do direito penal como um ramo autônomo do direito, dotado das características elementares expressas na já citada definição dada ao primeiranista imaginário. Ou seja: as perguntas históricas "como e por que se formou o pensamento jurídico moderno?", "como e por que se formou o Estado?" ou "como e por que se formou o direito penal?" não podem ser respondidas senão a partir de uma investigação histórica que dê às doutrinas jurídicas ou políticas um papel central.

III. A pesquisa e sua metodologia

A pergunta-chave deste livro é também de um tipo que não pode ser respondida sem uma análise histórica que tome a dogmática jurídico-penal como principal objeto de estudos. Um comparativo metodológico útil pode estabelecer-se entre sua metodologia e a de outras pesquisas congêneres, entre as quais destaco a de Andrei Koerner (1999) e a de Gizlene Neder (2000). Uma passada de olhos sobre esses trabalhos ajuda a responder aquela que foi a principal pergunta metodológica a guiar este trabalho: qual é a melhor forma de precisar os sentidos por trás da formação história da dogmática penal contemporânea?

O argumento de Neder é, em síntese, o seguinte: o pensamento jurídico-filosófico do Iluminismo luso-brasileiro ligado ao crime, ao criminoso e à sanção penal foi, tanto no Brasil quanto em Portugal, produto de um Iluminismo incompleto, pois a ilustração coimbrense não conseguiu depurar-se devidamente do forte tradicionalismo religioso impregnado na vida intelectual portuguesa, que se manifestava, entre outras formas, através da submissão hierárquica no campo das ideias. Trata-se da incorporação da já conhecida tese sobre o Iluminismo católico português e a investigação do impacto desse iluminismo no pensamento jurídico-penal luso-brasileiro.

Neder colheu indícios dessa dificuldade de mudança de paradigma, do tradicionalismo barroco para a modernidade ilustrada, em um conjunto vasto de livros e documentos, bastante representativos da circulação de ideias em Portugal e no Brasil durante o final do século XVIII e início do XIX. Sobre um deles, os *Estatutos da Universidade de Coimbra* (1772), constatou o seguinte:

> Sobre o exame das disciplinas preparatórias o Estatuto *ordenava* que, ao término deste, o aluno receberia uma certidão (se fosse aprovado) que lhe permitiria fazer a matrícula. Se o estudante achasse que fora injustiçado pela avaliação, poderia fazer um novo exame na presença do reitor. Se este achasse que a queixa foi improcedente, *ordenaria* que o *suplicante* não fosse admitido em exame algum. (Neder, 2000: 123-4. Destaques originais.)

A relevância da passagem comentada está, para a autora, no fato de que as expressões em destaque (*ordenar, suplicar*), "remetidas à religiosidade da cristandade ocidental", tenham sido usadas num estatuto destinado à modernização do ensino, de matriz ilustrada, o que apontaria para "indícios claros de um padrão de submissão e obediência rígido" (Neder, 2000: 124). Mais adiante, sua pesquisa concluirá, por isso e por outras coisas semelhantes, que a intelectualidade jurídica brasileira do século XIX era (e talvez ainda permaneça)

> muito dedicada a citar os mesmos livros "consagrados", a repetir e reproduzir ideias e interpretações afiançadas por "cânones" professados por "eminências" que, por sua vez, exigem a corte de seus discípulos, que, por sua vez, devem tomar cuidado para não sombrear os mestres, estes sim, verdadeiros *donos do poder/saber*. (Neder, 2000: 205).

Duas observações podem ser feitas a partir do que foi exposto. A primeira é um conjunto de virtudes: a pesquisa tem o mérito de identificar que existe um momento-chave para a construção da maneira contemporânea pela qual lidamos com nossas estratégias de controle social, e que a virada do século XVIII para o século XIX é um período crucial para a compreensão histórica desse fenômeno. A autora chama atenção, ademais, para a historicidade das instituições jurídicas, algo para que os juristas nem sempre atentam, dado o caráter preferencialmente normativo (em vez de histórico-empírico) de nossa forma de pensar. Nós, do direito, pensamos sempre através de juízos formados a partir de categorias universais, no sentido lógico da expressão. "As leis", diz MacCormick, "tipicamente trabalham em termos universais: quem quer que seja um consumidor, e que, sendo um consumidor, tenha sofrido um dano, o fabricante do produto danoso será responsável, independentemente de prova de sua culpa, a indenizar o consumidor que sofreu o dano" (MacCormick, 2005: 36).[7] Dado que a forma-padrão de se pensar juridicamente tem tendências no sentido das abstrações universalizantes, não é difícil também que nós juristas, conscientemente ou não, universalizemos certas categorias jurídicas, transformando indevidamente essa universalidade lógica em uma falsa universalidade empírica,

---

[7] "Statutes typically deal in terms of universals – "whoever is a consumer, whoever being a consumer suffers an injury, whenever the injury results from a defect in a product, the producer of the product that does injury is liable without proof of fault to compensate the injured consumer."

atribuindo consequentemente características "naturais" aos elementos centrais dos sistemas jurídicos das grandes famílias do direito.

Prova disso é que não é incomum encontrarmos trabalhos jurídicos que, a pretexto de fazerem "direito comparado", percorrem em poucos parágrafos um conjunto grande de sistemas jurídicos do mundo todo e "demonstram" que um determinado instituto jurídico, seja ele qual for, está difundido por toda parte. Não vai aqui nenhuma crítica ao direito comparado, cuja utilidade é enorme, para a história do direito moderno inclusive.[8] Deve-se apenas enfatizar o ponto de que a universalidade das premissas com que trabalhamos no raciocínio jurídico pode nos levar a cair em armadilhas históricas, e o trabalho de Neder dá pistas sobre como evitá-las: a despeito de o Iluminismo ter conseguido influenciar amplamente as reformas do direito em geral, e do direito penal em particular, os produtos dessas reformas realizaram-se de maneira diferente de parte a parte, e é tarefa da história mostrar a forma específica como isso se deu em cada sociedade.

Esse mesmo trabalho revela, entretanto, a grande dificuldade de se fazer uma história desse tipo: como dizer quando, no campo das ideias jurídicas, um período histórico termina (no caso, o Antigo Regime) e outro (a contemporaneidade) começa? Um dos critérios de Neder, como mostrado nos comentários sobre os *Estatutos*, foi o vocabulário dos autores e documentos investigados: expressões próprias do religiosismo pré-pombalino ("ordenar", "suplicar") seriam indícios de que a modernidade jurídica luso-brasileira estaria com um pé no "atraso", manifestando "obediência e submissão" (é esse o subtítulo de seu livro) a autores canonizados, em vez da independência intelectual característica dos *literati*.

Esse critério vocabular tem um problema: os intelectuais luso-brasileiros não dispunham de outro palavreado político-jurídico para se expressar senão aquele de Portugal de fins dos setecentos, que era, por razões óbvias, recheado de conceitos compartilhados não só com o catolicismo, mas com outros elementos da vida cultural portuguesa. Essa

---

[8] Um dos métodos de trabalho mais comuns ao humanismo jurídico foi, lembremo-nos, a determinação do conteúdo dos direitos das gentes (*ius gentium*) a partir de estudos comparativos entre os sistemas jurídicos de diferentes povos (Tuck, 1979: 38 e ss.).

forma de compartilhamento é uma característica da linguagem política e jurídica que a historiografia do pensamento político tem registrado há algum tempo:

> A linguagem da política não é, obviamente, a linguagem de um modo de investigação intelectual singularmente disciplinado. Ela é retórica, a linguagem em que homens falam para todos os propósitos e de todas as formas em que homens se articulam e comunicam como parte da atividade e da cultura da política. (...) É da natureza da retórica, e sobretudo da retórica política – que serve para reconciliar homens que perseguem diferentes atividades e uma diversidade de objetivos e valores – que a mesma fala desempenhará, simultaneamente, diversas funções linguísticas distintas. (Pocock, 1971: 17).[9]

A linguagem política (e jurídica) é, por isso, poliglota, nos dizeres de Pocock, porque as mesmas palavras podem jogar papéis diferentes em diferentes discursos, ganhando assim diversos sentidos que se escondem atrás de um mesmo vocábulo. A levar-se o critério vocabular às últimas consequências, um autor luso-brasileiro que quisesse construir uma teoria verdadeiramente ilustrada, depurada de quaisquer elementos antigos, teria de inventar um vocabulário novo, o que não é exigível, inclusive por conta do projeto político que, não raro, acompanha as teorias jurídicas. Um jurista, ao divulgar uma teoria, não quer apenas apaziguar as inquietudes de seu espírito intelectual; quer também que ela seja aceita por sua comunidade intelectual com a melhor resposta para o problema nela enfrentado, o que envolve, entre outras

---

[9] "The language of politics is obviously not the language of a single disciplined mode of intellectual inquiry. It is rhetoric, the language in which men speak for all the purposes and in all the ways in which men may be found articulating and communicating as part of the activity and the culture of politics. Political speech can easily be shown to include statements, propositions and incantations of virtually every kind distinguished by logicians, grammarians, rhetoricians and other students of language, utterance and meaning; even disciplined modes of inquiry will be found there, but coexisting with utterances of very different kinds. It is of the nature of rhetoric and above all for political rhetoric – which is designed to reconcile men pursuing different activities and diversity of goals and values – that the same utterance will simultaneously perform a diversity of linguistic functions."

coisas, comunicá-la com propriedade, através de um vocabulário minimamente aceito pelo universo cultural em que ele se insere. Isso implica que teorias políticas e jurídicas, em razão de terem quase sempre um conjunto de instituições como referentes, não podem ser construídas, na história ou no presente, senão fazendo menção à tradição textual que é, ao menos em parte, a própria constituinte dessas instituições,[10] e que trará consigo sempre as marcas de universos culturais anteriores.

A história das ideias políticas tem alguns bons exemplos disso. Tomás de Aquino construiu uma teoria política que é considerada por muitos o nascimento da "ciência política" propriamente dita; mas fê-lo utilizando conceitos emprestados da filosofia aristotélica, atribuindo-lhes significados ligeiramente diversos daqueles que tinham nas teorias de seus contemporâneos, especialmente no tocante ao termo *civitas*. "Tomás não inventou a terminologia – todos estavam familiarizados com o termo *civitas* –, mas deu-lhe um novo significado, e o sucesso de uma nova teoria é garantido se ela empregar terminologia familiar", diz Ullman (1968: 98 e ss.). Em matéria penal, o próprio Feuerbach, que se tornará daqui a poucas páginas o protagonista desta obra, é também ilustrativo desse fenômeno. Jurista alemão que viveu o influxo da filosofia crítica, Feuerbach construiu toda a sua teoria filosófica e jurídica utilizando-se do ferramental teórico da teoria kantiana e, entretanto, chegou (ainda que "kantianamente") a diversas posições que a maioria hoje consideraria anti-kantianas: ele dizia, por exemplo, que o direito e a moral não precisam concordar entre si, já que temos direito a praticar imoralidades; que a pena criminal deveria basear-se em critérios utilitários; e que os súditos tinham direito de resistência perante o soberano. Tudo isso, entretanto, a partir dos conceitos kantianos que eram, a seu tempo, a moeda intelectual mais aceita no mundo filosófico de língua alemã.

Por outra frente, o bom trabalho de Andrei Koerner (1999), mostra que tampouco a legislação serve como indicativo para o ponto de inflexão teórica que esta investigação busca. Sua pesquisa revelou que na transição política do Império para a República no Brasil, a polícia e o

---

[10] Sobre a referência de textos jurídicos com a tradição textual que os precede, especialmente no caso romano-germânico, v. Hespanha, 1990; sobre regras normativas como instrumentos constitutivos de realidades institucionais, v. Searle, 1992.

Judiciário tiveram papel importante na permanência de práticas penais tipicamente escravistas sob a vigência do novo ordenamento republicano. Sua investigação focou-se no funcionamento dos mecanismos oficiais de controle social e no papel do Judiciário nesse processo. Uma de suas conclusões mais relevantes foi que polícia e Judiciário interpretavam e aplicavam o novo ordenamento jurídico republicano à luz das anteriores práticas pré-republicanas (escravistas) de controle social. Para uma história das práticas jurídicas, como a feita por Koerner, o método é perfeitamente cabível. Mas o trabalho mostra, *a contrario sensu*, que as referências legislativas, apesar de úteis, são perigosas para uma história das ideias jurídicas, pois é esperável que a interpretação das novas legislações seja feita dentro dos parâmetros intelectuais da velha cultura jurídica, de forma a acomodá-las no sistema de pensamento jurídico anterior. Dito de outra forma, a cultura jurídica do passado dá sempre o *con-texto* de interpretação dos diplomas jurídicos do presente, de forma que há uma perene *inter-textualidade* histórica no trabalho de interpretação de um texto jurídico qualquer (Hespanha, 1990a: 191 e ss.), podendo até mesmo os novos textos serem "capturados" pela cultura jurídica anterior.[11] Como também é possível, ao contrário, que os primeiros passos de um novo paradigma teórico-jurídico sejam dados sob a vigência do ordenamento jurídico que perderá futuramente o sentido com a mudança de paradigma.

Dessa forma, a utilidade de um tipo normativo como a dogmática penal contemporânea surge evidente: ele ajuda a dar precisão analítica a um campo de estudos que, por seu material constitutivo (a linguagem política), é essencialmente amorfo. Este tipo normativo é, neste livro,

---

[11] Hespanha (1998: 37) lembra que na cultura portuguesa de transição para a modernidade, era comum que, sobretudo no norte do país, as fontes jurídicas "oficiais" (reais, escritas), que deveriam ser, segundo a nova orientação política da monarquia absoluta, prevalecentes em face daquelas que imperavam na velha tradição (doutrinadores, costumes), eram muitas vezes integradas e misturadas a essas velhas fontes que pretendiam substituir, perdendo "a sua qualidade de critério decisivo e imperativo na 'invenção' da solução jurídica" e transformando-se em "apenas um tópico entre tantos outros, num sistema argumentativo cuja estratégia é agora dominada pela preocupação de alcançar um acordo", e não de se deixar decidir à moda moderna (autoritariamente e sem preocupação com o elemento do consenso).

a representação dogmática do direito penal contemporâneo, que já foi ligeiramente apresentada, mas que agora será tratado com mais vagar. Se a dogmática penal contemporânea dá, de fato, os limites da teoria jurídico-penal sobre a qual ocorrem as disputas dogmáticas pontuais, então é provável que ele seja acessível a partir dos elementos (majoritariamente) consensuais da dogmática atual; pois, ao contrário, ele não seria o marco dentro do qual as disputas dogmáticas ocorreriam, mas seria ele mesmo uma parte dessas disputas. É preciso, portanto, apontar quais são esses pontos consensuais da dogmática, bem como o sentido que os fez passar a operar em conjunto dentro de um sistema teórico de direito penal.

IV. A dogmática penal contemporânea: uma história de semelhanças

Como foi dito já no parágrafo de abertura deste capítulo, a ideia de "direito penal contemporâneo" é central para a construção do argumento deste livro. Tal expressão, recordemo-nos, pretende designar os pontos teóricos mais fundamentais do nosso direito penal, que todas as teorias dogmático-penais têm em comum já há muito tempo, e sobre os quais praticamente não há dissenso entre os penalistas. É o caso, por exemplo, das percepções de que o direito penal pertence ao direito público ou de que ele se divide em parte geral e parte especial. Uma investigação sobre a formação histórica de uma disciplina articulada em torno desses pilares precisa ser feita a partir de um ponto de vista hermenêutico, e a dogmática penal contemporânea é uma ferramenta metodológica fundamental para isso.

A apresentação desse ferramental é a oportunidade para oferecer mais uma justificativa que, pelo caráter excessivamente generalizante do "direito penal contemporâneo", parece necessária. Com efeito, este é um segundo ponto em que meu argumento poderia estar na contramão, já que em ambas áreas para as quais ela poderá ter relevância – o deslocamento de ideias jurídico-políticas e o desenvolvimento da dogmática jurídico-penal –, é muito mais comum a estratégia metodológica de se focalizar diferenças muito específicas entre teorias particulares do que semelhanças muito gerais entre elas. Sobre o deslocamento de ideias jurídicas, por exemplo, o conhecido trabalho de Afonso Arinos de

Mello Franco (1972) mostra como o Poder Moderador da Constituição de 1824 foi estrategicamente modificado ao ser importado para o Brasil: enquanto na teoria de Benjamin Constant a separação entre os poderes Moderador e Executivo seria a chave de toda organização política, a constituição imperial deu ao Poder Moderador em si – que era exercido pelo imperador, também chefe do Executivo – esse rótulo laudatório. No que tange ao direito penal, Hoffman-Holland (2007: 12-47) aponta que a construção de uma dogmática penal cumpre necessariamente três etapas, respondendo a última[12] delas por um trabalho de concretização e síntese a partir da diferenciação dos conceitos. Se assim é, por que então diluir todas as diferenças entre as muitas teorias penais dos séculos XIX e reuni-las no grande balaio do "direito penal contemporâneo", como aqui chamado? Que utilidade poderá ter uma história feita a partir das semelhanças mais gerais, que ademais nos parecem hoje óbvias, quando os caminhos metodológicos mais comuns das disciplinas que me interessam apontam para o esmiuçamento detalhado de seus conteúdos?

A resposta é simples: a necessidade de um tipo normativo generalizante (em vez de especificador) decorre do objeto e propósitos deste trabalho. Afinal, a tese deste livro sustenta: **(i)** que há uma forma hoje em dia mais ou menos naturalizada de enxergarmos o tratamento jurídico de certas situações sociais ligadas ao crime e à pena, chamada "direito penal"; **(ii)** que essa forma corresponde a objeto jurídico normativamente construído que, assim sendo, tem muito pouca coisa de natural; **(iii)** que essa não naturalidade pode ser demonstrada pelas contingências de sua construção histórica, por meio dos sentidos específicos implícitos às obras de um de seus primeiros formuladores, Feuerbach; e **(iv)** que essa nossa dogmática penal contemporânea deve suas formas mais elementares em grande parte a um conjunto de debates especificamente filosóficos e morais que estavam na pauta dos juristas quando de sua construção. Pois bem, se assim o é, este livro estará menos preocupado com o desenvolvimento particular de institutos penais específicos ou a comparação entre penalistas atuais, hipótese em que o detalhamento e

---

[12] As duas outras são: descrições e reduções (1ª.); e desenvolvimento de conceitos delimitados (*trennscharfe Begriffe*) e definições (2ª.).

a diferenciação, aí sim, seriam-lhe muito mais úteis. A preocupação aqui é com algo que é pressuposto a todos os institutos penais particulares, e a todas as teorias gerais do direito penal hoje feitas: a consolidação dos limites normativos sobre os quais as disputas teóricas interiores à disciplina têm ocorrido há mais de um século, e os significados que isso tem para o direito penal atual como prática social.

Uma ilustração bastante singela ajudará a esclarecer o que se quer dizer com tudo isso. As pessoas que hoje trabalham com computadores estão, há quase duas décadas, acostumadas com uma certa interface de relacionamento entre os computadores e seus usuários: clica-se sobre um ícone, abre-se o programa em uma janela e disponibilizam-se *menus* pelos quais o usuário pode escolher as funções específicas que queira executar, como abrir um documento salvo, começar um novo documento, alterar suas características de funcionamento, executar um comando etc. Isso se chama "interface gráfica". Se a um jovem de 15 anos de idade for solicitada uma definição de um programa computacional, ou mesmo de um computador, é bem possível que seu conceito de *software* inclua alguns dos seguintes elementos (ou todos eles): ícones, cliques, janelas e *menus*. Alguém que trabalhe com computadores há mais tempo, entretanto, perceberá que há algo de problemático na utilização de todos esses elementos como integrantes de uma definição, entendida como um traçado de limites que marca usos próprios e impróprios das palavras, pois eles não são elementos conceituais necessários de programas ou computadores, mas sim características contingentes que hoje ambos têm em razão das interfaces gráficas que foram escolhidas em detrimento de outras opções antes existentes, e com que predominantemente trabalhamos no presente: que interagem com o usuário por linguagem predominantemente visual, e não escrita (daí os ícones); que recebem comandos mais pelo *mouse* e menos pelo teclado (daí os cliques e *menus*); e que permitem a execução de múltiplos aplicativos concorrentemente (daí as janelas, que se maximizam e minimizam). Nos tempos em que o sistema operacional predominante resumia-se a uma tela preta com um cursor piscante e tínhamos de digitar comandos em linguagem quase cifrada ("dir", "autoexec", "format a:"), a definição de *software* dada por um jovem de então certamente seria outra. Mas como hoje naturalizamos um certo tipo de sistema operacional, é possível que naturalizemos também, por conseguinte, um conceito correlacionado de computadores e programas de computador. E, se as coisas continuarem dessa mesma forma por tempo suficiente, é provável que daqui a muitos anos os programas e os computadores sejam tidos como coisas que têm, conceitualmente, os elementos de cliques e *menus*; e toda a memória sobre o tempo das telas pretas e cursores piscantes seja esquecida e eliminada dessa conceituação (ou sirva apenas para mostrar como era primitiva a vida na década de 1980), fazendo com que esqueçamos que *mouses* e ícones são apenas um jeito melhor que concebemos para cumprir tarefas que antes realizávamos por uma interface textual, e que, portanto, há uma escolha normativa por trás de sua consolidação – mesmo que, depois de feita, o acerto dessa escolha pareça óbvio e a preferência por ela pareça natural.

A dogmática penal contemporânea nasce do pressuposto de que, a despeito das diferenças que pode haver nos diferentes "*softwares*" do direito penal de hoje (diferenças entre teorias dogmáticas, códigos e regramentos administrativos), todos eles rodam sob um mesmo "sistema operacional", que se pode chamar de direito penal contemporâneo, conferindo certa unidade e impondo suas marcas sobre todas as diferenças teóricas que pode haver entre uma e outra dogmática particular. É o propósito desta tese mostrar que este nosso direito penal é resultado de um conjunto de mudanças teóricas e institucionais que representaram, no entender de seus executores, um jeito supostamente melhor de cumprir certas tarefas de que o ordenamento jurídico até então vinha dando conta de outras maneiras, como nossos computadores portáteis nos parecem hoje melhores que os velhos *desktops* de telas verdes. Feito isso, esta tese mostrará não só que não há nada de natural no fato de nossa dogmática penal ser hoje como é, como também que a reflexão histórica sobre a sua fundação nos permite reabrir algumas portas esquecidas e reavaliar se ele é, de fato, a melhor forma de cumprir com o papel que dele se espera, como pensavam os mais brilhantes penalistas de dois séculos atrás.

1. De que é feita a dogmática penal contemporânea?

O primeiro traço distintivo deste nosso direito penal diz respeito à sua própria **existência autônoma**, como um objeto destacado de outros dentro da ciência do direito. No início da modernidade, como destacam Pires (1998a) e Cartuyvels (1996), as penas hoje ditas criminais não eram específicas de um ramo próprio do direito chamado direito penal, como as penas criminais o são para a dogmática penal contemporânea. Aquilo que nós hoje chamamos de "pena criminal", e que circunscrevemos aos limites teóricos do direito penal, era uma parte acessória de todo o direito, prescrevendo um castigo a alguma conduta qualquer. Fazendo uma analogia, os castigos "penais" eram algo como as multas hoje em dia: não há um direito das multas; ao contrário, elas espalham-se por todo o ordenamento e pertencem a diversos ramos do direito. Nesse sentido, dizia Mello Freire (1779: 127), por exemplo, que o direito de punir assistia ao rei, seja em relação aos delitos públicos, seja em relação aos particulares: o jurista português não se referia ao direito de punir estritamente criminal, como hoje fazemos quando discutimos as teorias da pena criminal; mas, ao contrário e num plano mais geral, referia-se ao direito do soberano de fazer uso da força no cumprimento de seu *munus* governamental de fazer respeitar o direito, que dava as regras de convívio de um corpo social pelo qual ele, rei, teria o dever de zelar. Dessa forma, quando os juristas pré-contemporâneos falavam de "crimes" e "penas", muitas vezes eles não tinham em mente, como nós hoje, os ilícitos e respostas jurídicas de um ramo particular do direito em meio a tantos outros; e mesmo quando eventualmente se referiam ao "crime" como algo mais restrito, não necessariamente o faziam com referência ao objeto material de um ramo particular e destacado do direito público. Por essa razão, Tomás y Valiente (1992: 206) aponta que os juristas da modernidade raramente estavam preocupados em especificar o delito criminal em meio ao conjunto das ilicitudes em geral; ao contrário, os "crimes" das doutrinas jurídicas pré-contemporâneas significavam, não raras vezes, um conjunto largo, amorfo e heterogêneo de violações a comandos jurídicos prescritos por regras oficiais imperativas, assim como as "penas" designavam a forma devida, por direito e por justiça, de o soberano reagir a essas violações.

Essa era uma marca do discurso jurídico regalista do momento de transição política para a modernidade, segundo a qual o papel principal do rei era preservar a ordem social e garantir o respeito às leis. Nesse sentido, destaca Tomás y Valiente que desde a baixa Idade Média já se assistia a um progressivo fortalecimento da associação entre, de um lado, a garantia da paz e, de outro, o ordenamento jurídico estatal – isto é, "a lei real e os oficiais e juiz nomeados pelo monarca". Essa tarefa de pacificação e garantia do respeito às leis era principalmente vista como algo exequível pela promulgação de leis "para castigar as alterações da paz social em qualquer de suas manifestações (a vida, a propriedade, a honra...)", atribuindo-se ao soberano "a tutela da ordem pública e da paz interior nos reinos".[13] Nesse mesmo sentido, Arno e Maria José Wehling dão exemplos de como, na cultura jurídica ibérica, a ideia de respeito às leis e punição de delitos, em sentido amplo, associava-se igualmente ao objetivo político de preservação da paz.[14] Contudo, a falta de uma "teoria geral do delito (criminal)" e da "pena criminal", como hoje temos, deixava a matéria punitiva espalhada por todo o ordenamento, e não reunida nos escaninhos de uma disciplina estrita como hoje se dá com o nosso direito penal. Essa representação horizontalizada dos "crimes" e das "penas" era preferencialmente associada a elementos culturais pré-contemporâneos: em um ambiente intelectual de contínua importância da teoria política tomista, que impunha uma visão unitária da natureza e do mundo, em que direito e moral, crimes e pecados eram conceitos reciprocamente permeados, e que mantinha ademais a metodologia casuística tradicional do direito romano, a construção de uma definição geral e abstrata do delito criminal e a organização dos diver-

---

[13] "Así, ao largo de la Baja Edad Media, en un proceso erizado de dificultades y resistencias (...) se va abriendo paso la idea de que la garantía de la paz es función del ordenamiento jurídico general, es decir, de la ley real y de los oficiales y jueces nombrados por el monarca. La tutela del orden público, de la paz interior en los reinos, se atribuye al rey. Esto significa que lo monarca dará leyes para castigar las alteraciones de aquella paz en cualquiera de sus manifestaciones (la vida, la propriedad, la honra...)" (Tomás y Valiente, 1992: 25).

[14] "No preâmbulo da Recopilación de Leyes de los Reinos de las Indias, de 1680, o discurso ainda é o mesmo: o primeiro e maior cuidado dos Senhores Reis nossos gloriosos predecessores, e nosso, é dar leis com que aqueles reinos sejam governados em paz e justiça" (A. Wehling e M. C. Wehling, 2004: 31).

sos tipos de delitos a partir dessa definição não estavam entre as primeiras preocupações dos juristas. Os reflexos dessa tradição particularista sentiam-se na cultura jurídica castelhana ainda em fins do século XVIII e início do século XIX, quando muitos "criminalistas" – como Alvarez Posadilla (século XVIII) e Vilanova y Mañez (século XIX) – ainda definiam o delito como uma violação voluntária a qualquer norma jurídica (Tomás y Valiente, 1992: 208), sem qualquer preocupação em fazer suas doutrinas começarem por definições gerais dos delitos ou das penas criminais, como as nossas começam em teorias do delito (criminal) e da pena (criminal). Some-se a isso que, até a representação definitiva, na teoria e na prática institucional, do poder político central e soberano como responsável pela solução de muitos conflitos de natureza preponderantemente individual (sobre honra e propriedade, por exemplo), o caráter transindividual das disputas jurídicas continuava vivo no imaginário coletivo, acentuando a indistinção entre violações que são atualmente penais ou civis, quando não entre violações jurídicas e morais.[15]

O caso dos juristas castelhanos mencionados indica que a imagem desse "direito penal" episódico e horizontal sobreviveu na cultura jurídica do continente século XVIII adentro, em diferentes medidas. A partir de fins do século XVII, muitos doutrinadores europeus já tratavam os crimes como parte exclusiva do direito público. Assim faziam, ilustrativamente, Jean Domat, cujo *Tratado das Leis Civis* dedicava o Livro III do tomo dedicado ao direito público aos "delitos e crimes" (Domat, 1828); e Blackstone (1778: 1), que representava os crimes como algo já diferente dos ilícitos privados (*misdemeanors*), por serem violações de leis públicas. Mas em nenhum desses casos havia ainda diferenciação entre

---

[15] Esta é, segundo Hespanha, uma das permanências do direito tradicional que se misturou com o direito oficial no alvorecer da modernidade portuguesa: "É este caráter trans-individual dos conflitos que explica, por um lado, a fluidez das fronteiras entre o direito (ius), a moral (fas) e o costume (mos), e ainda a referência, permanente no discurso jurídico tradicional, a padrões éticos de conduta (praecepta iuris sunt haec: honeste vivere, alterum non laedere, suum cuique tribuere); por outro lado, explica ainda a indistinção entre as sanções "penais" e as sanções "civis" da qual resultam quer a "penalização" de questões, hoje em dia, nitidamente civis (por exemplo, a prisão por dívidas), quer a "civilização" de questões, actualmente, de natureza penal (por exemplo, a aceitação de penas puramente privadas de reparação penal)" (Hespanha, 1988: 35-6).

os "crimes" e os demais ilícitos de direito público, como hoje diferenciamos claramente entre ilícitos penais e administrativos, por exemplo. Esse processo final de especificação é uma das marcas da dogmática penal contemporânea.

Além dessa distinção qualitativa entre o ilícito penal e outros ilícitos de natureza pública, o processo de autonomização do direito penal envolveu ainda a sua **separação em relação ao direito processual penal**. Depois de se destacar do restante da massa das normas jurídicas, num primeiro momento, foi também necessário que, em seguida, o direito penal substantivo se destacasse do direito penal processual a fim de se circunscrever a algo minimamente parecido com aquilo que hoje reconhecemos como o seu campo material por excelência: definir os crimes e as penas, bem como as regras para a sua imputação. Antes, ao contrário, viam-se como "criminais", indistintamente, todas as regras estatais cujo propósito fosse cuidar de crimes e sua penalização, independentemente de se tratar de sua definição em abstrato ou de sua persecução e julgamento em concreto, ainda segundo a lógica de que tudo isso fazia parte da tarefa pública de preservar a ordem interna de um Estado. Na mesma época de Feuerbach, o dito "pai da moderna ciência penal", seu amigo e adversário intelectual Karl Grolman divulgava uma doutrina penal ainda relativamente misturada com elementos processuais, o que aos olhares de hoje parece ser uma confusão entre institutos que são, para nós, claramente separados pela nítida distinção entre as duas disciplinas: Cattaneo (1979: 278) aponta, por exemplo, que "corpo de delito" e "tipicidade" (*Thatbestand*) eram, para Grolman, sinônimos,[16] enquanto para nós as duas coisas são não só distintas, como também pertencentes a distintos ramos do direito: o primeiro, ao direito processual; o último, ao direito penal.

---

[16] "Corpo de delito" era a evidência concreta do fato criminoso. O código criminal bávaro de 1751 falava em "defeito no corpo de delito" para descrever qualquer falha na apuração do concreto "fato típico" (pede-se vênia para o anacronismo), e previa nesses casos uma pena diminuída: "Wo in dem *corpore delicti* oder sonst in dem Process ein solcher Mangel erscheint, daß die erforderliche Prob dadurch in billichen Zweiffel geräth; so greifft statt der ordentlichen nur eine mildere Straff Platz" (Cap. I, § 24). Não há nele qualquer menção a algo semelhante a um princípio da legalidade como hoje existe.

Esse tratamento unitário do direito material e processual pertencia à tradição jurídica romano-germânica e vinha de longa data. Segundo Hespanha (1990a: 192), a representação metodológica do "direito criminal" foi feita por muito tempo segundo uma lógica processual. Isso se vê, por exemplo, no Livro V das Decretais de Gregório IX, que tanta influência teve na cultura jurídica portuguesa até a chegada de Mello Freire. Lá, as matérias do direito criminal eram apresentadas segundo a *ordo legalia*: "de acordo com o modelo expositivo das Decretais, o tratamento segue a ordem do processo; se inicia pela acusação, segue com a regulação dos distintos delitos e termina com o regime de provas e da sentença" (Hespanha, 1990a: 192). Na última parte da Lei das Sete Partidas, outro documento de relevo para a história do direito ibérico, via-se a mesma coisa: o "livro criminal" (VII) começava pela acusação (Título 1), definia então os diversos tipos de delitos (Títulos 2 a 28), chegava às provas e formas de julgamento (Títulos 29 e 30), passava pelas penas e suas espécies (Título 31) e terminava no perdão (Título 32).

Essa etapa final do processo de autonomização material do direito penal, que levaria a sua separação do processo penal, demorou muito mais para consolidar-se, uma vez que o processo foi, inicialmente, o elemento mais importante para a consolidação do poder punitivo nas mãos exclusivas dos reis. O processo penal era, portanto, mais importante do que o direito penal substantivo do ponto de vista da estratégia política de fortalecimento do poder real. Nesse sentido, Langbein (1974) diz que na Europa do século XVI houve diversas tentativas de impor uma racionalidade moderna a uma "justiça criminal" ainda embrionária, o que pode ser visto como uma primeira emancipação do campo criminal; mas aponta que isso foi feito muito mais pela organização do processo do que pela definição abstrata de crimes e penas. No mesmo sentido, Sbriccoli (2002: 174) aponta a importância das *practicae criminalis* para uma primeira autonomização da matéria criminal. Os ecos disso sentem-se até o século XIX, quando muitos dos primeiros códigos criminais modernos ainda tratavam em conjunto o direito penal material e processual.[17] Falando da doutrina criminal do Antigo Regime portu-

---

[17] Hespanha (1990a: 193) anota que, nos primeiros códigos modernos de fins do século XVII (toscano e austríaco), o paradigma da *ordo legalia* ainda permaneceu.

guês, Arno e Maria José Wehling anotam que ele possuía caráter "predominante processual e procedimental" (2004: 551). Com o passar dos anos, o direito penal virou o jogo, por assim dizer: os problemas jurídicos processuais, que foram inicialmente o caminho pelo qual o "criminal" ganhou emancipação, perderam espaço na disciplina conjunta e acabaram desgarrando-se do nosso direito contemporâneo estritamente penal, relegados a problemas "adjetivos", como alguns penalistas ainda hoje referem-se ao processo penal. Portanto, entender esse processo de autonomização é outro ponto-chave para a compreensão histórica da dogmática do direito penal contemporâneo.

Sobre a separação do direito penal em relação ao processo penal, é preciso indicar com mais especificidade como ela foi investigada, já que isso pode render polêmicas mais adiante. Ao apreciar o projeto de código criminal de Pascoal José de Mello Freire, Hespanha (1990b: 411-3) postula que a separação entre as duas disciplinas pode ser aferida a partir da mudança na estrutura expositiva do direito penal: quando o direito penal é representado segundo a já citada lógica processual, haveria indistinção entre as duas coisas; quando, ao contrário, ele é representado como ostentando uma estrutura determinada por suas próprias necessidades, a partir das definições de seus institutos fundamentais (com uma parte geral, portanto), haveria distinção entre as disciplinas. Um conjunto mais representativo de obras criminais do século XVIII analisado de um ponto de vista hermenêutico mostra, entretanto, que este critério pode ser problemático, pois ainda que a lógica da *ordo legalia* das Decretais tenha deixado de ser seguida em muitas obras, o conteúdo do "direito criminal", enquanto objeto teórico-jurídico, até aquele momento reunia direito substantivo e processual, se bem que de outra forma: o direito penal era apontado como a "parte teórica" da disciplina, e o direito processual, a sua "parte prática". É isso que se vê, por exemplo, em Ernst Klein (1796). Assim, se a mudança na ordem de apresentação da disciplina denuncia que o direito penal começava a sua emancipação por meio de seu relativo desligamento metodológico das preocupações práticas do campo criminal, não é possível afirmar que isso indique, por si só, sua plena autonomia teórica em relação ao direito processual, mesmo que, por óbvio, tal mudança seja um passo necessário para tanto. Se considerarmos ademais a grande inventividade que havia nas doutrinas que postulavam uma tal separação absoluta entre direito material e direito processual, o melhor critério para investigar essa separação parece ser a busca por manifestações explícitas nesse sentido por parte dos autores estudados.

A progressiva especificação teórica que levaria à dogmática penal contemporânea suscitou um grande debate sobre a **"posição enciclopédica"** da nova disciplina. Ou seja, quanto à posição do direito penal dentro do direito público ou do direito privado. Este é um terceiro ponto constitutivo da dogmática penal contemporânea. Como o processo de especificação teórica do direito penal envolveu diversas etapas, os juristas eram forçados a todo momento a rever sua posição dentro dessa dicotomia, que tem sido a porta de entrada das classificações do direito desde o início da modernidade (Lopes, 2004: 70 e ss.). Assim, se alguns juristas do século XVII já classificavam o direito penal com segurança dentro do direito público, muitos outros juristas do século XIX ainda demonstravam dificuldades em fazer o mesmo sem hesitação. Não só porque viam aspectos substantivos de relações privadas nos ilícitos criminais (proteção da propriedade privada, por exemplo), mas também porque havia muita coisa privada no processo criminal, como o início da persecução caber muitas vezes à parte ofendida e não aos procuradores públicos. Esse era, a propósito, outro elemento herdado da tradição jurídica pré-contemporânea. Tratando das repúblicas italianas renascentistas, Stern (1995: 203-4) apurou que quase um terço dos "crimes" eram perseguidos por iniciativa das partes,[18] o que só mostra o quanto o elemento privado e dispositivo vinha sendo até então relevante na realização da "justiça criminal", mesmo quando a matéria punitiva era já associada ao dever político do soberano de preservar a paz. Isso leva a um ponto importante em que a teoria da dogmática penal contemporânea toca a sua realização prática: a postulação de que o ramo criminal pertence exclusivamente ao direito público reclama a existência de órgãos estatais capazes de levar adiante a tarefa de persecução criminal – o procurador de Foucault, ou o Ministério Público para nós

---

[18] Os números levantados por Stern são: 38,4% dos casos iniciaram-se por conhecimento público; 17,5% por denúncia de um reitor; 15,8% por inquisição oficiosa; e 28,2% por acusação privada.

brasileiros – que jamais estavam prontos e acabados nos primeiros instantes em que conviriam às teorias.[19] Isso mostra também o quanto a situação do direito penal dentro do direito público foi não apenas um problema teórico, mas também um problema político.[20]

Além disso, a mistura do público e do privado em matéria criminal dava-se também pelo aspecto substantivo. Na tradição do Digesto,[21] a distinção entre delitos públicos e privados já existia, mas ela tinha uma função estrutural completamente distinta da dicotomia moderna entre ilícitos públicos e ilícitos privados. A ideia de "interesse público", que fundamenta os ilícitos públicos do tempo presente, não alicerçava os *publica delicta* do livro 48 do Digesto (Hespanha, 1990a: 190). Roubo (D. 47.8) e furto (D. 47.2.1) não eram delitos públicos, por exemplo, porque atingiam uma vítima privada em seus interesses particulares (patrimônio); ao passo que plágio e peculato (D. 48.13) eram públicos, por não dizerem respeito a um interesse particular (Hespanha, 1990b: 410). A falta de ligação entre "interesse público" e "pena pública" fazia com que, na tradição pré-contemporânea, as soluções privadas de conflitos fossem frequentes mesmo para casos que hoje consideramos inequivocamente como sendo de interesse público: a Lei das Sete Partidas (VII, 1, 22) permitia que o "delinquente" se recompusesse com a vítima em hipóteses de cabimento de penas de morte ou de mutilação de membros

---

[19] Langbein (1976) lembra, por exemplo, que a eliminação das penas de sangue do rol punitivo da modernidade em favor da pena restritiva de liberdade foi um processo longo, principalmente pelo aspecto prático nele envolvido: enquanto as penas corporais podiam ser aplicadas sem delongas e instantaneamente, a privação de liberdade demanda um aparato físico e humano (prisões, vigilantes) cuja construção prolongou-se no tempo.

[20] Tomás y Valiente anota que este processo de publicização esteve longe de ser uma marcha aproblemática: "el carácter público del Derecho Penal no se impuso de una vez para siempre, sino que para ello hubo que vencer, aun en los siglos de la Edad Moderna, serios obstáculos. Derecho Penal estatal en esta época no quiere decir que la ley penal sea igual para todos los homens y en todos los lugares, ni que ésta deje al juez resueltos todos o casi todos los problemas, para evitar, por ejemplo, su aplicación por vía de interpretación analógica extensiva; ni tampoco que ele poder real consiga imponer su ley y su autoridad en todas las contiendas u ofensas delictivas surgidas entre los reyes persiguen, y en la que fracasaron frecuentemente aunque al final triunfaram" (1992: 26).

[21] O livro 47 tratava dos delitos privados (*delicta privata*), e o 48, dos delitos públicos (*delicta publica* ou *crimina*).

– que incluíam, por exemplo, homicídios e estupros –, ficando isento de punição em tal caso.[22] Por aí já é fácil ver o quanto não era tarefa simples romper com a tradição de um "direito criminal" ao mesmo tempo público e privado, que tinha séculos de existência e bibliotecas inteiras de doutrinadores respeitados que lhe conferiam sentido e autoridade.

Por todas as razões até aqui expostas, e aqui vai um quarto elemento constitutivo da dogmática penal contemporânea, a especificação do direito penal passou também pela postulação de **significados específicos** para os conceitos de "crime", ou "delito", e "pena", bem como para as regras para sua imputação. Esses elementos, quando circunscritos ao campo do "criminal", em um primeiro momento, e do especificamente "penal", mais adiante, tiveram de ganhar significados mais restritos. No pensamento jurídico desta fase de transição, é aí que começa a radicalizar-se a diferença entre a gravidade dos ilícitos "criminais" em relação aos "civis", primeiramente, e, em um momento seguinte, aos demais ilícitos públicos; bem como às especiais propriedades das penas criminais. O argumento aqui é em essência o mesmo de Foucault (1987, 2005): se "crimes" sempre foram vistos como comportamentos indesejáveis, e "penas" como a maneira oficial de lidar com eles – é isso que confere o mínimo de unidade às práticas punitivas de povos históricos tão distintos –, o reformismo da modernidade e do Iluminismo vai ligar essas ideias, de um lado, a uma nova antropologia filosófica e, de outro, a um conjunto de reformas institucionais do início da idade contemporânea, ligadas aos novos objetivos políticos da punição. No campo teórico, isso levará a um novo significado para os vocábulos em questão. Tudo isso em conjunto terá como resultado mudanças metodológicas que resultarão em algo já muito próximo (se bem que não idêntico) ao conteúdo material da dogmática penal contemporânea.

Com efeito, e a despeito de todos os reparos que têm sido postos a esta visão pela criminologia chamada crítica, é um ponto fundamental

---

[22] *"Cómo aquel que es acusado puede facer avenencia con su contenedor sobre pleyto de la acusacion.* Acaesce á las vegadas que alguns homes son acusados de tales yerros, que si les fuesen probados, que ricibiren pena por ellos en los cuerpos de muerto ó de perdimiento de miembro: et por miedo que han de la pena trabájanse de face avenencia con sus adversarios, pechándoles algo porque non anden mas adelante por el pleyto" (Siete Partidas, VII, 1, 22).

de praticamente toda a dogmática penal contemporânea que o delito criminal tem propriedades substantivas específicas, que são dadas pelo "conceito material de delito" (Roxin, 2006: 8 e ss.) e em geral envolvem a importância dos bens jurídicos por ele protegidos, ou o caráter especialmente nocivo do delito criminal. Tais propriedades separam, normativamente, a substância do ilícito penal em relação às demais irregularidades do ordenamento jurídico, sejam elas de direito privado, sejam de outras áreas do direito público. A postulação do que seja o tal conteúdo material do delito, é claro, varia de autor para autor. Mas, ainda assim, é possível dizer que todos compartilham, em um certo nível de generalidade, a ideia da danosidade do delito criminal no plano normativo mais geral de suas diferentes conceituações. De fato, pareceria absurda nos dias de hoje uma teoria que sustentasse que o ilícito criminal é aquilo que de mais inofensivo ou desimportante há na sociedade.

O instituto dogmático-penal que mais se liga à representação estrita do delito criminal é a **legalidade**, que tem na dogmática penal contemporânea um papel fundamental. Se é verdade que há um grande conjunto de princípios que são relevantes para o nosso direito penal, é verdade também que a legalidade é o mais fundamental de todos eles, por uma razão simples: ela é, além de uma orientação normativa para todo o direito penal, também um instrumento constitutivo de seu objeto teórico. Uma legalidade rígida e taxativa é, mais do que qualquer elemento substantivo que se refira à danosidade ou lesividade social da conduta, o elemento que é inequivocamente reconhecido como aquilo que distingue, ao menos à primeira vista, a matéria bruta penal das demais esferas de normatividade, jurídicas ou não. Assim, a legalidade foi não só o instrumento político que permitiu romper com a noção pré-moderna de que "o delito é um pecado e o pecado é um delito" (Tomás y Valiente, 1992: 219-20) – ruptura essa que aparece exemplarmente na definição de Hobbes de "crimes" (1881: 151)[23] –, mas também um instituto que ganhou um destacado papel metodológico dentro do campo

---

[23] "A Crime, is a sinne, consisting in the Committing (by Deed, or Word) of that which the Law forbiddeth, or the Omission of what it hath commanded. So that every Crime is a sinne; but not every sinne a crime." A diferença entre "crimes" e "sinnes" em Hobbes é comentada no capítulo seguinte.

teórico da dogmática penal contemporânea. Em outras palavras, é ela que determina o campo de trabalho da dogmática penal, qual seja, as leis estatais que definem crimes e impõem penas.

Não se está negando aqui, é bom frisar, o fato sabido e ressabido de que as leis estatais tinham, desde os primórdios da modernidade, a função de estabelecer ilícitos. Como anota Tomás y Valiente (1992: 24), no direito penal do alvorecer das primeiras monarquias absolutas já havia a compreensão de que os reis tinham poder para definir quais atos são delitivos, e quais as penas a eles cabíveis. Mas ao mesmo tempo, é também sabido que o exercício efetivo do poderio criminal era não só limitado pela complicada rede de poderes políticos da época, que envolvia múltiplas esferas de autoridade política (de que a Igreja é um exemplo especialmente importante para o campo penal),[24] mas também por circunstâncias materiais nem sempre favoráveis à efetiva aplicação da intervenção estatal teoricamente mais eficiente (Langbein: 1976). O mesmo Tomás y Valiente lembra que, muitas vezes, para a conveniência tanto dos reis quanto da Igreja, o "direito penal" real aliava-se ao eficiente aparato inquisitivo ou eclesiástico, resultando daí uma "teologização do direito penal secular" (1992: 86). O resultado disso é que, ao menos até a difusão das ideias ilustradas sobre a separação entre direito e moral (como, por exemplo, em Thomasius e Kant; e, em muitos lugares, ainda depois disso), os movimentos políticos de criminalização e descriminalização de condutas eram ainda vistos em meio a um quadro muito mais amplo de proibições derivadas de outras esferas de normatividade da vida social. Ou seja, o poderio constitutivo em matéria penal das primeiras monarquias absolutas está longe de ostentar o "toque de Midas" que tem a legalidade da dogmática penal contemporânea, que por um simples rito político formal é capaz de criar o delito criminal e ameaçar com a pena corporal uma conduta que antes era, de fato e de direito, livre e permitida.

---

[24] Sbriccoli (1974: 31) comenta que os príncipes da modernidade tiveram de disputar também com os juristas a autoridade da punição. As leis régias eram tentavam esvaziar o campo da *autorictas* doutrinária em matéria punitiva, o que não impedia que acabassem "capturadas" pela interpretação dos jurisconsultos no velho sistema do *ius commune*.

Um argumento importante deste livro é que a legalidade tal qual conhecemos tem duas funções distintas, se bem que recíproca e diretamente implicadas, cuja separação é, para fins históricos, de grande utilidade: a primeira é política; a segunda, metodológica. A função política da legalidade diz respeito sobretudo a seu papel negativo, de contenção, sendo produto da influência liberal-iluminista sobre o direito penal. É principalmente ela que corporifica a ideia de garantia que associamos às leis penais proibindo que alguém receba uma penalização senão em conformidade com aquilo que prevê uma lei anterior. É a esse papel da legalidade que muitos dos clássicos da política do século XVII fazem referência quando exigem, como Beccaria, a proteção contra arbítrios cometidos por juízes criminais. O Marquês, por exemplo, dizia que "só as leis podem decretar as penas dos delitos; e esta autoridade deve residir unicamente no legislador, que representa toda a sociedade unida pelo contrato social" (Beccaria, 1774: 14).[25]

Isso é significativamente diferente do que dizemos hoje sobre a legalidade penal. Na lição de Roxin (2006: 141), exemplificativamente, a legalidade penal é composta de dois princípios distintos: "não há crime ou delito sem lei" (*nullum crimen sine lege*) e "não há pena sem lei" (*nulla poena sine lege*). Em Beccaria, note-se, o primeiro princípio não está ainda formulado em sua lição sobre o papel das leis criminais. Se repararmos bem, aliás, o primeiro capítulo do "pequeno grande livro" diz respeito à origem das penas, e não à origem dos delitos criminais. A diferença de que falo pode ser apreciada também em nível legislativo: nos primeiros códigos de fins do século XVIII e início do XIX, era comum que a garantia da legalidade fosse expressa através da proibição à punição de crimes ou delitos senão conforme as penas previstas nas leis: já se dizia que, sem a lei, não poderia haver punição. Mas isso é ainda bem diferente de dizer que os delitos ou crimes não existem sem que uma lei penal anterior os constitua,[26] e que a tal lei é, além de necessária,

---

[25] "sólo las leyes pueden decretar las penas de los delitos; y esta autoridad debe residir únicamente en el legislador, que representa toda la sociedad unida por el contrato social."
[26] É nesse sentido a redação do artigo 1º do nosso Código Penal de 1984: "Não há crime sem lei anterior que o defina, nem pena sem prévia cominação legal."

também plenamente suficiente para a um só tempo constituir o ilícito e autorizar uma punição conforme ao direito.

Mais uma vez, isso está ligado à já referida concepção horizontalizante da matéria punitiva pré-contemporânea: enquanto o "criminal" era visto como a prerrogativa punitiva do soberano, o traço distintivo dessa matéria era mais a pena do que os delitos. É só com a necessidade de circunscrição e diferenciação do ilícito estritamente penal dentro de uma disciplina própria, diferente inclusive das outras que compõem o direito público interno, que os esforços de especificação teórica reconhecerão a estrita legalidade como o *pedigree* da matéria substantiva da dogmática penal contemporânea.

Quero dizer com isso, portanto, que a legalidade imediatamente anterior à dogmática penal contemporânea já continha, ao menos no nível das postulações acadêmicas, algo semelhante à função garantista que hoje nela vemos, mas não carregava ainda a propriedade de constituição dos delitos criminais, que é por corolário definidora do campo material de incidência do direito penal como aparato teórico e, assim sendo, tem um papel metodológico importantíssimo para a constituição do objeto teórico da dogmática penal contemporânea. Não é por acaso que, ao contrário de Beccaria, nossos manuais de direito penal hoje falam de legalidade não só quando comentam os princípios garantistas de direito penal, mas também para estipular, logo de início, onde começa e onde termina a disciplina. O conceito de direito penal é muitas vezes dado a partir da legalidade, em outras palavras. Francisco de Assis Toledo diz, na primeira página de seu *Princípios Básicos de Direito Penal*, que o direito penal é antes de qualquer coisa "aquela parte do ordenamento jurídico que **estabelece e define o fato-crime**, dispõe sobre quem deva por ele responder e, por fim, fixa as penas e medidas de segurança a serem aplicadas". (Toledo, 1991: 1. Destaques meus).[27]

---

[27] Em seguida, Toledo acrescenta que, em outro sentido da expressão, "direito penal" entende-se como ciência penal; mas, mantendo a dependência da legalidade constitutiva para a definição do objeto teórico da disciplina, aponta que esta ciência constitui-se em um conjunto de conhecimentos e princípios que torna possível "a elucidação do conteúdo das normas penais e dos institutos em que se agrupam" (cit.: 2).

Para fins de uma história da formação da dogmática penal contemporânea, que é uma prática social que institucionaliza um campo do saber jurídico, é importante determinar quando as coisas passaram a representar-se dessa maneira. Por isso, essa segunda característica da legalidade não pode ser desprezada e nem obscurecida pela primeira, e é uma tarefa analítica importante separar uma da outra.

Prosseguindo na tipificação da dogmática penal contemporânea, é possível dizer que todos os penalistas do tempo presente têm um sentido compartilhado também em relação ao que seja a **pena criminal**. Certamente vem de tempos muito remotos a ideia de que a pena criminal é algo substancialmente ruim e que deve representar uma privação para quem a recebe. Do ponto de vista da dogmática penal contemporânea, entretanto, há um dado teórico distintivo em relação à pena com que ele trabalha. Ao contrário do que houve na filosofia moral a partir do século XVII, quando as correntes utilitaristas e retributivistas começaram uma disputa teórica quanto aos fundamentos da punição (que ainda hoje não acabou), na dogmática penal contemporânea essas duas correntes tiveram, após um primeiro momento de embates, uma convivência posterior relativamente pacífica, e acabaram por juntar-se relativamente bem nas diferentes teorias da pena que hoje ele compreende.

Em diversos penalistas e códigos a partir do século XIX, é muito comum encontrarmos teorias "mistas" ou "conciliatórias" da pena criminal, que refletem a noção de que a punição penal fundamenta-se a um só tempo em prevenção e retribuição. Fazendo vistas grossas a todas as polêmicas filosóficas subjacentes, os professores das teorias mistas acolhem, na lição de Basileu Garcia, "a teoria da justiça absoluta", por aceitarem "a função retributiva da pena", mas admitem, "por outro lado, que a pena tenha funções utilitárias" de prevenção criminal (1956, T. I: 75). A lista dos adeptos desse sincretismo é grande, e inclui autores de respeito: Garcia menciona Rossi, Garraud, Guizot, Broglie, Jouffroy, Cousin e Carmigniani. Mais contemporaneamente, Maurach costuma ser apontado como defensor da teoria mista. Para que se tenha uma ideia do peso dessa posição no direito penal do século XX, o Tribunal Constitucional Nacional da Alemanha (*Bundesverfassungsgerricht*) ao menos em duas ocasiões diferentes explicitou aceitar que a sanção penal objetiva a "prevenção e ressocialização do sujeito", mas também a "expiação e retribuição do injusto cometido" (Roxin, 2006: 91). Isso é algo muito particular dos teóricos penais: na filosofia moral, por exemplo, ainda hoje é comum que autores se filiem a uma ou outra corrente, sem recorrer a posições de compromisso entre ambas. Por isso, pode-se dizer que a especificação do conteúdo substantivo da dogmática penal contemporânea tem nessa matéria um indicativo importante de seus porquês.

Uma última característica relevante da dogmática penal contemporânea está em sua particular **forma de organização teórica**, que faz com que a disciplina do direito penal seja representada com um conjunto de regras articuladas em duas partes, por nós chamadas de parte geral e parte especial. Também isso que parece a forma natural de representação da disciplina não é a sua aparência necessária, mas sim a marca de uma determinada orientação metodológica com a qual convivemos desde a modernidade tardia. A legislação penal do Antigo Regime era, recordemo-nos, organizada por outra lógica: a lei buscava cobrir seu campo de incidência por uma técnica preferencialmente casuística, de enumeração tópica, elencando com riqueza descritiva suas hipóteses de cabimento, de modo a gerar um rol extenso que se revelou, com o tempo, difícil de operar. Nas palavras de Sbriccoli (1974: 29), a legislação penal pré-iluminista era frequentemente ancorada em "situações contingentes, episódios particulares e problemas específicos".[28] Esse percurso casuístico seguia, ademais, a lógica temporal do processo (*ordo legalia*), em vez de principiar pelas definições elementares de delitos e penas.

Tal técnica legislativa, que inicialmente serviu bem aos propósitos de centralização do poder político nas mãos dos reis, passou a ser vista como um problema quando a concentração de poder dela resultante tornou-se indesejável por certos grupos sociais. Emprestando um modelo de racionalidade já existente séculos antes, os juristas da era das codificações combateram-na advogando o uso da boa razão, que tornaria possível a cobertura de todo o campo jurisdicional com princípios jurídicos fundamentais determinantes da decisão em cada caso concreto, mesmo na falta de dispositivos legais pontuais. Assim, por exemplo, no discurso

---

[28] "Altra caratteristica "interna" della legislazione penale in materia politica è constituita dal sua frequente ancoraggio a situayioni contingenti, ad episodi particolari o a problemi specifici."

preliminar de apresentação da primeira versão do Código Civil napoleônico (um marco histórico da nova forma de legislar que se tornaria hegemônica a partir de então), Portalis e seus companheiros diriam que

> A função das leis é estabelecer, em termos gerais, as máximas gerais da lei, é estabelecer princípios ricos em consequências, em vez de se ocupar com os particulares das questões que podem emergir em cada assunto (1801: 6).[29]

Mais do que uma técnica legislativa, essa orientação expressava um modelo epistemológico fundado em uma racionalidade idealista e abstrata, que marcou toda a produção intelectual nas ciências humanas daquele tempo, e não só a legislação. Tanto assim que, mesmo enquanto ainda vigia em diversos lugares a *Constitutio Criminalis Carolina* de Carlos V (1532), muitos dos criminalistas do século XVIII reorganizavam os dispositivos nela contidos de forma a produzir doutrinas criminais já com alguma aparência de maior organização (aos nossos olhos contemporâneos), mesmo antes dos códigos vigerem em seus reinos.[30] Mesmo no século XVII, traços evidentes dessa orientação metodológica já são visíveis: Pufendorf (1964), por exemplo, estruturava sua teoria do direito como um conjunto de desdobramentos lógicos de um princípio primeiro de sociabilidade humana; e sua doutrina da sociabilidade pode ser chamada, grosso modo, de uma parte geral de sua teoria do direito. Essa metodologia, que se sofisticou ao longo de dois séculos, seria imprimida ao conteúdo material básico que já foi mencionado até aqui (crimes, legalidade, penas etc.) e resultaria em um objeto teórico com a "cara de código" com o qual hoje estamos acostumados.

No caso da dogmática penal contemporânea, porém, há um dado adicional muito relevante: não só ele se divide em uma parte geral e

---

[29] "The function of the statute is to set down, in broad terms, the general maxims of the law, to establish principles rich in consequences, and not to deal with the particulars of the questions that may arise on every subject."

[30] No caso específico dos estados alemães, costuma-se apontar a *Landrecht* prussiana de 1794 como um marco da produção legislativa de matriz moderna. Em matéria penal, a mais conhecida foi o código bávaro de 1813. Antes dele, o *Codex Juris Bavarici Criminalis* (1751), de Maximilian Joseph, já havia organizado a legislação criminal então vigente, mas preservando ainda vários traços pré-contemporâneos (cf. Cap. III, seguinte).

uma parte especial, como também a sua parte geral tem um conteúdo específico que já conhecemos bem: uma **teoria do delito**, em que a já citada legalidade penal joga um papel fundamental; e uma **teoria da pena**, cuja porta de entrada é a disputa entre as ditas teorias absolutas e relativas, e (muitas vezes) sua contemporização em uma das muitas "teorias mistas" de que há pouco se falou. Tais definições gerais nem sempre existiam no início da modernidade, dada a proliferação do "criminal" por todo o ordenamento jurídico, e, quando existiam, não representavam os pilares de uma disciplina jurídica específica, em razão do já mencionado perfil horizontalizante do "direito penal" anterior.[31]

Esses são os traços fundamentais da dogmática penal contemporânea, portanto: **(i)** sua existência como um objeto teórico autônomo, distinto inclusive do direito processual penal; **(ii)** sua pertença ao direito

---

[31] Neste ponto, estou em desacordo com Tomás y Valiente. Para ele, já seria possível localizar, nos primeiros juristas modernos, uma teoria do delito e uma teoria da pena. (1992: 87) Para isso, seria necessário colher nos diversos ilícitos espalhados pelo ordenamento, que eram chamados pelos juristas de "delitos" ou "crimes", os seus elementos constitutivos. Assim procedeu Tomás y Valiente para "encontrar" a teoria do delito de então. Sua ideia foi dar conteúdo a uma distinção que está em Durkheim, entre leis que meramente obrigam à reparação da situação anterior, e leis que aplicam penas por sua violação (cit.: 210). Ora, diz o historiador espanhol, se tal distinção é uma marca de todos os ordenamentos jurídicos, mesmo os mais primitivos, então deve ser possível encontrar uma teoria do delito tardo-medieval e do início da modernidade. Por esse caminho, ele postula que a teoria do delito do século XV teoria os seguintes elementos: o religioso ou moral (pecado), o social (dano comum) e o pessoal (ofensa) (cit.: 243). O problema dessa postulação é que, mesmo sendo uma tal teoria do delito formulada **a partir** dos juristas pré-contemporâneos, essa definição geral **não estava neles**: como já foi dito, havia juristas castelhanos do fins do século XVIII e início do XIX que não tinham qualquer preocupação em fornecer uma definição sintética do delito criminal. Ter isso em mente ajuda a evitar anacronismos: quando os já mencionados Alvares Posadilla e Vilanova y Mañés, às vésperas do século XIX, deram definições que não se preocupavam em distinguir o ilícito civil do penal, Tomás y Valiente as trata como "incompletas e toscas" (1992: 208); sem perceber que, se essa distinção é para nós o mínimo existencial de uma teoria penal, ela podia ser bem menos relevante no direito penal pré-contemporâneo, já que para os autores de uma cultura jurídica em que o "direito penal" era um direito de acompanhamento, marcar a especificidade da disciplina – que é sobretudo o que se consegue por meio de uma teoria geral do delito e da pena criminais – simplesmente não era uma preocupação premente.

público interno; e **(iii)** sua divisão em uma parte geral, composta de uma teoria do delito fortemente escorada na legalidade, e uma teoria da pena que contemporiza entre as disputas retributivistas e utilitaristas. Quem explicar como esses elementos tornaram-se a espinha dorsal do nosso direito penal terá explicado o surgimento do direito penal como hoje o conhecemos.

2. Dogmática penal contemporânea e Racionalidade Penal Moderna

A ideia da dogmática penal contemporânea com que trabalho nesta tese é diretamente inspirada pela "racionalidade penal moderna" de Álvaro Pires. A racionalidade penal moderna é apresentada por ele principalmente nos capítulos que escreveu para a *Histoire des Savoirs sur le crime & la peine* (1998). Por ela, Pires pretende explicar o surgimento da racionalidade com que se criou um sistema de pensamento fechado, distinto das demais áreas do direito, que nos aprisiona em uma "garrafa de moscas"[32] em matéria punitiva. Do ponto de vista do saber, diz Pires (1998a), a racionalidade penal moderna foi desenvolvida a partir das três grandes teorias da pena criminal, formuladas nos séculos XVIII e XIX: a teoria utilitarista da dissuasão, a teoria retributivista expiatória e as teorias ressocializadoras e neutralizadoras de matriz positivista.

Dessa teoria da racionalidade penal moderna, duas coisas são fundamentais. A primeira delas é a verificação de que o processo de construção das nossas formas presentes de lidar oficialmente com a punição é produto de um certo desenvolvimento de saberes teóricos que impactam o fundamento substantivo daquilo que é o nosso atual direito penal.

---

[32] Trata-se de uma expressão emprestada de Paul Watzlawick. As garrafas de mosca foram utilizadas em experimentos de psicologia cognitiva que investigavam reações animais instintivas do ponto de vista do conhecimento de certas circunstâncias. Eram grandes garrafas com um grande funil em seu gargalo. Quando vista pelo lado de fora, a larga abertura convidava as moscas a entrarem; mas, uma vez dentro, elas não sentiam segurança para sair pelo gargalo que, internamente, lhes parecia estreito e perigoso, e acabavam por morrer dentro do vidro, mesmo que a saída permanecesse tão desimpedida quanto estava quando entraram (Pires, 1998a: 7 e ss.). A racionalidade penal moderna é para Pires uma garrafa de moscas, de que nós temos "medo" de sair, e que nos impede de pensar novas formas institucionais de lidar com a violência social.

OS PONTOS DE PARTIDA

Nesse sentido, a teoria de Pires está em acordo com a tese de Foucault (1987) sobre a construção do saber que fundamenta a sociedade disciplinar, como também estão os fundamentos deste livro. É corrente em trabalhos de história do direito penal hoje já clássicos (Sbriccoli, 2004 e 1974; Cartuyvels, 1996) a percepção da especificação do "penal" e seu relativo descolamento em relação às demais áreas do direito.

A segunda é a percepção de que as teorias da pena que hoje tratamos como adversárias alimentam-se reciprocamente e fundamentam a construção da racionalidade penal moderna como um subsistema de pensamento. Se é verdade que trabalhos recentes de filosofia moral têm revisto a ideia da separação absoluta entre teorias da punição utilitaristas e retributivistas, afirmando pontos de contato entre as duas (Hare, 1997: 147 e ss.; Byrd, 1989), é também verdade que o trabalho de Pires foi pioneiro em aplicar essa revisão aos fundamentos da racionalidade da punição. Como um dos itens do tipo de direito penal contemporâneo envolve justamente a incorporação, por parte dos penalistas, do sincretismo das teorias mistas da pena, é evidente o paralelo aqui entre os caminhos teóricos desta pesquisa e aqueles tomados por Pires.

Entretanto, há algumas diferenças entre a dogmática penal contemporânea e a racionalidade penal moderna que são importantes de se explicitar. Afinal, o fato de serem compatíveis não significa que, metodologicamente, sejam idênticas, e nem que levem a resultados que se sobrepõem por completo.

A primeira diferença diz respeito ao objeto de cada uma: enquanto Pires ocupa-se sobretudo das teorias dos grandes filósofos que cuidaram do tema da punição a partir do século XVIII, esta tese se ocupa, em sua maior parte, dos juristas e da forma de construção de um objeto teórico-jurídico que hoje chamamos "direito penal", e que tem as características que acabam de ser expostas. Ainda que haja estreitas ligações entre filosofias da pena e teorias do direito penal, ambas não se equivalem; pois, se é verdade que as teorias da punição pertencem por excelência à filosofia moral, e que o raciocínio jurídico é uma forma de raciocínio prático, é verdade que ele tem sido considerado uma subespécie altamente institucionalizada dessa espécie de raciocínio (MacCormick, 1978: 272). Isso traz ao jurista alguns ônus teóricos que, se ignorados, podem comprometer a explicação histórica do pensamento jurídico propriamente dito. Já para um trabalho filosófico, ao contrário, tais requisitos institucionais são em princípio suprimíveis, ainda que não haja problema algum levá-los em consideração. Por outro lado, como Kant bem percebia e fez consignar em diversas passagens de sua obra, os filósofos são, por seu método, principalmente ocupados em resolver problemas teóricos muitas vezes suscitados por suas próprias teorias, ao passo que os juristas em geral não perdem do horizonte a dimensão prática necessariamente ligada à sua disciplina. Assim, enquanto Beccaria e Kant debatiam qual pena deve-se considerar mais justa por critérios puramente racionais, nossos juristas do Império, que conheciam ambos, tinham ademais de postular qual seria a melhor forma de julgar uma comutação de penas de presos que cumpriam pena de galés sem ter sido condenados a tanto, dada a inexistência em número suficiente de estabelecimentos penais adequados na localidade em que cumpririam suas penas.[33] Para falar nos termos dos silogismos que geralmente dão a forma dos juízos prático-jurídicos, os juristas preocupam-se não só com a construção da premissa maior, mas principalmente com a predicação da menor – a postulação da resposta jurídica a um caso concreto, que sempre levará em conta os aspectos práticos do problema.

Isso implica, e aqui já adianto a segunda diferença, que a reconstrução histórica da criação da dogmática penal contemporânea só pode ser feita de um ponto de vista interno (Hart, 1994: 89; MacCormick, 1978: 275 e ss.), por vezes também chamado de hermenêutico (MacCormick, 1986), ao contrário da reconstrução da racionalidade penal moderna, que bem pode ser feita a partir de um ponto de vista externo à dogmática penal. O fato de Pires representar a racionalidade penal moderna como um subsistema de pensamento mostra bem, a propósito, como ele se utiliza mais de uma teoria social (que contempla o direito externamente) do que de uma teoria hermenêutica do direito, que o

---

[33] Essa matéria foi de fato apreciada pela Seção de Justiça do Conselho de Estado, em 23/12/1846, em que se debateu a inteligência do art. 49 do Código Criminal de 1830. A decisão do Conselho, contrariando o juiz consulente e o Procurador da Coroa, foi a de que os presos em questão não estavam de fato cumprindo pena de galés por não estarem empregados em trabalhos públicos (a despeito de terem de usar a calceta aos pés e a corrente de ferro). Votaram os conselheiros Carneiro Leão, Lopes Gama e Bernardo Pereira de Vasconcellos.

enxergue pelo lado de dentro. Daí resulta que a explicação histórica da dogmática penal contemporânea, muito mais do que a racionalidade penal moderna, tenha de se atentar preferencialmente a como os juristas articularam e rearticularam o seu campo de saber até chegar à representação de um objeto teórico que nós, também como juristas, reconhecemos como o nosso direito penal.

Os impactos dessas duas diferenças podem ser concretamente percebidos quando consideramos o tema da separação entre direito penal e processo penal. Enquanto para a racionalidade penal moderna é indiferente a separação entre as duas disciplinas, pois ambas estão, do ponto de vista externo, de acordo na realização de um mesmo tipo de intervenção jurídica sobre os fenômenos de violência social, para a dogmática penal contemporânea, e do ponto de vista interno, é fundamental distingui-las; pois, ainda que nós juristas não neguemos que o direito e o processo penal tenham importantes pontos de contato para fins de realização prática dos objetivos da justiça criminal amplamente considerada, nós também reconhecemos, com a mesma naturalidade, que direito penal e processo penal são disciplinas inequivocamente distintas quando considerados os seus fundamentos estritamente jurídicos. Em uma periodização histórica, a diferença a que isso leva é brutal: basta dizer que, enquanto Beccaria é para Álvaro Pires um dos precursores da racionalidade penal moderna, ele é para mim um autor que ainda está fora da dogmática penal contemporânea, por seguir representando o direito penal e o processo penal conjuntamente em um mesmo ofício jurisdicional de prevenir crimes e efetivar a punição criminal. A distinção entre direito e processo só pode ser explicada, no que diz respeito aos argumentos jurídicos que lhe serviram de fundamento, a partir de um ponto de vista hermenêutico, coisa que a racionalidade penal moderna não se propõe a dar.

Um segundo exemplo no mesmo sentido está na representação conjunta de retributivismo e utilitarismo nas teorias da pena criminal. Enquanto Pires (1998c) indica preferencialmente os pontos em que as distintas teorias da pena criminal recomendam uma estratégia semelhante de práticas punitivas, está fora de seu objeto mostrar como os juristas articularam a criação de teorias mistas com bases filosóficas em princípio incompatíveis. Isso faz com que se obscureça a formulação histórica dos argumentos jurídicos contra os quais lutam, no tempo presente, as teorias que pretendem refundamentar a punição criminal (Roxin, 2006; Jakobs, 1998) em outras bases que não as das teorias mistas; e, mais ainda, faz com que se torne difícil avaliar o quanto essas novas teorias são realmente inovadoras, já que os argumentos especificamente jurídicos utilizados para resolver os impasses entre "sensualistas" e "idealistas", conforme as expressões da época, permanecem trancados no baú da história das ideias penais, persistindo em consequência a naturalidade conferida pelo passar dos anos às teorias da pena com que há muito tempo convivemos.

O ponto de vista interno não só permite desvendar fatos que se convém perceber, mas também evitar fatos em relação aos quais se convém resguardar. A mais importante delas é o anacronismo de avaliar negativamente as doutrinas penais do passado por não encontrar nelas aquilo que esperamos das do tempo presente. Esse é, a meu ver, o problema da já mencionada[34] avaliação negativa de Tomás y Valiente sobre os juristas pré-contemporâneos cujas doutrinas não continham uma teoria geral do delito especificamente criminal: se nos colocarmos no lugar desses juristas e enxergarmos que uma tal teoria não tinha grande relevo estrutural no pensamento jurídico daquele tempo, é possível dar-lhes outra avaliação que, do ponto de vista histórico, parece mais precisa.

O restante deste livro cuidará da formação da dogmática penal contemporânea enquanto objeto teórico. No próximo capítulo, cuidar-se-á do "direito penal" entre os séculos XVIII e XIX.[35] Isso será feito em dois capítulos distintos: primeiramente (Cap. II), mostrar-se-á como, desde ao menos meados do século XVII, a matéria-prima intelectual da dogmática penal contemporânea foi substantiva e formalmente trabalhada pelos juristas em um sentido particular que, posteriormente, possibilitaria a construção do objeto teórico que hoje conhecemos por direito

---

[34] V. nota de rodapé n. 30, retro.

[35] Esta periodização é sugerida especialmente pelas conclusões de Pires (1998). Como a formação do direito penal contemporâneo dá-se na circunscrição do pensamento jurídico moderno, também a pesquisa de Lopes (2004) traz indícios nesse sentido. Sobre o caso luso-brasileiro, v. Neder (2000).

penal. No capítulo seguinte (Cap. III), mostrar-se-á como essa matéria-prima intelectual foi reunida e forjada naquilo que conhecemos hoje como a dogmática penal; e, especificamente, como isso foi feito por um penalista da virada do século XVIII para o XIX, tido como ícone da formação de nossa dogmática penal: Paul Johann Anselm von Feuerbach.

II.
"Crimes" e "Penas" às vésperas da dogmática penal contemporânea

Se é sensato pensar que a formação do direito penal, como uma área particular do direito com as características que hoje conhecemos, pode ser estudada historicamente, então deve ser possível encontrar explicações contingenciais para o surgimento dessa nossa forma de encarar os problemas jurídicos ligados ao crime, ao criminoso e à punição. O objetivo deste capítulo é dar o primeiro passo no sentido de possibilitar algumas dessas explicações sob o ponto de vista histórico. Este primeiro passo consiste, resumidamente, em rememorar o material intelectual com que, pouco tempo depois, teve de trabalhar P. J. A. Feuerbach e a geração de juristas que construiu o direito penal contemporâneo. Em palavras simples, e através de uma analogia vulgar: a geração de teóricos que criou o nosso direito penal teve de jogar com certas cartas que estavam à mesa, e que lá haviam sido postas por um leque variado de problemas jurídicos (conceituais, metodológicos, institucionais etc.) tanto de sua época quanto de épocas anteriores. Neste capítulo, pretende-se mostrar quais cartas foram essas; e, no capítulo seguinte, como Feuerbach, um jurista-ícone do momento de criação do nosso direito penal, fez seu jogo a partir delas.

Um dos sentidos em que é possível afirmar a historicidade da construção do direito penal é através da postulação de que a criação dos elementos constitutivos de nossa dogmática penal, como a conhecemos hoje, deu-se por meio de um processo de oferecimento de respostas teóricas a um conjunto de problemas que impactavam diretamente a compreensão jurídica do crime, do criminoso e da punição, além da própria conceituação do direito penal como objeto teórico autônomo. Se isso é verdade, rememorar esses problemas é um passo fundamental para os propósitos desta tese. Assim, o objetivo deste capítulo é preponderantemente descritivo: serão apenas indicados alguns importantes temas jurídico-políticos no debate intelectual que antecedeu a geração de Feuerbach, pois, penso, esses temas ajudam a entender muitos dos porquês do caminho específico que resultou no nosso direito penal. Não se arriscará qualquer interpretação mais agressiva dos autores aqui tratados, não só porque interpretá-los às minúcias tiraria o foco do trabalho, mas também porque uma interpretação com tal profundidade é desnecessária diante do propósito do capítulo, que é simplesmente o de relembrar um conjunto limitado de problemas históricos do pensamento jurídico – e não o de buscar uma resposta filosófica para cada um deles.

Em termos metodológicos, é importante fazer constar que há uma grande diferença entre este capítulo e os dois outros que o seguirão: enquanto este segundo capítulo será majoritariamente retrospectivo, o próximo será prospectivo. Quero dizer com isso que o conteúdo deste capítulo é determinado por um olhar para trás a partir do presente: nós, hoje, sabemos quais são os temas da filosofia jurídica dos séculos XVII e XVIII que, uma vez criada a dogmática penal contemporânea, foram situadas dentro de seus domínios teóricos: a fundamentação do direito de punir ou a conceituação de "crimes" e "penas", por exemplo. Dessa forma, buscar no pensamento jurídico daquele tempo aquilo que, no século XIX, seria fundamental para a construção do nosso direito penal é algo que pode ser feito retrospectivamente: olhando para os pontos constitutivos do nosso direito penal do presente, e então procurando vestígios seus no pensamento jurídico dos momentos imediatamente anteriores à sua criação. No próximo capítulo, essa regra já não valerá: saber como a nossa dogmática penal contemporânea se formou a partir do material intelectual que será rememorado neste segundo capítulo é algo que tem de ser feito prospectivamente, ou seja, tentando colocar-se no lugar dos juristas de então (no caso deste livro, Feuerbach foi o escolhido) e enxergar qual era o novo direito penal que eles buscavam construir – mesmo que, olhando retrospectivamente a partir do tempo presente, este "novo" direito penal seja para nós já velho e naturalizado. É por isso que foi dito, no primeiro capítulo, que a reconstrução histórica da dogmática penal contemporânea, considerada como uma teoria jurídica normativa, só pode ser feita de um ponto de vista interno: é preciso colocar-se na posição de seus fundadores e entender o porquê dele ter sido o escolhido, entre as diversas opções teoricamente concebíveis para o tratamento jurídico dos problemas que hoje temos por criminais.

Salvo um ou outro caso pontual, este capítulo tampouco contém explicações históricas para os pontos nele tratados. Seu objetivo é, repito, apenas fornecer o pano de fundo intelectual dentro do qual o processo de criação histórica da dogmática penal contemporânea, descrito nos dois próximos capítulos, teve lugar.

O inventário de problemas deste capítulo retrospectivo será feito a partir das obras de alguns autores-chave das gerações imediatamente antecedentes a Feuerbach, entre os quais destacam-se Hobbes, Kant e Beccaria, entre outros que aparecerão com menos frequência, mas que nem por isso são em si menos importantes. A razão dessa escolha é simples: além da evidente importância histórica que têm os três não só para o direito penal, mas para o pensamento jurídico contemporâneo como um todo, eles são três dos autores com quem Feuerbach intensamente debateu os pontos de partida de sua teoria do direito, em geral, e de sua dogmática penal, em particular. Ou seja: neles estão, possivelmente, as amarras teóricas que o próprio Feuerbach julgou ter de desatar para construir a dogmática penal tal qual conhecemos hoje. Isso tudo sem dizer, é claro, que esses autores têm, ainda no presente, uma importância que vai muito além do singelo papel de pano de fundo histórico que ganharam nesta tese.

A Hobbes, Feuerbach dedicou um livro todo: *Anti-Hobbes, ou dos limites da força superior e o direito de resistência do cidadão contra o soberano* (1797). Mesmo sem ter sido propriamente um jurista, é certo que Hobbes ofereceu, do ponto de vista filosófico, notórios argumentos em um debate que é central a qualquer teorização jurídico-penal, qual seja, a definição dos direitos e deveres de cidadãos e do soberano, aí incluso o direito de punir. Ademais, falando agora do ponto de vista histórico, Hobbes tem sido tomado por certos penalistas contemporâneos como um autor-

-chave para a compreensão de como a modernidade penal lida com as dificuldades de justificativa da sanção penal em certas hipóteses.[36]

A Kant atribui-se a paternidade da retribuição como fundamento da pena fora dos domínios de uma doutrina jurídica confessional.[37] Mais importante ainda é o fato da filosofia moral de Kant ser ainda hoje tida como a depositária mais confiável de um ponto de partida muito caro ao nosso direito penal: o princípio de que as pessoas têm direitos que se sobrepõem às necessidades e conveniências da punição. Os postulados retributivos kantianos são vistos como um santuário de proteção contra as práticas e filosofias utilitaristas de tendência autoritária, diz Norrie (1991: 2). Por fim, é importante levar em conta o fato histórico de que Kant influenciou profundamente a geração dos penalistas do Iluminismo, especialmente Feuerbach (Cattaneo: 1970, 27 e ss.).

Quanto a Beccaria, sua relevância para o pensamento penal contemporâneo é tão evidente que pouco precisa-se falar a respeito. O *Lehrbuch* de Feuerbach, como grande parte dos livros de direito penal desde então, é recheado de referências ao Marquês, o que serve para indicar que seu "pequeno grande livro"[38] teve não só o impacto político pretendido pelo autor, como também influenciou decisivamente na concepção da dogmática penal contemporânea. Como um utilitarista em matéria penal, a importância de Beccaria pode ser considerada tão grande quanto a de Bentham, também mencionado vez por outra neste capítulo, com a vantagem de sua produção intelectual ser

---

[36] Para uma visão geral sobre a filosofia penal de Hobbes e sua importância histórica, v. Norrie (1991: 15-38). Para um trabalho especificamente dedicado aos aspectos filosóficos da punição em Hobbes, v. Kremkus (1999). Sobre a importância de Hobbes para a formação da criminologia clássica, v. Ruggiero (2006: 8-26).

[37] Autores importantes argumentam que a justificação retributiva da sanção penal é coisa que já estava posta a debate jurídico-filosófico muitos séculos antes dele, ao menos desde Santo Anselmo. Sobre a doutrina emendatória de Santo Anselmo, v. Berman (1983: 179 e ss.). Para uma comparação entre essa doutrina e a justificação kantiana da pena, v. Pires (1998: 159 e ss.).

[38] Dada a grande discussão que há sobre a fidedignidade das muitas edições de *Dos Delitos e Das Penas*, trabalhei com múltiplas edições da obra, todas indicadas na bibliografia (mesmo as não citadas no texto). Escolhi eleger como material de trabalho a primeira edição espanhola, por ser a mais antiga que consegui (1774), além da mais antiga edição italiana a que tive acesso (1834), que é comentada.

quase toda focada nos assuntos de interesse desta tese. Esta importância está não só no presente, mas também em sua época: na *Doutrina do Direito*, Beccaria é o único autor nominalmente mencionado por Kant no momento de suas críticas às outras teorias filosóficas sobre a pena criminal (Kant, 1838a: 185). Os debates parlamentares por ocasião da aprovação do Código Criminal de 1830, bem como os livros dos penalistas estrangeiros e brasileiros que eram correntes por aqui durante o século XIX, são também repletos de referências a ele. Isso tudo sem mencionar sua importância para a formação da sociedade disciplinar, conforme *Vigiar e Punir* (Foucault, 1987).

Além desse restrito conjunto de personagens, há também um pequeno conjunto de temas que é preciso definir; porque, evidentemente, não é objetivo deste capítulo apresentar as teorias de Hobbes, Kant e Beccaria e mais outros tantos autores em sua integralidade, o que seria despropositado e desnecessário. Este capítulo ocupou-se apenas de um pequeno conjunto de temas que são úteis para se entender o material intelectual com que a geração de Feuerbach teve de trabalhar para construir a dogmática penal contemporânea, problemas esses escolhidos com o olhar retrospectivo há pouco mencionado. Por esse ponto de vista, é possível apontar quatro temas-chave que merecem investigação. Em primeiro lugar, **(i)** o conceito de "direito penal", enquanto objeto teórico-jurídico, no pensamento jurídico-penal pré-contemporâneo, e sua própria existência autônoma (ou não) enquanto objeto teórico. Em segundo lugar, **(ii)** o conceito de "crime", e a determinação das questões de autoridade a ele relacionadas: quem pode estabelecer uma conduta como criminosa, e quais critérios definem que condutas podem sê-lo. Em terceiro lugar, **(iii)** o que valia como pena e sobre quais doutrinas fundamentava-se o direito de punir. Por fim, **(iv)** quais eram as regras que presidiam a persecução dos culpados e a imposição das penas. Esses quatro problemas são portas de entrada para outros problemas, anteriores e mais amplos. A questão da competência para a definição dos delitos, por exemplo, tange amplamente a doutrina das relações entre direito e moral, e a (in)dependência do delito criminal em relação às condutas moralmente proscritas; essa questão, quando ligada aos problemas que hoje chamaríamos de processuais, mas que à época eram tratados em conjunto, traz também fortes elementos de filosofia política para o debate, pois gira em torno não só dos limites dos poderes políticos do soberano, como também das formas adequadas para o seu exercício. Já a doutrina do direito de punir pressupõe alguma teoria antropológico-filosófica, o que a faz depender diretamente dos desenvolvimentos da filosofia moral de seu tempo, que estava dividida pelos debates entre retributivistas e utilitaristas. Há outros assuntos mais. Por essa razão, alguns desses temas filosóficos terão de ser brevemente comentados nas páginas seguintes.

A fim de acomodar organizadamente esses diferentes debates neste capítulo, ele será dividido em quatro grandes partes, cada uma subdividida da maneira que convier à exposição textual das matérias. Uma primeira seção (item II) conterá três debates que considero ser pontos de partida, tanto metodológicos quanto políticos: são realidades institucionais inegáveis para os juristas daquele tempo, e é importante saber o peso e a importância desses temas para que, nos dois capítulos seguintes, seja possível colocar-se adequadamente em um ponto de vista minimamente semelhante ao dos criadores da dogmática penal contemporânea. O primeiro ponto diz respeito à redefinição da noção de "fazer justiça" na filosofia jurídica da modernidade, uma vez que essa ideia é um *leitmotif* do direito em geral, e particularmente do direito penal – determinar a forma justa de reação em face do ilícito cometido. Um segundo tópico é a separação entre direito público e direito privado, uma criação da modernidade que, em fins do século XVIII e começo do XIX, já estava solidamente estabelecida e representava, como de resto ainda hoje representa, a porta de entrada para a dogmática de qualquer ramo específico do direito (além, é claro, da colocação do "direito penal" nessa divisão). O terceiro ponto compreende os reflexos mais estritamente políticos das mudanças teóricas descritas nos primeiros dois: as reformas legislativas e o movimento de codificação, como processo de redistribuição de poder em face do decadente arranjo político absolutista. Após esses pontos de partida, seguirão mais três partes que cuidam de outros temas que podem ser considerados como o núcleo duro do direito penal substantivo: **(i)** a concepção de "crime"; **(ii)** a definição da "pena" e, por corolário, a investigação do estado da arte da doutrina jurídica sobre o direito de punir; e, por fim, **(iii)** as doutrinas sobre a "responsabilidade penal" e a representação teórica do "criminoso".

I. Pontos de partida
1. Fazer justiça

Até a modernidade, as discussões sobre a justiça eram a espinha dorsal do direito. Dentro do tema da justiça, concentravam-se discussões que hoje em dia estão dispersas por variadas especialidades das ciências humanas (direito, política, economia, filosofia). A justiça abrangia a forma de atribuição dos bens individualmente apropriáveis, mas também dos bens coletivos ou universais, tudo em vista do bem comum. Na classificação tomista, aí estavam abrangidas as três formas de justiça: a universal (ou legal), que tinha por objeto o bem comum; e as particulares (comutativa e distributiva) (Lopes, 2004: 205-7). Não era possível responder a problemas jurídicos sem a noção de justiça; ou melhor, sem ela sequer seria possível entendê-los. "O eixo de todo o direito era a justiça, era o que tornava inteligível a pergunta (*quaestio*, problema) e a resposta (*solutio, determinatio*)" (Lopes, 2004: 212). Os juristas acabavam, por isso, metodologicamente muito próximos da filosofia.

As dificuldades das instituições medievais em lidar com os problemas políticos da modernidade levaram a propostas de reestruturação de todo aparelho institucional. Nos modernos, uma parte importante da velha justiça, a justiça legal, esvaziou-se: o problema dos fins da sociedade deixou de ser jurídico e transformou-se em político, de competência do soberano – aquele que não tinha de confrontar suas decisões com outras esferas de poder político, ao menos na teoria. A relação do direito para com as decisões políticas passou a definir-se em termos de obediência: "a justiça legal deixou de ser propriamente uma forma totalmente especial da justiça para transformar-se em uma relação de obediência: a justiça legal consistiria, para os modernos, em obedecer" (Lopes, 2004: 209).

Hobbes é um bom exemplo das mudanças havidas na ideia de "justiça". Em *De Cive*, ele retoma uma explicação de justiça dada nos *Elements of Law*, entre a (in)justiça de uma ação e a (in)justiça de um homem, para em seguida esclarecer a diferença entre justiça distributiva ("proporção geométrica") e comutativa ("proporção aritmética"). Ao lembrar a antiga afirmação de que a justiça teria um quê de igualdade, Hobbes dá dois exemplos a partir dos quais questiona a aplicação da velha ideia de justiça (1949: 46-47): é verdade, diz ele, que há sentidos diferentes de igualdade, como quando comparo o peso de duas quantidades de prata, ou quando analiso a igualdade com que essa prata é dividida entre um grupo de cem homens; e que há formas geométricas (proporcionais, meritórias) ou aritméticas (nominais, absolutas) pelas quais essa prata pode ser distribuída. „Mas o que tem isso a ver com justiça?", pergunta em seguida; „Isso não é a explicação de justiça, mas sim de igualdade". É justo que eu venda meus bens por quanto quiserem pagar por eles, uns mais e outros menos; e é justo que eu distribua coisas desigualmente, desde que cumpra com aquilo que foi acordado entre mim e cada um dos beneficiários. O ponto em que a igualdade tem a ver com justiça, diz Hobbes, é muito específico:

> Uma vez que somos todos iguais por natureza, um homem não deve arrogar para si mais direitos do que ele dá a outrem, a menos que ele tenha conseguido essa vantagem honestamente [*fairly*], através de um contrato. (1949: 47).[39]

A justiça, portanto, tem a ver com o cumprimento do que foi pactuado. Fora daí, a justiça, no sentido próprio do termo, não existe. A injustiça consistiria, ao contrário, em não cumprir com suas promessas, o que vale não só em relação a outros súditos, mas também em relação ao soberano: se eu prometo cumprir as leis ao entrar na sociedade civil, então não faz sentido desobedecê-las. „Hobbes não nos pede que fundemos o Estado mas simplesmente o reconheçamos (...) Reconhecendo-o, obedeceremos; a obediência define o homem justo" (Ribeiro, 2004: 211).

Ao fazer isso, Lopes diz que Hobbes apropriou-se da distinção entre comutação e distribuição e deu-lhe um novo papel. O terreno dos direitos seria, por excelência, o da justiça comutativa, que cuida de trocas ou acordos. Quando surge desacordo, recorre-se então a um árbitro, que não julga comutativamente, mas distributivamente. Portanto, quando há acordo prévio, justo é o cumprimento do acordo; quando não há acordo, justo é o respeito àquilo que o árbitro decidir, por um critério

---

[39] "Since we are all equall by nature, one should not arrogate more Right to himselfe, then he grants to another, unlesse he hath fairly gotten it by Contract."

de equidade. Ou seja, "a equidade é equiparada à justiça do árbitro, não à dos contratantes" (Lopes, 2004: 224). A passagem respectiva do *Leviathan* é a seguinte:

> No sentido próprio, Justiça comutativa é a justiça de um contratante; isto é, o cumprimento de um acordo, ao comprar, ao vender; ao contratar, ou ser contratado; emprestar, e tomar emprestado; trocar, permutar, e outros atos contratuais. E Justiça distributiva, a justiça de um árbitro; ou seja, o ato de definir o que é justo. (1881: 75).[40]

A figura do árbitro, portanto, é a de quem define o que é justo – ou seja, o árbitro é aquele que faz as regras: "a justiça do árbitro é a do legislador, que instaura ordem onde esta não existe ou deixou de existir. O árbitro parece, pois, estar acima das regras, exatamente como o soberano" (Lopes, 2004: 225). Daí resulta que fazer as leis é coisa diferente de aplicá-las: no primeiro caso, estamos no campo da política; no último, estamos no terreno do direito. Ainda que, por muito tempo, o fazer as leis e o julgá-las tenha se concentrado em uma só figura política – o rei absolutista, de concepção juscêntrica e fundada no direito (A. Wehling e M. J. Wehling, 2004: 27) –, é importante, do ponto de vista analítico, separar as duas coisas. No pensamento político hobbesiano, um dos mais influentes da modernidade, fazer justiça segundo as leis é simplesmente dar cumprimento aos pactos, e não criar leis novas.

No âmbito das doutrinas referentes à atividade punitiva estatal, essa mudança teórica faz-se sentir ao menos por três caminhos distintos, se bem que estreitamente relacionados entre si. Em primeiro lugar, segundo Sbriccoli (2004: 171), a lógica da reação estatal ao ilícito torna-se crescentemente autoritária, no sentido neutro e puramente descritivo do termo: o "crime" é cada vez mais visto não como uma ofensa à vítima, mas como uma ofensa ao império soberano da lei que tem no rei o seu representante; e, por isso, a racionalidade punitiva abandona progressivamente uma orientação distributiva e mais voltada à composição, em favor de uma orientação retributiva e mais preocupada

---

[40] "To speak properly, Commutative Justice, is the Justice of a Contractor; that is, a Performance of Covenant, in Buying, and Selling; Hiring, and Letting to Hire; Lending, and Borrowing; Exchanging, Bartering, and other acts of Contract. And Distributive Justice, the Justice of an Arbitrator; that is to say, the act of defining what is Just."

com a "devolução" da violação ao pacto expresso pela legislação, bem como de reafirmação da autoridade da lei. Não é por outra razão que no direito penal moderno e contemporâneo, não só a medida da gravidade do delito tornou-se um problema central (porque isso ajuda a medir a intensidade da reação punitiva), mas também essa medição dá-se frequentemente por alguma escala que envolve preferencialmente a retórica do dano ao corpo social, por oposição à lógica do dano à vítima, antes mais relevante. Note-se bem a importância deste ponto, pois ele dá uma nova orientação que servirá de regra-base para as regras de responsabilidade (imputação e culpabilidade) da dogmática penal contemporânea: a medida da pena é a gravidade do delito, que é dosada com alguma independência em relação ao dano concreto sofrido pela vítima. Ou, dito em outras palavras: a verdadeira vítima do crime é a sociedade, o corpo social; a vítima concreta, que sofreu a ação delitiva, vai pouco a pouco sendo relegada ao papel de mero objeto da ação criminosa. Nesse aspecto, os mundos moderno e contemporâneo parecem registrar um profundo continuísmo: tornou-se muito difundida na modernidade a ideia de que o "delito" violava o pacto social expresso nas leis e materializado no Estado e que por esse critério é que se deveria determinar a forma de sua punição, algo que parece ter sido aproveitado na contemporaneidade. Gaetano Filangieri, um dos autores que estava na antessala da dogmática penal contemporânea e que muito influenciou Feuerbach na sua doutrina da responsabilidade, dizia que "o delito não é nada mais que a violação de um pacto", e que "na medida em que o pacto violado é mais precioso para a sociedade, maior deve ser a pena" (1827 III: 139).[41] Ao fazer isso, Filangieri estava dando um passo decisivo para ligar um então nascente direito criminal ao objetivo de "conservação da ordem social" (Seelman, 2001: 6).

Passemos agora a Kant, expoente máximo de uma tradição filosófica que se canonizou como adversária de Hobbes. Kant preserva a justiça distributiva como problema de justiça propriamente dita, não restringindo esta última ao universo dos pactos. Mas, assim como Hobbes, ele

---

[41] "Il delitto, como si è altrove detto, non è altro che la violazione d'un patto. A misura que il patto che si viola è più prezioso alla società, la pena dev'essere maggiore, si perche la società ha un maggior motivo da temer il delinquente, come anche perche ha un maggiore interesse di tenerne lontani gli altri."

reforça a imagem da justiça distributiva como a justiça de quem faz as regras. Segundo ele, a justiça pública, como princípio formal de uma legislação racional, divide-se em três: **(i)** justiça protetora, que julga somente qual é a conduta intrinsecamente justa quanto à forma; **(ii)** justiça comutativa, que declara as matérias que são suscetíveis de uma lei jurídica (ou seja, aquilo que se pode juridicamente possuir); e **(iii)** a justiça distributiva, que declara o quê e sobre quê, a sentença de um tribunal está de acordo com a lei. Esta última é, portanto, a justiça que diz respeito ao arbitramento de conflitos, e por isso é considerada por Kant a questão mais importante entre todas as que se referem à administração da justiça (1838a: 41). Tanto assim que, para ele, o critério verdadeiramente distintivo entre um Estado civil e um Estado natural não é a oposição entre paz ou guerra, e nem a existência ou não de sociedades, pois tudo isso pode acontecer em qualquer um dos dois Estados; é, isto sim, a existência de uma justiça distributiva, ou seja, de um aparato institucional para a resolução regrada de conflitos. Só um Estado dotado de justiça distributiva pode ser chamado de um Estado de direito público.

O Estado de Natureza pode não ser necessariamente violento, mas será necessariamente repleto de controvérsias quanto aos direitos de cada um de seus membros (Kant, 1838a: 44). Nessa situação, qualquer direito que se tenha é provisório, pois falta uma autoridade para arbitrar conflitos sobre o "meu e teu" e garantir o cumprimento e o respeito às decisões por ela tomadas. Isso marca uma diferença importante nas filosofias políticas de Kant e Hobbes: enquanto para Hobbes a entrada na sociedade civil dava-se sobretudo por razões de preservação, na filosofia kantiana ela se operava por razões privadas, ligadas à garantia da propriedade, por assim dizer.[42] Mas verificava-se também em Kant a distinção entre a competência de criar regras (para a solução distributiva de conflitos) e aplicá-las aos conflitos individualmente considerados. O poder criador de regras, ou poder legislativo, era o poder soberano,

---

[42] Nesse sentido manifesta-se Ricardo Terra: "A necessidade de sair do estado de natureza não está fundada na busca da autoconservação, não provém da observação empírica dos conflitos entre os homens, mas é uma exigência racional a priori. Essa exigência vincula-se ao postulado jurídico prático que afirma a possibilidade de ter algo como seu." (Terra, 2004: 37).

em relação ao qual não se poderia conceitualmente conceber um poder superior; o aplicador das regras seria o poder judicial.[43] Em suas palavras:

> Cada Estado encerra em si três poderes, isto é, a vontade universalmente conjunta numa pessoa tripla (*trias politica*): o poder soberano, na pessoa de legislador, o poder executivo (segundo a lei) na pessoa do governo e o poder judicial (como reconhecimento do Meu de cada qual segundo a lei) na pessoa do juiz (*potestas legislatoria, rectoria et judiciaria*). (Kant, 1979: 158).[44]

Convém lembrar que Kant é, na filosofia política, um pensador classicamente associado à inoponibilidade do poder soberano ("legislativo"). Em apreciação a seus escritos sobre a Revolução Francesa, Ricardo Terra (2003) qualifica-o como um autor com grande apego ao respeito pelo direito positivo, inimigo da revolução e defensor incondicional de reformas apenas por vias institucionais. Ou seja, também no filósofo de Königsberg se vê a noção de que a autoridade das leis é incontrastável, que a violação das leis públicas é intolerável, e que sua aplicação concreta pela via judicial é um exercício sobretudo de obediência ao exercício político de sua concepção em abstrato pela via legislativa.

Isso tudo mostra o quanto era difundida a visão de que o papel do soberano seria o de levar a paz aonde os homens viviam em conflito (Hobbes), ou eliminar a controvérsia onde sem ele a discórdia imperaria (Kant) por meio do arbitramento distributivo dos conflitos sociais. Isso era feito através da legislação, à qual os súditos prometeriam obe-

---

[43] Para o imaginário jurídico do direito criminal, a importância da separação de poderes é principalmente sentida na oposição entre processos acusatórios e inquisitórios: com a ideia de que o julgamento é uma tarefa estrita, e não deve se misturar às outras, as tarefas de investigação e julgamento, antes reunidas em uma só autoridade nos procedimentos de natureza inquisitorial, acabam por se separar entre juízes e polícia. Os resquícios dessas propostas de separação são especialmente perceptíveis nos debates sobre organização da polícia na França pós-revolucionária (Marra, 2001: 354; Napoli, 2001: 163).

[44] "Ein jeder Staat enthält drei Gewalten in sich, d. i. den allgemein vereinigten Willen in dreifacher Person (*trias politica*): die Herrschergewalt (Souveranität) in der des Gesetzgebers, die vollziehende Gewalt in der des Regierers (zu Folgen dem Gesetz) und die rechtsprechende Gewalt (als Zuerkennung des Seinen eines Jeden nach dem Gesetz) in der Person des Richters (potestas legislatioria, rectoria, et judiciaria)."

diência em troca de paz (Hobbes), ou deviam obedecer como um mandamento da razão pura (Kant).

Pois bem, nesse ofício político do soberano, o uso da força pública – entre outras coisas, por meio da punição dos delitos (violações às leis públicas) – tinha um papel importantíssimo. Não só era corrente o pensamento de que a soberania estatal era responsável pela pacificação que só podia-se obter através dela, mas também o direito amplamente considerado, como suas prerrogativas de uso da força, era visto como uma ferramenta *sine qua non* para dar conta dessa missão. A despeito da diferença que há entre os autores aqui citados, uns mais individualistas e liberais do que outros, um traço perene pode ser notado nos discursos de todos, como registrou Seelman em atenção a outros pensadores da mesma época: "da orientação à razão de Estado à orientação da felicidade da soma dos cidadãos, para o qual o Estado é apenas um meio", a pena visa à "saúde" e "segurança", ou coisas semelhantes: "'*tranquilitas*' (Böhmer), '*tranquillité et sûreté*' (Jaucourt), '*tranquilitas et securitas*' (Kemmrich)" (Seelman, 2001: 12). Fazer justiça em matéria penal era, portanto, fazer valer a lei, punir as sua violações, e consequentemente preservar a paz e tranquilidade sociais. A importância desses pontos é absolutamente capital: é fundamental guardar em mente que, nas doutrinas dos modernos e pré-contemporâneos, o direito é instrumento para a **preservação da paz social** (em sentido amplo: seja evitando a guerra, seja eliminando controvérsias menores, mas sempre preservando a tranquilidade pública e a urbanidade), colocando-se a serviço da administração pública em benefício de todo corpo social. Esse papel é representado, a esta altura, como *munus* de um ramo do direito que se começaria a chamar de "direito público", e é nesse âmbito que os problemas "criminais" passariam a ser preferencialmente tratados.

2. Direito público *versus* direito privado e a posição do "direito penal"

Com a lei positiva (*lex*) ganhando destaque entre as fontes do direito (*ius*)[45] e o crescente volume das fontes locais, os direitos de fundamento

---

[45] Sobre a importância da *lex* em perante os *iura*, v Tuck: 1979: 8 e ss.; Hespanha, 1987: 130 e ss.; Lopes, 2004: 71 e ss..

não-positivo perderam espaço. Paralelamente, deu-se um processo de afirmação de um campo particular do saber jurídico chamado "direito público". Nele, os autores procuravam "separar com mais clareza um campo particular de investigação, que progressivamente se concentrava nas estruturas do Estado e nas leis fundamentais, como a das sucessões monárquicas" (Lopes 2004: 203). Além dessas mudanças institucionais, havia a visão de que as leis públicas serviam a um propósito diferente das leis privadas: elas visavam a manter ordem e eliminar os conflitos (garantido a sobrevivência dos súditos ou preservando o "meu e teu" para todos), enquanto as privadas, a reger relações exclusivamente particulares. A modernidade assiste, assim, ao nascimento de uma distinção fundamental no pensamento jurídico que até hoje nos acompanha: direito público *versus* direito privado. Mais de um século antes da geração de Feuerbach, essa oposição já era usada como fundamento metodológico de importantes obras jurídicas, como as *Loix civiles dans leur ordre naturel* (de 1694), de Jean Domat.

Como já foi comentado no capítulo anterior, a distinção entre "público" e "privado" já existia na tradição do direito romano, mas era presidida por uma lógica totalmente distinta: público era aquilo que se ligasse diretamente ao Estado e seu corpo de funcionários, enquanto privado era aquilo que se relacionava a particulares. Os elementos modernos do "interesse público" e "interesse privado" não estavam na base da distinção. É por isso que diversos "crimes" que na tradição romana eram privados (roubo e furto) passariam a ser considerados públicos na tradição moderna e contemporânea (Hespanha, 1990a: 180; 1990b: 410 e 426). No âmbito do direito público moderno, tratavam-se os problemas relacionados não só às leis que estabeleciam ilícitos e cominavam-lhes sanções, mas também à organização do aparato de justiça como um todo (Cartuyvels, 1996: 19 e ss.). Ou seja, tudo aquilo que dizia respeito, direta ou indiretamente, ao interesse público e às condições para a sua preservação. Por isso, as doutrinas de direito público frequentemente principiavam pela postulação da finalidade do Estado e das condições para o legítimo exercício de suas estruturas de poder. Por esse caminho, desembocava-se no já comentado tema da paz pública, que por razões evidentes colocava o direito ombro a ombro com a filosofia política. Tudo isso aparece na lição de Mello Freire sobre as diferenças entre direito "público" e "particular":

> Sendo todo o direito, usado por qualquer nação, *público* ou *particular*, facilmente todos entendem que é igual a distinção no Direito Civil Português. (...) O direito público respeita à sociedade em geral, e determina os direitos dos imperantes e dos cidadãos. O supremo direito, no qual naturalmente se contêm todos os mais, pertence ao Imperante, e por ele deve proteger a Nação e realizar todos os atos, sem os quais não se podem obter convenientemente a segurança interna e externa dos cidadãos e a salvação do povo, que é a suprema lei. [Em nota:] **O fim da sociedade é a segurança dos cidadãos**, por isso o príncipe que detém o supremo poder (expressão pela qual entendemos o direito de dirigir a seu arbítrio as acções dos súbditos), deve, na medida das suas forças, libertar a Nação dos inimigos internos e externos, e para este fim **realizar todos os atos que reputar necessários**, sem que possa algum dia ser obrigado a prestar contas de seus atos" (Mello Freire, 1779: 94-95, nota. Destaques meus).

Por essa passagem, três elementos são possíveis de se anotar: **(i)** a distinção direito público *versus* direito privado já era àquela altura (fins do século XVIII) a porta de entrada para os estudos das "leis civis", ou seja, leis positivas de um Estado; **(ii)** a imagem do soberano como exclusivo responsável pela consecução dos fins mais "nobres e excelentes" da sociedade já estava também estabelecida; e **(iii)** entre todos esses fins, o mais destacado era a manutenção da paz pública. Mas, note-se bem, esse era um papel que cabia **a todo o direito público**. É isso que se vê majoritariamente nas obras dos modernos e pré-contemporâneos: as normas de direito público tinham a função de reduzir os conflitos, seja entre indivíduos (direito público interno), seja entre Estados (direito público externo).

O direito público tinha, como se pode ver, uma importante relação com o tema da paz social, que teve grande importância na filosofia política e jurídica da Europa dos séculos XVII e XVIII. A busca da paz era, em Hobbes, o comando fundamental da natureza para o homem.[46]

[46] "It is a precept, or generall rule of Reason, "That every man, ought to endeavour Peace, as farre as he has hope of obtaining it; and when he cannot obtain it, that he may seek,

Consequentemente, o soberano, constituído pela renúncia de todos os súditos a seus direitos como forma de obter a paz,[47] teria como principal atribuição garantir as condições de sobrevivência de todos os membros de um mesmo Estado: [48]

> O fim de uma República – Segurança particular –, a causa final, fim, ou desígnio dos homens (que naturalmente amam liberdade e domínio sobre os homens) na introdução dessa restrição sobre eles mesmos (em que os vemos vivendo em Repúblicas) é a antevisão da própria preservação, e por conseguinte de uma vida mais contente; isto é, de sair daquela miserável condição de guerra, que é necessariamente consequente das paixões naturais dos homens, quando não há poder visível que os mantenha em um estado sublime, e os amarre pelo medo da punição ao cumprimento de seus pactos, e observação dessas leis da natureza apresentadas nos capítulos XIV e XV. (1881: 85).[49]

Pode-se representar isso como resultado das profundas impressões deixadas pelos conflitos do século XVII europeu no espírito de Hobbes e outros pensadores daquele tempo. Apenas para uma situação temporal

---

and use, all helps, and advantages of Warre." The first branch, of which Rule, containeth the first, and Fundamentall Law of Nature; which is, "To seek Peace, and follow it." The Second, the summe of the Right of Nature; which is, "By all means we can, to defend our selves". (1881: 64.)

[47] "From this Fundamentall Law of Nature, by which men are commanded to endeavour Peace, is derived this second Law; "That a man be willing, when others are so too, as farre-forth, as for Peace, and defence of himselfe he shall think it necessary, to lay down this right to all things; and be contented with so much liberty against other men, as he would allow other men against himselfe" (1881, cit.).

[48] É nesse sentido a opinião de Renato Janine Ribeiro, para quem a sobrevivência é uma meta comum ao direito de um Estado e ao Estado de natureza (2004: 93).

[49] "The End Of Common-wealth, Particular Security The finall Cause, End, or Designe of men, (who naturally love Liberty, and Dominion over others,) in the introduction of that restraint upon themselves, (in which wee see them live in Common-wealths,) is the foresight of their own preservation, and of a more contented life thereby; that is to say, of getting themselves out from that miserable condition of Warre, which is necessarily consequent (as hath been shewn) to the naturall Passions of men, when there is no visible Power to keep them in awe, and tye them by feare of punishment to the performance of their Covenants, and observation of these Lawes of Nature set down in the fourteenth and fifteenth Chapters."

dos fatos, O *Leviathan* foi publicado pela primeira vez em 1651, portanto três anos após o fim da Guerra dos Trinta Anos e dois anos após a decapitação de Carlos I. Na curta biografia que escreveu de Hobbes, Tuck (2001) conta que o filósofo inglês nasceu de um parto apressado provocado pelo terror que sentiu a sua mãe ao saber que a Armada espanhola estava a caminho da Inglaterra; e que, por isso, Hobbes dizia-se filho do medo, sentimento que ele próprio reconhecia perenemente presente em sua filosofia política. Tratando especificamente de sua doutrina da punição, Cattaneo (1993b: 184) chega a dizer que ela é no fundo uma *"razionalizzazione della paura"*. E, como é bem sabido, o século seguinte (XVIII) tampouco entrou para a história europeia como uma época de paz, em especial pela violência da Revolução Francesa e o subsequente período do terror jacobino. Na *Doutrina do Direito*, Kant fez consignar em uma nota de rodapé a repulsa pela violência não só da então-recente deposição de Luis XVI, mas também da condenação e execução de Carlos I que tanto marcaram Hobbes: "O homem imbuído das ideias do direito se horroriza com a dupla recordação dos regicídios solenes de Carlos I e Luís XVI" (Kant, 1838a: 167 nota 1).[50]

Pois bem, todos esses autores concordavam que a tarefa de preservação da ordem e manutenção da paz tinha algo de importante a ver com o uso público da força, que contra outras nações dava-se através da guerra, e dentro dos limites políticos de um Estado, através da punição estatal – da "pena", portanto. Segundo Sbriccoli (1974: 12), também o moderno conceito de soberania levava água para este moinho: a ideia de que o poder soberano é um poder político que deve garantir sua sobrevivência a qualquer custo convidava ao exercício da punição contra os perturbadores da ordem e da paz, que eram os fins mais comumente associados à existência do Estado. Aqui está um primeiro ponto de contato entre dois elementos que nos parecem hoje intimamente associados: cominação de penas como forma de obtenção de um consenso entre súditos que permita a vida em conjunto e a responsabili-

---

[50] A frase completa é: "Die formale Hinrichtung ist es, was die mit Ideen des Menschenrechts erfüllte Seele mit einem Schaudern ergreift, das man wiederholentlich fühlt, sobald und so oft man sich diesen Auftritt denkt, wie das Schicksal Kar I. oder Ludwig XVI."

dade do Estado pela efetivação da punição. As leis do direito privado, dizia Kant, serviam para regrar o exercício de autonomia das pessoas; as do direito público, para evitar as interferências indevidas no espaço de autonomia de cada um.

Mas, afinal, onde estava o "direito penal" a esta altura? Ele já existia? E, em caso afirmativo, onde ele se situava nesta divisão? Ainda no século XVII, o "direito penal", anacronicamente falando, era meramente a parte do direito que estabelecia penas para as hipóteses da violação de leis proibitivas, usualmente de direito público. Como será mostrado mais adiante, o nosso direito penal contemporâneo, como algo totalmente distinto de outros ramos do direito público ou privado, firmou-se apenas século XIX adentro. Na época de Hobbes, por exemplo, ainda que se falasse em "crime", "pena" e "direito de punição", a "lei penal" não parecia ter uma existência autônoma em relação ao restante do direito positivo. Falando do início da modernidade, Sbriccoli (2004) e Birocchi (2002: 253) lembram que as matérias jurídicas de "direito penal" apareciam misturadas junto a conceitos e regras de direito privado. Tomás y Valiente (1992: 24) lembra, com muito acerto, que a prévia colocação do direito penal no âmbito das vinganças particulares até o início da modernidade reforçava o seu aspecto privado. Pires, no mesmo sentido, diz que no século XVII,

> o direito positivo da República, a lei Civil, não está ainda subdividido entre uma justiça civil desligada e uma justiça penal. (...) O direito penal aparece aqui como um "direito de acompanhamento", no sentido de que cada proibição jurídica se faz acompanhar de uma sanção (chamada "lei penal") (Pires, 1998a: 27).

É também a opinião de Cartuyvels: "Se a representação da lei penal evolui com o passar do tempo em direção a uma concepção autônoma, ela repousa inicialmente em uma concepção auxiliar: o direito penal é o guardião do conjunto das normas jurídicas" (Cartuyvels, 1996: 12).

Em Hobbes, essa representação acessória do „direito penal" aparece através da postulação de que o „penal" é apenas uma parte de leis jurídicas positivas (Leis Civis), o que significa que ele não existia autonomamente:

A Lei Civil (segundo os dois ofícios do legislador, o primeiro de julgar, e o segundo de constranger os homens a acatarem seus julgamentos) tem duas partes; uma distributiva, e outra **vindicativa, ou penal**. A distributiva é, que todo homem tem seu próprio direito, isto é, ela estabelece regra para todas as coisas, pelas quais podemos saber o que é propriamente nosso, o que é dos outros; de forma que outros não possam impedir-nos do livre uso e gozo daquilo que é nosso; e nós não podemos interferir naquilo que é deles; e o que é de direito que cada homem faça ou omita, e o que não é. **Vindicativa é aquela onde se define a punição a ser aplicada àquele que quebrar a Lei.** (1949: 159. Destaques meus.)[51, 52]

A mesma concepção acessória da lei penal aparece também em Pufendorf:

A força das leis civis consiste em que uma **sanção penal** é adicionada a seus preceitos, respeitante ao fazer ou ao omitir; em outras palavras, que há uma definição da penalidade que, em um tribunal, esperará pelo homem que deixou de fazer aquilo que deveria ter sido feito, ou que fez aquilo que não deveria ter sido feito (1964: 63).[53]

---

[51] "Again, the civill Law (according to the two offices of the. Legislator, whereof one is to judge; the other to constrain men to acquiesce to his judgements) hath two parts; the one distributive, the other vindicative, or penall. By the distributive it is, that every man hath his proper Right, that is to say, it sets forth Rules for all things, whereby we may know what is properly ours, what another mans; so as others may not hinder us from the free use and enjoyment of our own; and we may not interrupt others in the quiet possession of theirs; and what is lawfull for every man to doe or omit, and what is not lawfull. Vindicative is that whereby it is defined what punishment shall be inflicted on them who break the Law."

[52] Segundo Pires, Hobbes modificou um pouco sua linguagem no *Leviathan* e passou a falar de "duas leis" (uma distributiva e outra penal) em vez de "duas partes". Mas, diz ele, ainda não se pode falar de uma "lei penal" no sentido contemporâneo da expressão, seja porque a noção de castigo no *Leviathan* ainda era excessivamente ampla (não restrita à pena criminal), seja porque todo o direito positivo ainda era tomado como uma representação repressiva (1998a: 30).

[53] "And the force of the civil laws consists in this, that a penal sanction is added to the precepts in regard to doing or leaving undone; in other words, that there is a definition of the penalty which, in the court of the state will await the man who has failed to do what was to be done or has done what should have been left undone."

É verdade que nessa época, já eram velhos alguns documentos legislativos que reuniam, em apartado, matérias mais ou menos exclusivamente „criminais". É o caso, exemplarmente, da *Constitutio Criminalis Carolina* de Carlos V, de 1532, ou mesmo das Ordenações Filipinas que vigiam no Brasil a partir do século XVII.[54] Mas, como será dito logo adiante, a *Carolina* e outros documentos semelhantes explicam-se mais como estratégias de consolidação jurídico-política de um Estado moderno, do que como produtos do reconhecimento da autonomia e especificidade do "criminal" em relação ao resto do direito "civil". Cartuyvels lembra, insistindo na falta de especificidade do "criminal" àquela altura, que tais compilações legislativas costumavam tratar conjuntamente tanto dos procedimentos civis quanto criminais. (Cartuyvels, 1996: 22). Essa estratégia de consolidação estatal por meio da organização das regras para a cominação de penas foi seguida inclusive no caso brasileiro: o Código de Processo Criminal de 1832, mais do que definir as regras do processo, organizava o sistema de justiça contenciosa do Brasil independente e continha disposições provisórias sobre a administração da justiça civil; e no pensamento de Bernardo Pereira de Vasconcellos, redator do Código Criminal de 1830, as regras "materiais" e "processuais" deveriam ter sido aprovadas em conjunto num diploma unitário (assim era o seu projeto),[55] e não separadamente como de fato ocorreu.

Segundo Cartuyvels, a separação da matéria criminal não apareceu com força na pauta até a segunda metade do século XVIII: exemplificativamente, os códigos absolutistas de Maximilian-Joseph III, da Baviária, já mostravam a individualização de um direito substantivo especificamente penal (*Codex Juris Bavarici Criminalis*, 1751). Em termos teóricos, Pires (1998b: 93-6) identifica em Beccaria (1774) a semente da ideia de que o "direito criminal" é algo por seus fundamentos distinto do restante do "direito civil", bem como de que a pena criminal é regida por princípios distintos; mas, como qualquer novidade teórica, isso não é coisa que se consolidou do dia para a noite. Quatro anos após *Dos Delitos e Das Penas*, o *Nakaz* (Instrução) de Catarina II foi publicado, preser-

---

[54] A matéria criminal concentrava-se principalmente no Livro V das Ordenações.
[55] *Annaes*, 05/05/1827: 23.

vando a imagem horizontalizada de um "direito penal" como guardião de todas as leis civis, a despeito da declarada influência dos Iluministas – Beccaria inclusive – sobre a obra.[56] Cartuyvels (1996: 160) diz que o *Nakaz* previa uma classificação de crimes, o que mostra alguma indicação de uma autonomia do penal em relação ao civil, ainda que tímida. Um verdadeiro código penal moderno – ilustrado, com vocação reformista, monopolizador da legislação – só veio em 1787, com José II da Áustria. Mas veio ainda em meio a muitas "codificações" generalizantes, às quais faltava a especificidade por disciplinas como hoje conhecemos, por exemplo as *Leggi e Costituzioni da Sardenha* de 1770. Precisar a data exata em que a representação autônoma de um ramo penal do direito aparece pela primeira vez não é necessário. Basta guardar em mente que no pensamento jurídico europeu da segunda metade do século XVIII, a visão do "criminal" como uma parte substantivamente autônoma do direito ainda não era hegemônica, mesmo que já estivesse em vias de se construir.

Com sua progressiva autonomização, o "criminal" passou a ter de ser inserido na grande divisão teórica então existente, e com a qual ainda hoje convivemos, de direito público *versus* direito privado. Como nós hoje sabemos, o direito penal ficou para o direito público. Mostrar os caminhos teóricos pelos quais isso foi feito é algo que só pode ser feito do ponto de vista interno e com a orientação prospectiva do próximo capítulo. Por ora, cumpre apenas mostrar que, ao contrário do que pode parecer, isso não é uma questão óbvia ou desimportante. Se analisarmos bem, veremos que situar o direito penal dentro do direito público não era uma coisa assim tão natural.

Tome-se, por exemplo, a já citada distinção hobbesiana entre justiça dos pactos e justiça do árbitro. Por um de seus fundamentos (garantir a paz, que é o fim da sociedade), o direito penal estaria mais próximo da justiça do árbitro, que é aquela que define, por meio das leis, as regras que trazem paz para um terreno de conflitos; por outro fundamento igualmente importante (a lei violada), o direito penal está mais próximo

---

[56] Diz Cartuyvels: "Catherine II accorde ao droit pénal un statut "auxiliaire": en tant que gardien des lois civils, le rôole du droit pénal consiste à sanctionner d'une peine les atteintes aus lois civiles" (1996: 159).

da justiça dos pactos, já que cuida da violação de um acordo assumido perante o soberano (obedecer às leis), e acordos são a essência dos contratos, que são o instrumento mais característico do direito privado. Também em Kant, como já visto, a justiça distributiva era vasta e compreendia toda a justiça contenciosa. O direito público definia-se, amplamente, como aquele que garantia os direitos de cada um por meio de leis públicas. Já o direito privado seria aquele cujas regras se estabelecem por convenção, e não por um imperativo racional. Naquele momento histórico, porém, já havia um conjunto grande de condutas criminalizadas que os juristas não concebiam como "naturalmente criminais", mas, ao contrário, criminais apenas por conveniência política – os delitos políticos, ou policiais. Pela divisão kantiana, esses ilícitos criminais menores teriam de ser situados dentro do direito privado. Isso tudo sem mencionar o fato de que Kant tratava tanto os ilícitos públicos quanto os privados como "crimes": ele distinguia a justiça civil da justiça criminal, mas o ilícito perseguido pela punição chamava-se sempre "crime" (*Verbrech*), fosse ele público ou privado (1838a: 190).

Outros elementos substantivos também complicavam a definição de onde ficaria o direito penal. Em primeiro lugar, havia a já mencionada tradição do direito romano, amparada por séculos de tradição e bibliotecas inteiras de opiniões doutorais, segundo a qual havia tanto crimes públicos quanto crimes puramente privados, que diziam respeito apenas ao ofensor e à vítima. Ademais, os juristas da modernidade percebiam com mais clareza algo que continua sendo evidente, mas que a naturalização da dogmática penal contemporânea nos impede de ver: aquilo que se chama "crime", e que se pune portanto por uma pena "criminal" em nome do "interesse público", envolve no mais das vezes uma ofensa cometida por um particular, contra a esfera individual de um outro particular – seu corpo, seu patrimônio, sua honra etc. Blackstone tinha isso claro para si, e tentava justificar como podia ser público um ilícito que quase sempre começava e acabava entre pessoas, bens e direitos privados:

> Em todos os casos o crime [público] inclui um dano [privado]: toda ofensa pública é também um ilícito privado, e algo mais; ela afeta o indivíduo, e ao mesmo tempo afeta a comunidade. Assim, a traição

de planejar a morte de um rei envolve uma conspiração contra um indivíduo, que é também uma lesão civil: mas como essa espécie de traição, em suas consequências, tende principalmente à dissolução do governo, e à destruição por essa via da ordem e paz sociais, isso faz dela um crime [público] da maior magnitude. O assassinato é uma lesão à vida de um indivíduo; mas a lei da sociedade considera principalmente a perda que o Estado sofre ao ser privado de um membro seu, e o exemplo pernicioso que ele dá, para que outros façam o mesmo. O roubo pode ser considerado pelo mesmo ponto de vista: é uma injúria à propriedade privada; mas, fosse isso apenas, uma satisfação civil das perdas e danos poderia dar conta dele: o mal público é todas as coisas, que para fins de prevenção nossas leis consideram ofensas capitais. (Blackstone, 1778: 6).[57]

Prova da dificuldade da questão é que em meados do século XIX, António Joaquim Ribas, em seu *Direito Administrativo Brasileiro*, via-se em apuros ao ter de situar o direito penal dentro do direito público *ou* do direito privado. O direito público, dizia ele, "ensina os princípios constitutivos do poder social em seus diversos ramos, e reguladores da sua acção, tanto em relação aos proprios subditos como ás sociedades estranhas" (1866: 27-8). Ribas o dividia entre: **(i)** Direito Público Interno (que abrangia o "Direito Político ou Governamental" – nosso Direito Constitucional – e Direito Administrativo) e **(ii)** Direito Público Externo (que abrangia o "Direito Internacional ou das Gentes" e o Direito Eclesiástico). Quanto ao direito privado, este se definia como "o complexo das leis que regem as relações dos indivíduos entre si, e determinão os

---

[57] "In all cases the crime includes an injury: every public offence is also a private wrong, and somewhat more; it affects the individual, and it likewise affects the community. Thus treason in imagining the king's death involves in it conspiracy against an individual, which is alfo a civil injury: but as this species of treason in it's consequences principally tends to the dissolution of government, and destruction thereby of the order and peace of society, this denominates it a crime of the highest magnitude. Murder is an injury to the life of an individual; but law of society considers principally the loss which the state sustains by being deprived of a member, and the pernicious example therby set, for others to do the like. Robbery may be considered in the same view: it is an injury to private property; but, were that all, a civil satisfaction in damages might atone for it: the public mischief is the things, for the prevention of which our laws have made it a capital offence."

seus direitos e deveres recíprocos" (Ribas, 1866: 31), e incluía o Direito Civil, o Direito Comercial e o Direito Internacional Privado. Sobre o "Direito Criminal", o administrativista dizia o seguinte:

> Quanto ao Direito Criminal, muito se tem discutido, se é ramo do Direito Publico ou Privado. Entre nós a punição de alguns crimes é direito do offendido, que elle póde annullar pelo perdão, ou pelo não uso no prazo da prescripção; e naquelles mesmos em que se procede *ex-officio*, a sociedade, representada pelo *ministerio publico*, apparece como parte offendida, como pessoa jurídica, perante o poder judicial, a requerer a applicação da lei penal (1866: 32).

Ribas estava dizendo que, apesar de operar majoritariamente por mecanismos de direito público (Ministério Público, ação *ex-officio*), havia no direito criminal duas partes com interesses conflitantes: uma vítima (a sociedade, ou a vítima em si) e um criminoso; e as engrenagens do direito penal muitas vezes eram movidas não pelo interesse público, mas pelo exercício de um direito subjetivo do ofendido. Ora, pensava Ribas, "partes em conflito", "direito subjetivo", "ofendido" são próprios do direito privado, e não do direito público. Para piorar o estado de confusão em que o professor paulista se via, devemos lembrar que o Código Criminal de 1830 tinha uma parte toda dedicada aos "crimes privados". Portanto, apesar de ter cara de direito público, o direito penal tinha muitos elementos com a lógica do direito privado. O administrativista acabou mesmo por classificar o "Direito Criminal" como parte do direito privado, ainda que, talvez pela polêmica da posição, tenha apenas sugerido essa resposta.[58, 59] Tal posição, frise-se, não era exclusiva de Ribas: Pimenta Bueno, possivelmente o publicista mais impor-

---

[58] Ao mencionar as maneiras como o Direito Administrativo colabora com o direito privado, Ribas dirá mais adiante que a Administração Pública ajuda na prevenção do crime, cuja punição é papel do direito penal.

[59] Por essa razão, penso que Cartuyvels (1996: 11) talvez tenha se expressado mal ao dizer que no século XVIII, o direito penal afirmou com força "sua dimensão estatal e sua inscrição na esfera do direito público". Hoje sabemos que o direito penal ficou para o direito público: isso é um consenso para nós. Certamente muitos autores do século XVIII pensavam assim também. Em fins do século XVII, Jean Domat, no Loix civiles dans leur ordre naturel, já situava o direito penal integralmente dentro do direito público. Mas em meados do século XIX, um autor esclarecido como Ribas não só tinha dúvidas disso, como também acusava a existência de reiterados debates sobre a matéria. Como veremos

tante do Império, também via o direito criminal como uma disciplina híbrida, a um só tempo pública e privada: ela seria pública no que respeita "á imposição da pena, á infracção do preceito da lei, á referencia para com a consequente sancção repressora"; e seria privada no que se refere "á indemnisação, ao interesse particular da satisfação do damno operado", para ao fim anotar que ele é incluído "por todas as legislações" no domínio do "direito particular", e não do direito público (Pimenta Bueno, 1857b: 13-4). Vê-se, portanto, que se tratava de um debate em aberto, de que certamente tiveram de se ocupar os formadores da dogmática penal contemporânea.

3. O quadro institucional

Finalmente, há também fatores institucionais importantes a ser considerados. No que tange especificamente ao direito penal contemporâneo, essa relação com as instituições políticas é, do ponto de vista histórico, especialmente significativa: a consolidação da jurisdição real e da soberania política do rei deram-se muitas vezes a partir do "direito criminal", ou seja, por meio da obtenção do monopólio jurisdicional sobre a definição de ilícitos jurídicos ("crimes"), seu processamento e sua punição. Isso tem uma importante relação com a acepção horizontalizada e acessória do "criminal" no início da modernidade: definir "crimes" e "penas" era, em face da já comentada visão acessória do direito penal, estabelecer todas as proibições públicas e a forma de sua persecução. Não é por acaso que, diante de bruscas mudanças políticas que reclamaram rearranjos institucionais ao longo da história, as legislações criminais eram com frequência as primeiras a ser feitas ou refeitas – caso inclusive do Brasil independente, lembremo-nos. Nesse sentido, e para os fins deste capítulo, convém salientar duas coisas: a primeira diz respeito ao processo de construção do monopólio legislativo estatal e de afirmação do soberano frente às demais instâncias de poder político; a segunda, à onda de reformas institucionais anteriores e concomitantes ao Iluminismo que tiveram o "criminal" por objeto, muitas vezes visando à limitação desse mesmo poder com o apoio em

---

no Cap. IV, esta dúvida era compartilhada por outros brasileiros, bem como por muitos juristas europeus.

princípios jurídicos liberais. O tema mais evidente a partir do qual esses dois pontos podem ser acessados é o do movimento de codificação, em sentido amplo: ou seja, não apenas os códigos penais modernos produzidos sobretudo no século XIX; mas também os processos de sistematização e organização legislativa dos séculos XVII e XVIII, que não são propriamente códigos na acepção estrita do termo, mas já dão boas ilustrações tanto dos problemas institucionais que estavam em pauta, quanto das racionalidades jurídicas e políticas com que eram tratados.

Como já foi dito, ganhou força nos séculos XV e XVI a marcha da centralização jurídica do poder real. A crítica de que a multiplicidade de leis e jurisdições levava a uma insustentável proliferação de processos era ainda um lugar-comum entre juristas dos séculos XVII e XVIII. É nessa época que se formam, segundo Cartuyvels (1999), as bases políticas e intelectuais dos movimentos de codificação: a primeira é o propósito político de concentração do poder jurisdicional na justiça real, que se deu inicialmente pela organização do amontoado de leis vigentes; a segunda, a metodologia com que as muitas sistematizações legislativas da época foram feitas.[60]

A organização das leis em um só corpo era normalmente encomendada pelo rei, ou por um ministro, a juristas de confiança. Christian Wolff, Samuel Cocceius e Ludovico Antonio Muratori são exemplos de nomes que, no século XVII, receberam encomendas tais. Essas sistematizações legislativas, que no mundo moderno persistiram até a consolidação do movimento codificador (final do século XVIII), muitas vezes abrangiam em um mesmo *corpus* matérias que hoje tratamos de forma totalmente separada. Tais sistematizações eram feitas dentro da matriz intelectual do jusnaturalismo moderno, o que evidentemente as impactava em sua estrutura. Em termos simples, o ponto inicial era organizar a confusão das leis vigentes, de acordo com alguma racionalidade clara e precisa.

---

[60] Hespanha (1997) lembra que já no século XV foram feitos trabalhos de compilação legislativa, de que as Ordenações Afonsinas seriam exemplo. Não é desse tipo de sistematização de que estou falando. Elas já têm a vocação política centralizadora, mas não a metodologia que caracterizou as codificações.

A progressiva desimportância do direito romano-justinianeu frente ao direito local deixou os primeiros juristas da modernidade metodologicamente órfãos: os legistas, que eram sobretudo treinados para interpretar e "atualizar" os velhos textos clássicos, foram então postos diante da tarefa de conferir sentido e sistematicidade a um direito que já nascia em parte atualizado (Hespanha, 1997: 132-3). Àquela altura, a geometria era vista como uma espécie de linguagem universal da razão e dominava as atenções de intelectuais de diversas áreas. Johannes Kepler, matemático e astrônomo do século XVI, achava que a geometria era o "idioma" pelo qual Deus revelava os mistérios da natureza aos homens; ela seria, por assim dizer, a língua de Deus. Kepler buscou construir um modelo de universo a partir da sobreposição concêntrica das formas geométricas puras, pois entendia que a forma física do universo (a localização dos astros) não poderia ser aleatória, porque obra divina. O cosmos não seria caos, mas sim harmonia – *Harmonices Mundi* é o nome de seu escrito mais famoso – e a geometria seria o modelo a partir do qual a harmonia universal se formava. Assim, os planetas, em suas localizações respectivas, seriam como que os vértices dessas formas geométricas tridimensionais puras, chamadas de sólidos platônicos. Ora, se a geometria dava a harmonia do universo e permitia até mesmo desvendar o mistério cosmográfico (*Mysterium Cosmographicum*) de Kepler, que maravilhas não faria ela para organizar um punhado de leis confusas. Assim como cubos, pirâmides e esferas são as formas elementares a partir das quais se constrói o universo, deve haver algo equivalente para o direito; pontos de partida elementares e autoevidentes que permitissem organizar logicamente o conjunto de leis válidas, que seriam deduções desses pontos de partida, desses *principia* – princípios.

Eram os princípios de direito natural, acessíveis pelo exercício da razão abstrata. Tais princípios variavam de autor para autor, mas sempre logravam o efeito prático de organizar sistematicamente um conjunto de leis que antes apareciam dispersas e disformes. Em Domat, por exemplo, a lei fundamental era o amor, que se desdobrava em duas leis naturais: amar a Deus e amar ao próximo:

> Assim, nós descobrimos, na semelhança do homem a Deus, em que consiste a sua natureza, em que consiste sua religião, em que consiste

sua primeira lei: pois sua natureza não é outra coisa além desse ser criado à imagem de Deus, e capaz de possuir esse bem-soberano que deve ser sua vida e sua beatitude; sua religião, que é a reunião de todas as suas leis, não é outra coisa senão a luz e o caminho que o conduzem a essa vida; e sua primeira lei, que é o espírito da religião, é aquela que o comanda à busca e ao amor do seu bem-soberano, onde ele deve se elevar em relação às outras forças de seu espírito e de seu coração que são feitas (Domat, 1828: 4).[61]

A partir daí, ele organizava todo o direito: o casamento e a relação de paternidade seriam as primeiras formas de engajamento (*engagement*) jurídico, porque mais diretamente relacionadas à lei natural do amor;[62] e cometer um crime seria uma forma de desobedecer a essa mesma lei. Em Pufendorf, o princípio elementar era o da sociabilidade:[63] respeitar contratos seria fazer valer o mandamento natural da sociabilidade, e cometer crimes seria desrespeitá-lo.

Essa metodologia tornava possível enxergar o direito de forma taxonômica: de um tronco axiológico central, nascia o disciplinamento jurí-

[61] "Ainsi, nous découvrons, dans cette ressemblance de l'homme à Dieu, en quoi consiste sa nature, en quoi consiste sa religion, en quoi consiste sa première loi: car sa nature n'est autre chose que cet être créé à l'image de Dieu, et capable de posséder ce souverain-bien qui doit être sa vie et sa béatitude; sa religion, qui est l'assemblage de toutes ses lois, n'est autre chose que la lumière et la voie qui le conduisent à cette vie; et sa première loi, qui est l'esprit de la religion, est celle qui lui commande la recherche et l'amour de ce souverain-bien, où il doit s'élever de toutes les forces de son esprit et de son coeur qui sont faits pour le posséder."

[62] "L'engagement que fai le mariage entre le mari et la femme, et celui que fait la naissance entre eux et leurs enfans, forment une société particulière dans chaque famille, où Dieu lie ces personnes plus étroitement, pour les engager à un usage continuel des divers devoirs de l'amour mutuel" (Domat, 1828: 8).

[63] "Thus then man is indeed an animal most bent upon self-preservation, helpless in himself, unable to save himself without the aid of his fellows, highly adapted to promote mutual interests; but on the other hand no less malicious, insolent, and easily provoked, also as able as he is prone to inflict injury upon another. Whence it follows that, in order to be safe, he must be sociable, that is, must be united with men like himself, and so conduct himself toward them that they may have no good cause to injure him, but rather may be ready to maintain and promote his interests. The laws then of this sociability, or those which teach how a man should conduct himself, to become a good member of human society, are called natural laws" (Pufendorf, 1964: 20).

dico particular de assuntos específicos e variados. Tudo aquilo que não estivesse em conformidade com esses princípios jurídicos universais estaria fora do direito. Por esse caminho, as sistematizações jurídicas dos séculos XVII e XVIII acabaram por eliminar uma parte do direito romano do quadro das normas jurídicas. O velho direito justinianeu definitivamente não era caro aos reformistas do século XVIII: o projeto de código prussiano de Samuel Cocceius (1751), por exemplo, foi rejeitado por ter sido considerado excessivamente romanista (Cartuyvels, 1996: 123). Em muitas das sistematizações legislativas do século XVIII, proibiu-se a utilização do direito romano (*iura* e comentários) que fosse contrário aos princípios do direito natural moderno.[64]

A relação entre natureza e organização das leis permaneceu durante a era das codificações, se bem que modificada. Segundo Cartuyvels (1996:

---

[64] Para nós brasileiros, o exemplar mais conhecido de algo assim é a Lei da Boa Razão (1769), que em certo trecho diz o seguinte: "Mando por uma parte, que debaixo das penas ao diante declaradas se não possa fazer uso das ditas Alegações, e Decisões de Textos, ou de Autoridades de alguns Escritores, em quanto houver Ordenações do Reino, Leis Pátrias, e usos dos Meus Reinos legitimamente aprovados também na forma abaixo declarada: E Mando pela outra parte, que aquela boa razão, que o sobredito Preâmbulo determinou, que fosse na praxe de julgar subsidiaria, não possa nunca ser a da autoridade extrínseca destes, ou daqueles Textos do Direito Civil, ou Abstractos, ou ainda com a concordância de outros; mas sim, e somente: Ou aquela boa razão, que consiste nos primitivos princípios, que contém verdades essenciais, intrínsecas, e inalteráveis, que a Ética dos mesmos Romanos havia estabelecido, e que os Direitos Divino, e Natural, formalizaram para servirem as Regras Moraes, e Civis, entre o Cristianismo: Ou aquela boa razão, que se funda nas outras Regras, que de universal consentimento estabeleceu o Direito das Gentes para a direcção, e governo de todas as Nações civilizadas: Ou aquela boa razão, que se estabelece nas Leis Políticas, Económicas, Mercantis, e Marítimas, que as mesmas Nações Cristãs tem promulgado com manifestas utilidades, do socego público, do estabelecimento da reputação, e do aumento dos cabedais dos Povos, que com as disciplinas destas sábias, e proveitosas Leis vivem felizes à sombra dos tronos, e debaixo dos auspícios dos seus respectivos Monarcas, Príncipes Soberanos: Sendo muito mais racionável, e muito mais coerente, que nestas interessantes matérias se recorra antes em casos de necessidade ao subsídio próximo das sobreditas Leis das Nações Cristãs, iluminadas, e polidas, que com elas estão resplandecendo na boa, depurada, e sã Jurisprudência; em muitas outras erudições úteis, e necessárias; e na felicidade; do que ir buscar sem boas razões, ou sem razão digna de atender-se, depois de mais de dezassete Séculos o socorro às Leis de uns Gentios; que nos princípios Morais, e Civis foram muitas vezes perturbados, e corrompidos na sobredita forma."

63 e ss.), os primeiros juristas modernos que pregavam a razão natural como recurso organizador faziam uso de uma imagem universalista da razão e da natureza. Por isso, o jusnaturalismo moderno aceita tanto teorias em que Deus não tem um papel constitutivo imprescindível,[65] como outras em que ele aparece mais ativamente, de que Domat é exemplo. Uma natureza uniforme e a-histórica casa-se bem com o voluntarismo divino, ainda que possa existir sem ele. Essa possibilidade de união dá a base daquilo que Tomás y Valiente (1992: 94) considera, referindo-se às bases da ilustração penal europeia, uma absorção de Deus por parte da razão. A partir do século XVIII, porém, uma imagem mais particularista de natureza começa a ganhar força. No *Nakaz* de Catarina II, essa mudança já vem clara: o critério organizador de sua Instrução não é mais a razão jurídica abstrata, mas sim o Código de Leis do Czar Alexei Michailowitsch (1648). "Se a referência a uma racionalidade conforme à natureza está presente, essa natureza não é mais associada ao espírito do sistema", diz Cartuyvels; o empirismo de Catarina II "desconfia das miragens da abstração", pois as leis, "por mais razoáveis que sejam, não se devem transformar em uma "arte da Lógica", mas manter-se à razão de um bom pai de família". Por isso, "sua concepção da natureza, que remete a Montesquieu, é fundamentalmente diferente da imagem veiculada pela corrente do jusnaturalismo racionalista", pois não contém "um referente universal que articula um plano único, válido para todos os tempos e lugares, identificável por uma razão geométrica", mas sim "uma disposição particular própria a cada povo" (Cartuyvels, 1996: 157). Esta inflexão denuncia, ainda segundo Cartuyvels, o momento em que movimento codificador moderno ganhava impulso. Até então, as sistematizações legislativas não tinham ainda toda a força política que os códigos do século XVIII tiveram. Muitas vezes, os "códigos" dos séculos XVI e XVII reafirmavam o velho direito, dando ao direito real um papel meramente complementar e subsidiário. Essa mistura da vocação centralizadora com privilégios e direitos locais foi bem anotada

---

[65] Dois exemplos importantes nesse sentido são: Hugo Grócio, com sua famosa postulação de que sua teoria subsistiria "mesmo se Deus não existisse"; e Pufendorf, que tem uma teoria "religiosamente ativa, mas teologicamente neutra" (Carr e Seidler, 1999: 150-1), de forma que Deus nela figura como um mero pressuposto (Hochstrasser, 2000: 41 e ss.).

por Arno e Maria José Wehling, alertando que a afirmação do Estado moderno não evitava que em pleno século XVIII, nos Estados da burocracia absolutista ainda existissem "setores do Estado e mecanismos institucionais que continuavam a emitir privilégios e isenções, gerando assim novos direitos particulares" (2004: 15). É só no final do século XVIII que essa razão abstrata começava a mostrar-se tanto legisladora quanto sistematizadora: a estrutura arborizante e taxonômica do jusnaturalismo permaneceu nos códigos, mas eles ganharam uma forte vocação reformadora que até então não tinham,[66] tendendo a suprimir particularismos em favor da legislação real.

Nos "códigos" do século XVIII a já mencionada visão geometrizante, segundo a qual tudo começa em princípios amplos e termina nas disciplinas particulares, aparece exemplarmente. A organização contemporânea dos códigos, divididos em uma parte geral e outra parte especial, é produto dessa matriz organizadora de racionalidade, que procurava encontrar o fio condutor comum (a parte geral) de todas as disciplinas jurídicas particulares (a parte especial). Não por acaso, a historiografia costuma apontar a influência dos jusnaturalistas objetivistas (e anti-voluntaristas)[67] para o ideário codificador: tanto Tarello (1976: 133 e ss.) quanto Cartuyvels (1996: 72 e ss.) indicam, por exemplo, a importância de Wolff e Leibniz nesse sentido.[68] O processo de emancipação da dogmática penal contemporânea operar-se-á principalmente pela

---

[66] O Código Penal de José II, da Áustria (1787), foi o primeiro código moderno puramente penal do direito europeu (Cartuyvels, 1996: 264). (Isso, aliás, serve como mais um indício de que a construção do direito penal, como objeto autônomo de outras áreas do direito substantivo, é uma construção da segunda metade do século XVIII.) Foi também o primeiro a trazer uma divisão entre uma parte geral e uma parte especial, mas ainda diferente de nossa estrutura contemporânea: o código tinha uma grande bipartição, entre delitos criminais e delitos políticos; dentro de cada uma dessas divisões, havia subdivisões em parte geral e especial.

[67] Hespanha (1997: 160) chama de "jusnaturalismo objectivista" aquele que postulava o fundamento do direito natural em uma razão objetiva situada "não nos indivíduos, mas na ordem cósmica ou na convivência humana", fugindo assim dos dilemas "sensualistas" em que se afundavam alguns pensadores como Hobbes, Hume e Kant.

[68] Ainda que, em especial no caso de Wolff, seu objetivismo estivesse muito mais direcionado à organização do direito comum do que à elaboração de códigos. Mesmo assim, Tarello anota que ele exerceu influência decisiva sobre importantes figuras da codificação

constituição de um conjunto de princípios que serão exclusivamente seus, e levarão os juristas a postular o seu descolamento do restante do direito. Mas não sem polêmica, é claro, pois os juristas nem sempre concordavam sobre o conteúdo e divisão da parte geral do direito, ou de disciplinas jurídicas em particular. Isso é algo que será visto com vagar nos dois capítulos seguintes, quando serão mostradas as razões que os penalistas ofereciam para postular a independência teórica de sua disciplina.

Por ora, e no tema das alterações institucionais importantes para o surgimento da dogmática penal contemporânea, vale mencionar inicialmente como os primeiros códigos "penais" dividiam seus conteúdos em partes gerais e especiais nem sempre homogêneas, e quase sempre distintas da nossa: a dogmática penal contemporânea, como é sabido e ressabido, tem **(i)** uma parte geral, que compreende as regras gerais de "crime" e "respostas penais" (penas e medidas de segurança); e **(ii)** uma parte especial, com as disposições específicas e variáveis de cada delito, organizadas segundo o bem jurídico protegido (vida, patrimônio etc.) e dispostas segundo uma certa ordem de gravidade, que pode variar de um código para outro. Se voltarmos aos diplomas legislativos de fins do século XVIII, porém, veremos que uma parte geral assim compreendida estava longe de ser natural.

Em segundo lugar, é importante apontar também a separação, quando ela existia, entre direito material e direito processual. Algumas vezes separavam-se as duas coisas, mas o que estava em jogo aí não era a diferença substantiva entre direito material e processual, mas sim o propósito político de criar instituições jurisdicionais mais eficientes que fizessem o equilíbrio de poderes jurisdicionais pender para o lado do rei, em detrimento dos poderes políticos localistas (Tomás y Valiente, 1992: 25) e também da jurisdição eclesiástica.[69]

---

nos Estados italianos dos oitocentos, como Giovanni Lampredi (Tarello, 1976: 545-6, e nota 128).

[69] A influência do direito eclesiástico na jurisdição real fez-se sentir até muito pouco tempo antes do direito penal contemporâneo. No Código Criminal Bávaro de 1751, o rol das penas leves incluía expressamente as penas canônicas (Cap. I, § 9, "h"); e entre as penas intermediárias estava a queima da letra "B" no rosto do condenado – significando *"blasphemator"* (Cap. I, § 8).

Tanto assim que a parte "processual" de muitos códigos penais incluía o regramento de processos civis.[70] Mas já começava a desenhar-se alguma diferença metodológica entre o "material" e o "processual": o primeiro cuidava de definir crimes e penas, e o segundo cuidava da efetivação prática dos comandos da legislação criminal. Por isso, não é incomum que os autores da época dividissem o "Direito Criminal" em uma parte teórica, que equivaleria mais ou menos ao direito penal substantivo; e outra parte prática, que seria o direito penal processual. De qualquer forma, as duas coisas ainda eram vistas como partes de uma mesma e única disciplina, e assim continuaram sendo enxergadas majoritariamente século XIX adentro.

É hora de averiguar como isso se mostrava nos diplomas legais pré-contemporâneos. Comecemos pelas "codificações" italianas dos setecentos.[71] As primeiras foram as consolidações do direito real da Saboia (1723, 1729), promovidas por Vítor Amadeu II. Trata-se de uma compilação em seis volumes de leis antigas fundadas principalmente sobre o direito comum, com o propósito destacado de organizar as fontes do direito (Cartuyvels, 1996: 49). Como era regra em sua época, não se trata ainda de um código que se ungia no papel de fonte exclusiva do direito: em caso de lacuna, permitia-se recorrer a outras fontes, como a jurisprudência dos magistrados e o direito comum (cit.: 50). Entretanto, havia algum conteúdo modernizador das leis, sobretudo em seu aspecto anti-nobilitário (e consequentemente centralizador),[72] o que era fundamental para a construção de um Estado moderno em uma sociedade agrícola de fortes traços feudais, como era o Piemonte de então (Tarello, 1976: 199). Em 1770, Carlos Emanuel III promulgou a terceira e final versão das *Leis e Constituições de Sua Majestade*, a partir da Sarde-

---

[70] Nesse sentido, e apenas exemplificativamente: as *Reggie Constituzioni* de Saboia (1723/29), as *Leggi e Costituzioni* de Carlos-Emanuel III da Sardenha (1770) e o *Codice Estense* de Módena (1771), entre outras.

[71] Os códigos e compilações legislativas a partir do século XVIII são muitos. Escolhi comentar aqueles aos quais Cartuyvels dá mais importância em seu trabalho, dado tratar-se da melhor obra disponível sobre a formação dos códigos penais modernos.

[72] As *Costituzioni* (Livro III, Tit. 22, § 9) vetavam, por exemplo, a invocação da autoridade doutrinal por parte dos advogados, bem como a motivação das decisões judiciais dessa mesma autoridade. (Tarello, 1976: 201).

nha.[73] Seu principal propósito foi corrigir a segunda versão, de 1729. Segundo Cartuyvels, o espírito das luzes ainda estava ausente aqui, seis anos após a publicação de Beccaria: não só faltava-lhe a vocação absolutista, pois o Código ainda não se dava o atributo de fonte exclusiva, como também as disposições contra judeus e "vagabundos", fartas nas versões de 1723 e 1729, permaneceram integralmente. "O reino da Sardenha fica fechado sobre ele mesmo, pouco inclinado a escutar o movimento da razão burocrática, humanista e utilitarista que agita a Europa central" (Cartuyvels, 1996: 57).[74]

As *Leggi e Costituzioni* mostram que não só a indistinção entre direito penal e processual, como também a falta de preocupação com a estipulação de uma parte geral para as disposições "criminais". Seu Título I cuida dos "Juízes das Causas Criminais", estabelecendo regras de competência segundo os diversos tipos de delito. Perceba-se bem que há aqui uma permanência de um elemento organizativo da *ordo legalia*, com o "direito criminal" seguindo a ordem processual e a disciplina iniciando-se onde se inicia o processo, isso já às vésperas do século XIX. As matérias predominantes processuais (secretarias, acusadores, carcereiros, corpo de delito, sentenças, recursos etc.) seguem até o título XXXIII, mas sempre misturadas com assuntos que hoje são, para nós, puramente penais: nos títulos XX e XXI, por exemplo, a disciplina das sentenças compreende regras de dosimetria da pena, incluindo causas de aumento para os contumazes. Somente no título XXXIV cuida-se "dos diversos tipos de delitos, e suas penas", mas falta qualquer "parte geral" quanto a esses: imediatamente, passa-se à definição dos crimes de maledicência e blasfêmia (Cap. I), seguidos do crime de lesa-majestade (Cap. II), e assim por diante.

O Código Penal de Leopoldo I da Toscana, de 1786 – a *Leopoldina* – vai mais ou menos no mesmo sentido (Cartuyvels 1996: 205 e ss.). A despeito de contar já profundas influências iluministas que ainda faltavam

---

[73] A casa de Sabóia dominava tanto a Sabóia quanto a Sardenha. O mesmo Vitor Amadeu II, que promovera as codificações de 1723 e 1729 no Piemonte, já se tornara rei da Sardenha em 1720. Carlos Emanuel III foi um de seus filhos.
[74] "Le royaume de Sardaigne reste fermé sur lui-même, peu encline à écouter le mouvement de la raison bureucratique, humaniste et utilitariste qui agite l'Europe centrale."

nos diplomas da Casa de Saboia, também faltava-lhe a grande vocação reformadora que caracteriza os códigos modernos: Tarello (1976: 548) diz que ele pouco reduzia a influência de outras fontes do direito, pois permitia (§ CXVIII) que os juízes recorressem a outras leis do Grão--ducado, desde que condizentes com o espírito da reforma.

Leopoldo I concebeu um código dividido em quatro partes. Elas continham, respectivamente: **(i)** uma introdução geral; **(ii)** regras processuais; **(iii)** penas e punição dos delitos; e **(iv)** delitos diversos e suas penas. A colocação da matéria processual em um livro aparte de todo o restante indica já uma primeira separação entre as duas matérias, mesmo que venham em um único diploma legal; ao mesmo tempo, o fato de as regras criminais começarem pelo processo apontam, mais uma vez, certa sobrevivência da cultura jurídica anterior. Por isso, não deve causar espanto que, como será mostrado nos capítulos seguintes, tenha continuado frequente na doutrina, por muito tempo depois da *Leopoldina* inclusive, a colocação das regras substantivas e processuais dentro de uma só disciplina – "o direito criminal"; se o código da Toscana indica já um início da separação, ela está longe de ser a divisão absoluta entre direito material e processual como hoje conhecemos.

Se Cartuyvels vê a *Leopoldina* bem próxima dos códigos contemporâneos, a avaliação de Tarello é um pouco distinta: o professor italiano a vê ainda ligeiramente distante, especialmente pela mistura que ela ainda preservava entre direito substantivo e processual.[75] De mais a mais, ainda segundo Tarello, a sua redação é demonstrativa, e não imperativa. Ele não nega, entretanto, que o código da Toscana possa ser considerado um precursor da moderna legislação criminal em outros aspectos relevantes. O primeiro deles é o processo, em que diversas práticas pré-iluministas, como a tortura judiciária, foram abolidas. O outro diz respeito, e agora em concordância com Cartuyvels, às penas: adesão à

---

[75] "Non si distingue la materia penale sostanziale, cioè delitti e pene, dalla materia processuale; sotto questo profilo il codice leopoldino non può venire considerato come un passo avanti vero le codificazioni a confini disciplinari moderni (...); non solo, ma il diritto e la procedura non sono nemmeno separati entro il codice, come parti distinte" (Tarello, 1976: 548).

ideologia proporcionalística, a redução e tipificação das possibilidades de pena, a abolição da pena de morte (Tarello, 1976: 550-1)

Quanto ao direito material, o código de Leopoldo I trazia alguns "princípios gerais", seguidos de uma apresentação dos tipos de pena. Um desses princípios cuidava da estreiteza com que se deviam interpretar as leis penalizadoras, evitando punições arbitrárias por parte dos magistrados, o que indicava a influência de Beccaria sobre o trabalho (Cartuyvels, 1996: 207). A mesma influência se nota quando a *Leopoldina* trata das penas: elas deveriam ser, além de céleres, as menores possíveis diante das características do culpado e das necessidades de causar uma impressão durável no público.[76] A pena de morte foi abolida. Tarello (1976: 542) indica que Leopoldo I cercara-se de ministros que representavam os mais arrojados iluministas italianos daquele tempo – Pompeo Neri, Giulio Rucellai e Francesco Gianni –, e que tudo isso refletia-se em sua reforma penal. Entretanto, se o código era rico quanto a novos princípios para as penas, ele era ainda empobrecido no que diz respeito aos princípios gerais dos delitos. As regras gerais que contém a *Leopoldina* são muito mais ligadas à moderação das penas do que às propriedades gerais e constitutivas dos crimes.

Por isso, pode-se dizer que o código de Leopoldo I mostra não só como uma parte geral com o conteúdo da nossa, contemporânea, ainda não estava pronta, mas também que a importância da legalidade àquela época, e na esteira de Beccaria, dizia muito mais respeito ao controle do excesso das penas do que à constituição substantiva do delito (como é a legalidade da dogmática penal contemporânea, segundo postulado no primeiro capítulo desta tese). A superlatividade das penas em relação às propriedades constitutivas do delito é insinuada inclusive pelo título do Livro III do código (sua «parte geral», lembremo-nos): «Vista sobre as penas e punição dos delitos».[77] Não se pode dizer que já havia na *Leopoldina* uma "teoria geral do delito" nem remotamente semelhante àquilo que hoje conhecemos, nem uma legalidade criadora, nem muito menos uma parte geral como a nossa – ainda que alguma parte geral, de fato, já se esboçasse. Essa "parte geral" tinha apenas nove artigos, a maioria

---

[76] Cfr. §§ 2, 3, 8 e 9.
[77] No original: *"Vedute sopra le pene, e punizione dei delitti"*.

deles contendo princípios relativos às penas. Esse tipo de "parte geral do direito penal" majoritariamente ocupada das penas (e não tanto dos delitos) era, aliás, uma marca dos códigos imediatamente anteriores ao direito penal contemporâneo. Exemplificativamente, o *Codex Juris Bavarici Criminalis* (Bavária), de 1751, tinha uma parte geral sobre "os delitos criminais e as penas", mas ela cuidava quase que exclusivamente destas últimas: mesmo a distinção dos delitos criminais era dada a partir das penas a eles acopladas.[78] Isso inclusive reforça a postulação de que o "criminal" vinha sendo visto como a parte punitiva do direito em geral: o problema do direito criminal era principalmente a pena, ao passo que hoje é tanto o delito quanto a pena.

O Código Penal de José II da Áustria,[79] de 1787, é considerado por muitos o primeiro código penal moderno (Sbriccoli, 2004: 190; Cartuyvels, 1996: 264). Cavanna (1975: 37) aponta que o código josefino marca definitivamente a chegada da consolidação em sentido estrito, em lugar do mero remanejamento ou certificação das normas anteriormente existentes. Aponta ainda que o texto da *Josefina* era profundamente marcado pela racionalização iluminista do direito penal, tendo sido influenciado por Marat, Beccaria e o ilustrado austríaco Joseph Von Sonnenfels (Cavanna, 1975: 41-3).

No tocante à forma de representação do "criminal", o código josefino tem um dado interessante: ele compreende duas partes gerais, uma para os "crimes", e outra para as "graves transgressões de polícia". Sbriccoli (2004: 190) saúda-o incondicionalmente como uma obra de estrutura moderna, mas é sabido que importantes reformadores daquele tempo desgostaram a *Leopoldina* por entender que suas duas partes gerais tiravam-lhe a sistematicidade – e esse predicado, lembremo-nos, era uma obsessão dos juristas imediatamente posteriores ao Antigo Regime. Segundo Cavanna, a tal duplicidade foi uma das razões pelas quais a

---

[78] *Codex Juris Bavarici Criminalis* (1751), § 1: "Es seynd nicht alle Frevel und strafbare Thaten für Criminal zu achten, sondern nur jene, welche entweder mit Leibs- und Lebens-Straf angesehen, oder sonst so beschaffen seynd, daß sie von Rechts- oder Gewohnheits wegen, ad Forum Criminale gehören".

[79] A despeito de conhecido como José II da Áustria, seu império ia muito além daquilo que hoje conhecemos como Áustria, incluindo também partes de Alemanha, Polônia, Itália, Croácia, Hungria e outros mais.

aceitação da *Josefina* na Lombardia foi tão difícil. Beccaria, o grande inspirador de José II, teria se manifestado contrariamente à substituição das velhas instituições lombardas pelo novíssimo código iluminista em razão dessa duplicidade (Cavanna, 1975: 52-3). Havia, por exemplo, dois conjuntos de disposições gerais relativas às condutas proibidas ("dos delitos", na primeira parte; e "das graves transgressões de polícia", na segunda), e também havia duplicidade nas disposições gerais sobre as respectivas penas. São praticamente dois códigos reunidos em um só, mas vistos como parte de um mesmo "direito criminal".

A *Josefina* já marca uma divisão substancialmente nítida entre as regras de direito material e as de direito processual: as primeiras ficam a cargo da Seção Primeira, e as últimas, da Seção Segunda. Note-se bem: o processo criminal não vem mais em primeiro lugar, o que é muito significativo. No que diz respeito ao direito substantivo, há também uma divisão aparente entre parte geral e especial, ainda que o código não marque expressamente onde terminam as disposições gerais e começam as especiais. De qualquer forma, os primeiros capítulos cuidam das regras gerais para todos os delitos e penas, bem como as regras para a sua imputação. Aqui já se está, sem dúvida, diante de uma arquitetura criminal bastante parecida com a da dogmática penal contemporânea.

Apesar dessas pequenas semelhanças, a representação do «direito criminal» como dotado de duas partes gerais, uma para crimes e outra para «contravenções», mostra a falta de unidade nos princípios de um só ramo do direito que abrangesse as duas coisas. Como se comentará adiante, esta será uma fresta pela qual os ilícitos criminais ganharão autonomia em relação a outros ilícitos públicos (administrativos); mas, no código de José II, não era a autonomia do «penal» que se buscava – tanto assim que tudo era matéria «criminal». De quebra, perdia-se ainda a sistematicidade de um direito criminal unitário, que rendeu ao diploma inimigos do calibre de Beccaria. Por fim, deve-se anotar que o conceito de legalidade com que o diploma austríaco trabalhava era ainda empobrecido (§§ 12 e 19), já que diziam respeito à interpretação das leis e à tipificação das penas, mas não de constituição dos delitos. No Código Penal Lombardo de 1797, feito na esteira do josefino mas já no império de seu irmão, Leopoldo II, a mesma legalidade fraca permanece: o § 1º dizia que os crimes serão punidos apenas segundo as disposições do código, e não que o código **cria** os crimes.[80]

Por fim, e às vésperas já do século XIX, cabe uma breve passada de olhos sobre a *Landrecht* prussiana de 1794. Trata-se de um código geral para todos os Estados prussianos de então. Os primeiros passos nesse sentido vinham sendo dados desde 1780, quando Frederico II ordenou as compilações, em dois livros, das leis particulares de cada província, formando um primeiro "código provincial", que vigeria ao lado de um segundo código, "nacional" e válido para toda Prússia. Sobre a relação entre esses dois diplomas, diz Cartuyvels:

> Fundado sob uma mistura de princípios de direito natural encontráveis nas constituições de Justiniano e dos territórios alemães, o código geral fadava-se a exercer uma função subsidiária: servir de fontes do direito aos juízes em casos de lacuna do direito provincial (Cartuyvels, 1996: 333).

Após longos trabalhos, complicados trâmites e alguns adiamentos, a *Landrecht* entrou em vigor em junho de 1794. Segundo Hermann Conrad, seu conteúdo colocava lado a lado um direito tipicamente iluminista, escorado na igualdade, com um direito romano purificado e atualizado e as legislações locais.[81]

A *Landrecht* era uma compilação gigantesca, com quase 20 mil artigos. Sua preocupação era sobretudo burocrática, de reorganização das fontes. Em matéria penal (Livro XX), foi um diploma de vocações reformadoras, como, aliás, também as tinha Frederico II, que se correspondia com Voltaire e em 1749 já havia publicado um texto de juventude sobre a necessidade de uma legislação civilizada para a Prússia (Schmidt, 1980: 447). Conrad (1965: 4) aponta que, ao contrário do que era majoritário em seu tempo, a *Landrecht* não tratou de matéria processual. Sua preocupação era sobretudo organizar as fontes de direito material. Por aí já aparecia alguma separação entre direito material e direito processual, pois via-se que era possível tratar juridicamente um sem o outro.

---

[80] O texto do código lombardo é um anexo do livro de Cavanna (1975: 277 e ss.).

[81] "Neben dem Naturrecht, der natürlichen Billigkeit und einem gereinigten römischen Recht gab die preußische kodifikation auch dem einheimischen rechter einen breiten Raum" (Conrad, 1965: 4).

O dito Livro XX abria-se com uma introdução, "dos delitos e das penas", que era seguida de disposições especiais sobre cada delito. O parágrafo 9º previa uma espécie de princípio da legalidade, mas a sua redação, note-se bem, é dúbia, pois não deixa claro se as leis criam os delitos (a despeito de se exigir o requisito da externalidade, que em geral diferençava os ilícitos políticos dos morais e religiosos): "§ 9º. Ações e omissões não proibidos pelas leis não podem ser tratados como delitos, sem que resultem em desvantagem verdadeira para um ou outro".[82]

A *Landrecht* preenchia sua parte geral com uma "teoria dos delitos" e uma "teoria das penas", por assim dizer. Ainda que não dividida entre as duas coisas, a matéria dos seus artigos introdutórios diz respeito exclusivamente às regras gerais sobre delitos (com destaque para a moralidade) e penas. Nessas últimas, destacavam-se as regras sobre "culpabilidade", para usar uma expressão anacrônica. Se a teoria do delito exigia a legalidade, a teoria da pena exigia a reprovabilidade moral da conduta. Havia seção inteira chamada "moralidade dos delitos" (*Moralität der Verbrechen*). O parágrafo 16 falava expressamente que só uma ação moralmente livre poderia ser julgada como delito e receber a respectiva pena.[83] Já se estava, aqui, com uma representação teórica bem mais semelhante à dogmática penal contemporânea.

3.1. Códigos, princípios e segurança jurídica

A metodologia de parte geral e parte especial teve também uma importante relação com um ideal político que cabe ser analisado ainda aqui, quando se fala de codificações: a ideia de que os códigos (os "criminais" principalmente), além de formas de organização de leis que sem eles seriam confusas, são também instrumentos de proteção dos súditos em face dos poderes punitivos do soberano. É muito importante ter em mente que essa inflexão já havia se dado em meados do século XVIII,

---

[82] *Allgemeines Landrecht für die Preußischen Staaten* (1794), §. 9: Handlungen und Unterlassungen, welche nicht in den Gesetzen verboten sind, können als eigentliche Verbrechen nicht angesehen werden, wenn gleich Einem oder dem Andern daraus ein wirklicher Nachtheil entstanden seyn sollte.

[83] §. 16. Wer frey zu handeln unvermögend ist, bey dem findet kein Verbrechen, also auch keine Strafe statt.

às vésperas portanto da dogmática penal contemporânea. Mas o seu impulso máximo deu-se a partir de 1789, como bem anota Paolo Napoli:

> A noção de 'limite' ao exercício de um poder se impõe com uma evidência indiscutível, graças a esse ato normativo fundador que é a 'Declaração dos direitos do homem e do cidadão' de 1789, introduzindo parâmetros jurídicos inéditos, seja para os detentores do poder público, seja para os cidadãos (Napoli, 2001: 159).[84]

Se a racionalidade organizadora dos princípios serviu inicialmente para criar instituições criminais mais eficientes em favor do rei (e em detrimento de outros poderes políticos concorrentes), os mesmos princípios foram, em um momento posterior, invocados para controlar aquilo que os iluministas tinham por "arbítrio". A noção de que o rei, porque soberano, tinha ampla liberdade de criminalização passou a ser combatida pela postulação de que os princípios, como regras racionais e inegáveis que eram, constrangeriam-no inclusive nesse aspecto. Hespanha (1997: 160) salienta, como já foi mencionado em rodapé anterior, que o jusnaturalismo objetivista foi um dos principais cavalos de batalha contra a ideia de que o soberano, porque soberano, legisla segundo sua vontade e não se submete a regras. É por isso que Pastor (2005: 138) afirma que o ideal da codificação, ao menos no âmbito do direito penal, expressa a pretensão de regulação "total e sistemática" de um ramo do direito – "total" indicando o aspecto político de controle absoluto por meio de regras racionais, e "sistemático" indicando o aspecto organizador.

Na nossa visão contemporânea sobre códigos penais e princípios de direito penal, é sobretudo essa ideia que sobrevive, ao menos em uma visão garantista de direito penal. Ferrajoli (2000: 173 e ss.) diz que os princípios são a melhor forma de que dispomos para atenuar a arbitrariedade inerente a um sistema judicial baseado em provas que, por questões epistemológicas, nunca conseguirá cumprir perfeitamente

---

[84] "La notion de 'limite' à l'exercise d'un pouvoir s'impose avec une indiscutable évidence, grâce à cet acte normatif foundateur qui est la 'Déclaration des droits de l'homme et du citoyen' de 1789, introduisant des paramètres juridiques inédits, tant pour les détenerus des pouvoirs publics que pour les citoyens".

a regra da estrita legalidade a que está submetido.[85] Tanto Ferrajoli quanto Pastor insistem que os códigos, a despeito das suas limitações inerentes, são a melhor estratégia legal para efetivar esse garantismo por sua particular forma lógica de organização, em que os fundamentos racionais do ordenamento penal aparecem evidentes e soberanos: segundo Pastor (2005: 145), o código é a forma contemporânea que o direito encontrou para efetivar os princípios do *nullum crimen* em matéria penal, e da *nulla coactio* em matéria processual penal.[86]

Na história das ideias penais, nenhuma obra é mais representativa dessa inflexão no papel dos princípios jurídicos e das leis penais que *Dos Delitos e Das Penas* (1774).[87] Como anota Tomás y Valiente (1992: 101), é sobretudo contra os excessos punitivos estatais que escreveu Beccaria. O jovem marquês ligava expressamente a punição de um delito à pré-existência de uma lei que lhe cominasse penas. Insistia, ainda, com base na filosofia política do recém-publicado livro de Rousseau (1762), que o Estado fora constituído para garantir a paz que sem ele não existiria, mas que o fora apenas com base nas mínimas parcelas de liberdade con-

---

[85] "El hecho de que las decisiones penales mediante las que se ejerce el poder de disposición no versen sobre la verdad procesal no quiere decir que no deban o no puedan ser justificadas. Quiere decir solamente que son motivables no ya mediante aserciones cognoscitivas susceptibles de verificación y confutación, sino sólo o predominantemente con juicios de valor, no vinculados en cuanto tales a previsiones legales taxativas. Pero también los juicios de valor son susceptibles de argumentación y de control conforme a criterios pragmáticos de aceptación. Estos criterios no son más que los principios generales del orgenamiento, es decir, principios políticos expressamente enunciados en las constituciones y en las leyes o implícitos en ellas y extraíbles mediante elaboración doctrinal" (Ferrajoli, 2000: 173).
[86] "La codificación penal es el major instrumento para asegurar los fines que deve cumplir la ciencia del derecho. Pero también lo es, como ya se adelantó, para cubrir las exigencias de principio nullum crimen, en materia sustantiva, y el principio nulla coactio, en materia procesal" (Pastor: 2005: 145).
[87] Tomás y Valiente (1992: 85 e ss.) dá a Montesquieu a mesma importância de Beccaria, enquanto pensador das reformas do Direito Penal. Mas reconhece também que Beccaria foi mais efetivo do que Montesquieu na motivação real de reformas, seja pela combatividade juvenil de seu texto, seja pelo momento político favorável em que foi lançado. Dado que Beccaria cita expressamente Montesquieu em *Dos Delitos e Das Penas*, penso que não há qualquer prejuízo em tomar apenas o seu livro como exemplar do reformismo ilustrado em matéria penal.

cedidas por cada súdito e que, por isso, era um mandamento racional que as penas fossem tão mínimas o quanto possível (tendo sempre em vista o fim de pacificação social), e não tão máximas quanto quisesse o soberano. Em face desses objetivos e a partir da filosofia política reformista e iluminada, Beccaria formula aquilo que deveria ser para ele o princípio de todo o direito punitivo estatal, informando toda e qualquer legislação penalizadora ou cominação concreta de penas:

> Consideradas simplesmente as verdades aqui expostas, se convence com evidência que o fim das penas não é atormentar e afligir um ser sensível, e nem desfazer um ilícito já cometido. (...) Devem ser escolhidas aquelas penas e método de imposição que guardem proporção com o delito cometido, produzam uma impressão mais eficaz e durável sobre os ânimos dos homens, e menos dor sobre o corpo do réu (1774: 59-60).[88]

Ou seja, uma "parte geral" das leis penais aparece aqui não mais como mera ferramenta organizadora de lei vigente, mas sim como axioma informador e regulador de todas as práticas jurídicas da punição de ilícitos públicos.

II. "Delito" ou "Crime"

A postulação de que o "penal" ganhou tardiamente autonomia é reforçada pela análise do conceito de "crime" em importantes obras jurídicas a partir do século XVII. Os textos jurídicos desde então mostram como o "crime" passou por um processo de desvinculação das demais infrações (legais, morais, religiosas) até ganhar um significado muito mais restrito às vésperas da dogmática penal contemporânea. Esse processo deu-se em etapas. Primeiramente, circunscreveu-se o conceito de "delito" ou "crime" ao âmbito das infrações políticas, ou seja, às leis políticas de um Estado. Falando do alvorecer da modernidade, Sbriccoli (2002: 173 e ss.) lembra, na linha do que já se comentou no capítulo

---

[88] "Consideradas simplemente las verdades has aquí expuestas, se convence con evidencia, que el fin de las penas no es atormentar y afligir un Ente sensible, ni deshacer un delito ya cometido. (...) Luego debrán ser escogidas aquellas penas, y aquel método de imponerlas, que guardada la proporcion, hagan una impresion mas eficaz y mas durable sobre los ánimos de hombres, y la menos dolorosa sobre el cuerpo del reo".

anterior, que o conceito de delito criminal era extremamente fraco pois, com consonância com o já citado caráter horizontal do direito penal de então e por conta da representação da violência estatal como o instrumento primordial para a garantia da paz, o seu objetivo era ser o mais amplo possível, gerando uma "doutrina penal" de pretensões expansivas. No mesmo sentido, Arno e Maria José Wehling (2004: 28) lembram que a concepção integrada do universo, de matriz tomista, favorecia a integração de "fundamentos teológicos, preceitos morais e normas jurídicas", situação que permaneceu forte durante o Antigo Regime. Tudo isso, é evidente, era muito mais convidativo a uma doutrina criminal abrangente, projetada sobre todo o direito, do que confinada aos estreitos limites teóricos de uma entre muitas outras disciplinas. Quase paralelamente, operou-se a diferenciação dos "crimes" em relação aos ilícitos privados, identificando-se-lhes com os ilícitos de direito público, por oposição aos de direito privado. Por fim, deu-se sua especificação em relação aos demais ilícitos públicos, chegando então a algo próximo do conceito restrito de "crime" que seria um dos pontos de partida da dogmática penal contemporânea.

Hobbes cuida deste tema no capítulo XXVII do *Leviathan*. Inicialmente, ele distingue os "pecados" (*Sinnes*) dos "crimes". A especificidade desses últimos está no fato de virem definidos nas leis civis, enquanto os pecados são dados pelas leis da natureza. "De forma que todo crime é um pecado; mas nem todo pecado é um crime" (1881: 151).[89] Os crimes são ou comissões fáticas, que incluem o proferir de "palavras prescritas pela lei", ou omissões em relação a deveres legais. Ao contrário dos pecados, os crimes não existem na simples resolução de cometê-los: é preciso algum ato exterior que os dê sensibilidade. (A palavra latina *Crimen*, diz Hobbes, deriva do latim *Cerno*, que significa perceber ou discernir). Os crimes são os únicos pecados que podem ser levados ao conhecimento de um juiz.[90] Assiste-se já aqui ao primeiro passo de um pro-

---

[89] "A Crime, is a sinne, consisting in the Committing (by Deed, or Word) of that which the Law forbiddeth, or the Omission of what it hath commanded. So that every Crime is a sinne; but not every sinne a Crime".
[90] "In like manner the Latines by Peccatum, which is Sinne, signifie all manner of deviation from the Law; but by crimen, (which word they derive from Cerno, which signifies

cesso de especificação do delito jurídico na modernidade, que passará a ser definido como aquilo que provoca perturbação social (externa), e que terá em Thomasius e Kant seus mais fortes divulgadores e conseguirá acomodar-se ao individualismo do século XVIII, como anota Hespanha.[91]

Há duas coisas importantes de se salientar nessa passagem do *Leviathan*. A primeira delas, que é o principal objeto deste item, é que a palavra "crime" não tem em Hobbes a conotação que hoje lhe atribuímos: ela significa para ele, genericamente, toda e qualquer violação a um comando provindo da lei positiva ("lei civil"), por oposição a violações a outros comandos puramente morais ou religiosos. A violação à lei positiva já mostrava a esta altura, portanto, alguma especificidade e autonomia em relação à violação de outros comandos práticos. Para entender como isso aparece no *Leviathan*, é preciso compreender propriamente aquilo que Hobbes quis dizer com *sinne* – que hoje em dia traduz-se como "pecado" –, e o que significa a afirmação de que o *"crime"* é um *sinne* definido em lei, já que a sua afirmação de que "todo crime é um pecado" parece sugerir justamente o oposto de uma laicização punitiva.

"Pecado" (*Sinne*) em Hobbes significa uma violação a qualquer comando que imponha um dever – *"a transgression of a Law"*. Como as leis para Hobbes são naturais ou humanas, *sinne* significa o descumprimento de uma norma de conduta natural (moral) ou de uma lei humana ("civil", positiva). Na primeira das inferências a partir de seu conceito de *"crime"*, Hobbes diz que não pode haver escusa para o *sinne* porque a proibição que dele advém não depende de autoridade ou declaração, mas apenas da razão humana, que faz evidente o mandamento de que ninguém deve fazer para o outro aquilo que não quer que seja feito a si mesmo. Essa é para ele a segunda lei moral da natureza, derivada da lei

---

to perceive,) they mean onely such sinnes, as my be made appear before a Judge; and therfore are not meer Intentions". (1881: 151).

[91] "Cette redefinition découle d'un nouveau concept de délit qui, dorénavant, est conoçu, très strictement, comme un fait qui porte atteinte à l'ordre extérieure de la société, considérée comme la somme de l'utilité publique avec l'utilité des particuliers". (Hespanha, 1990b: 403).

fundamental de que a paz deve ser buscada[92] (1881: 64). Só crianças e loucos podem ser escusados a esse respeito, diz. Afirmar que um "crime" é um "pecado" quer dizer apenas que violar uma lei civil é também descumprir com um dever natural específico, segundo o qual o homem deve (*ought*), e é seu dever (*duty*), não descumprir um ato voluntário seu. [93, 94]

Entretanto, ele insistia em diferençar os "*crimes*" em meio à grande massa dos "*sinnes*" em geral. Ao fazer isso, Hobbes estava postulando justamente o oposto daquilo que sugere uma leitura contemporânea literal da citada passagem: "*crimes*" não se confundem com violações às leis morais, pois eles têm um requisito institucional adicional: o seu caráter político, dado pela violação de um comando emitido por uma autoridade pública através de uma lei. Só diante desses requisitos institucionais adicionais a pessoa acusada de um "crime" pode ser levada à presença de um juiz e responsabilizada pelo seus atos "criminosos",

---

[92] "From this Fundamentall Law of Nature, by which men are commanded to endeavour Peace, is derived this second Law; "That a man be willing, when others are so too, as farre-forth, as for Peace, and defence of himselfe he shall think it necessary, to lay down this right to all things; and be contented with so much liberty against other men, as he would allow other men against himselfe." For as long as every man holdeth this Right, of doing any thing he liketh; so long are all men in the condition of Warre. But if other men will not lay down their Right, as well as he; then there is no Reason for any one, to devest himselfe of his: For that were to expose himselfe to Prey, (which no man is bound to) rather than to dispose himselfe to Peace. This is that Law of the Gospell; "Whatsoever you require that others should do to you, that do ye to them." And that Law of all men, "Quod tibi feiri non vis, alteri ne feceris."

[93] And when a man hath in either manner abandoned, or granted away his Right; then is he said to be OBLIGED, or BOUND, not to hinder those, to whom such Right is granted, or abandoned, from the benefit of it: and that he Ought, and it his DUTY, not to make voyd that voluntary act of his own (1881: 65).

[94] A ideia do dever moral de cumprir as próprias promessas não está só em Hobbes: aparece também como fundamental em outros autores relevantes do jusnaturalismo moderno. Ela é a forma de justificar o porquê de termos de cumprir as regras sem ter de se recorrer ao respeito à vontade de Deus. Por esse caminho, diz Hochstrasser (Hochstrasser, 2000), essas teorias não chegam a negar a Deus; mas transformam-no num mero pressuposto. Esse passo foi decisivo no processo de secularização do direito. Também Kant, na polêmica com Constant sobre o direito de mentir (Über ein vermeintes Recht aus Menschenlibe zu lügen, 1797), onde ele argumentou que o direito tem uma inafastável pretensão à verdade (Höffe, 2005: 214).

porque sem leis civis, os "crimes" não existem, ainda que tenha havido violação de leis naturais; pois na violação de leis práticas não civis, cada homem é seu próprio juiz e não deve satisfações ao soberano.[95] Portanto, o "crime" é acima de tudo uma **falta política** – a violação de um pacto expresso pelas leis. O propósito firme e decidido de matar alguém é um "pecado", mas não um "crime", diz ele.[96] Vê-se aqui outra marca daquilo que Sbriccoli (2002: 178) identifica como um dos traços do nascente direito penal moderno: o dano social proveniente da desobediência à lei (desordem, abalo à paz) é mais importante do que simplesmente obedecer por obedecer, que se circunscreverá cada vez mais ao campo da moral.

Hobbes fazia distinção entre «crimes públicos» e «crimes privados» (1881: 161). A diferença era, em primeiro lugar, substantiva: nos crimes privados, a lesão dava-se apenas contra um particular; enquanto, nos crimes públicos, além do particular, também a República era vitimada. Mais ainda, havia também uma diferença processual: o processo nos crimes privados era movido por um particular, enquanto nos públicos, fazia-se em nome da República.[97] Mas é importante notar como, a despeito dessa diferença, a palavra "crime" era ainda utilizada em sentido

[95] "From this relation of Sinne to the Law, and of Crime to the Civill Law, may be inferred, First, that where Law ceaseth, Sinne ceaseth. But because the Law of Nature is eternall, Violation of Covenants, Ingratitude, Arrogance, and all Facts contrary to any Morall vertue, can never cease to be Sinne. Secondly, that the Civill Law ceasing, Crimes cease: for there being no other Law remaining, but that of Nature, there is no place for Accusation; every man being his own Judge, and accused onely by his own Conscience, and cleared by the Uprightnesse of his own Intention" (1881: 152).

[96] Note-se bem o quanto isso é semelhante com a já citada ideia de Filangieri, de que o delito é a violação de um pacto social, o que é mais indicativo de como elementos de uma filosofia política absolutista como a de Hobbes migram para o discurso punitivo de um liberal como o pensador italiano. (Isso, aliás, reforça o já citado caráter poliglota da linguagem política, mostrando a facilidade com que ideias políticas de velhos paradigmas ajustam-se a paradigmas novos.) Sobre este ponto na teoria de Filangieri, v. Seelman (2001).

[97] "Lastly, because in almost all Crimes there is an Injury done, not onely to some Private man, but also to the Common-wealth; the same Crime, when the accusation is in the name of the Common-wealth, is called Publique Crime; and when in the name of a Private man, a Private Crime; And the Pleas according thereunto called Publique, Judicia Publica, Pleas of the Crown; or Private Pleas. As in an Accusation of Murder, if

O DIREITO A AÇÕES IMORAIS

muito amplo, para referir-se a todo ilícito jurídico, fosse ele público ou privado.[98]

Blackstone, o conterrâneo de Hobbes que mais se destacou como jurista no século XVIII, já propagava uma acepção mais restrita de "crimes" nos seus *Commentaries on the Laws of England*. Ele cuidou da natureza dos "crimes" no quarto livro dos *Commentaries*, voltado às "violações públicas" (*Public Wrongs*). Segundo ele, tais ofensas poderiam ser de dois tipos: **(i)** "crimes" ou – na tradução presente[99] – **(ii)** "contravenções" (*misdemeanors*). Essas duas modalidades de ofensas públicas não se confundiam com as violações privadas, as "lesões civis" (*"civil injuries"*).[100] A especificidade dos "crimes" era explicada da seguinte maneira:

> A distinção entre violação públicas e privadas, entre crimes e contravenções e lesões civis, parece consistir principalmente no seguinte: as violações privadas, ou lesões civis, são uma infração ou privação de direitos civis que pertencem a indivíduos, considerados meramente enquanto indivíduos; violações públicas, ou crimes e contravenções, são uma quebra e violação de direitos e deveres públicos, devidos à comunidade como um todo, considerada enquanto comunidade, em sua capacidade social agregada. Se eu tomo de algum homem o pedaço de terra que a lei conferiu-lhe por direito, isso é uma lesão civil, e não

---

the accuser be a Private man, the plea is a Private plea; if the accuser be the Sovereign, the plea is a Publique plea". (1881: 161. Destaques meus.)

[98] É interessante apontar que o Código Criminal de 1830 dividia sua parte especial em "crimes públicos" e "crimes privados", mas todos eram matéria estritamente criminal.

[99] Não é necessariamente correta, do ponto de vista histórico, a tradução de *"misdemeanors"* por "contravenções". Pois *misdemeanors* são simplesmente um tipo menos grave de ilícito criminalmente apenado, que poderiam, naquele tempo, ser tanto "contravenção", quanto "delitos". Como a tradição jurídica brasileira, seguindo o caminho do Código de 1830, sempre tratou "delitos" como sinônimos de "crimes", traduzirei "misdemeanors" por contravenções, com a ressalva de que isso quer apenas significar um tipo de ilícito apenado com penas públicas menos severas.

[100] "We are now arrived at the fourth and last branch of these commentaries; which treats of PUBLIC WRONGS, or crimes and misdemeanors. For we may remember that, in the beginning of the preceding volume, wrongs were divided into forts or species; the one private, and the other public. Private wrongs, which are frequently termed civil injuries, were the subject of that entire book: we are now therefore, lastly, to proceed to the consideration of PUBLIC WRONGS, or crimes and misdemeanors". (Blackstone, 1778: 1).

um crime; pois aqui apenas o direito de um indivíduo é relevante, e a questão não tangencia o público, qual de nós em posse da terra: mas traição, assassinato e roubo são propriamente elencados entre os crimes; uma vez que, além da lesão a indivíduos, eles atingem o próprio ser da sociedade; que não pode possivelmente subsistir, onde ações desse tipo são sofridas e escapam impunes (Blackstone, 1778: 5).[101]

Blackstone sustenta sua definição de crime em Beccaria,[102] que publicara seu livro poucos anos antes. No marquês já se via o processo de especificação teórica do conceito de infração penal: o "delito" era tido como algo distinto não só da falta moral, mas também das demais violações à lei civil. Se na definição de "crime" em Hobbes a distinção relevante é entre a violação à lei moral ("pecado") e a violação às leis "civis" ("crime"), em Beccaria a distinção mais relevante é entre o cometimento de um "delito" e outras formas de transgressão à lei, sejam elas civis ou morais. Só a violação à lei criminal é um "delito", e só a esse tipo de violação se refere o "direito penal" ou "criminal", com suas penas respectivas. É importante ressalvar que em *Dos Delitos e Das Penas*, o uso da palavra "delito" nem sempre tem, evidentemente, a especificidade com que hoje a utilizamos. Algumas vezes, as noções de "delito", "pena" e "criminoso" parecem ter acepção mais geral, referentes à ordem jurídica como um todo (Pires, 1998b); mesmo porque esse era o significado

---

[101] "The distinction of PUBLIC WRONGS from private, of crimes and misdemeanors from civil injuries, seems principally to consist in this: that private, or civil injuries, are an infringement or privation of the civil rights which belong to individuals, considered merely as individuals; wrongs, or crime and misdemeanors, are breach and violation of the public rights and duties, due to the whole community, considered as community, in it's social aggregate capacity. As if I detain a field from another man, to which the law has given him a right, this is a civil injury, and not a crime; for here only the right of an individual is concerned, and it is immaterial to the public, which of us in possession of the land: but treason, murder, and robbery are properly ranked among crimes; since, besides the injury done to individuals, they strike at the very being of society; which cannot possibly subsist, where actions of sort are suffered to efcape with impunity".

[102] Pires (1998a) diz que em Beccaria encontram-se as raízes da especificação substantiva do ilícito puramente penal. A análise de Blackstone mostra que, ao menos para os seus contemporâneos, ele não era visto assim: o nobre inglês usa Beccaria para sustentar uma definição de "crime" que compreende ainda todos os ilícitos públicos, não distinguindo, por exemplo, ilícitos penais e administrativos.

corrente até então, e o constante uso de textos clássicos para o estudo das questões "criminais" perpetuava o seu emprego com significados às vezes alargados. Mas um olhar atento à maneira de sua utilização e ao argumento geral de Beccaria mostram como o autor queria distinguir o ilícito penal de outras faltas comportamentais, políticas ou morais.

Em primeiro lugar, vale dizer que, assim como Hobbes, Beccaria separava expressamente os deveres jurídicos de outros deveres morais, em especial os religiosos. Neste ponto, a distinção-chave é muito parecida com Hobbes: há comportamentos nossos que são internamente exigíveis, e há outros que são apenas externamente exigíveis. Na literatura jurídica e política da época, esse ponto era quase sempre remetido à filosofia de Christian Thomasius (e a partir do século XVIII, à de Kant).[103] Os deveres jurídicos seriam apenas externos: nada daquilo que se passe dentro da minha cabeça teria relevância para o (des)cumprimento dos meus deveres políticos e jurídicos. O contraponto de Beccaria é sobretudo o dever religioso: quem toma o pecado como medida da gravidade de um delito incorre na falácia de equiparar a relação Deus–homem (dever religioso) a uma relação homem–homem (dever político e jurídico) (1774: 37-38). Assim, por exemplo, se o suicídio é sem dúvida um dever religioso, ele não pode ser considerado um dever político em razão da ausência de dano externo da conduta. Note-se bem: Beccaria não está interessado em negar a existência de deveres religiosos ou morais. Como jusnaturalista que era, reconhecia a existência desses últimos e muita coisa em sua obra dependia deles: nos deveres morais estavam, por exemplo, os fundamentos de seu contratualismo. Ainda assim, Beccaria procurou associar os deveres jurídicos, e sua respectiva violação, a um tipo específico de pacto, que envolveria um número plural de pessoas e diria respeito aos interesses materiais da vida humana. Por isso, diz ele que as relações entre seres humanos "são relações de igualdade" e que a "necessidade, exclusivamente, fez nascer, do choque das paixões e da oposição dos interesses, a ideia de utilidade comum, que é a base da justiça humana" (1774: 37). O dever jurídico distingue-se, portanto, dos deveres religiosos e morais porque representa a violação

---

[103] Tomás y Valiente (1992: 231-2) anota, entretanto, que a distinção entre foro interno e externo já era frequente na escolástica medieval.

de um pacto entre iguais, que permite o julgamento do transgressor por um semelhante seu; ao passo em que na violação de um dever religioso, o julgamento é feito por Deus, "que é ao mesmo tempo Legislador e Juiz" (cit.).[104]

Separados os deveres jurídicos dos demais, o passo seguinte foi a separação do ilícito penal dos demais ilícitos jurídicos. Para isso, Beccaria associou ao "delito" **(i)** o descumprimento de um conjunto específico de deveres jurídicos, e não de todo e qualquer dever jurídico; e **(ii)** a uma forma específica de punição desses descumprimentos.

Em *Dos Delitos e Das Penas*, lê-se repetidas vezes que o "delito" é um tipo específico de violação, porque atinge frontalmente o interesse público. Diz ele que entre todas as desordens que resultam da reunião de seres humanos em uma comunidade, chamam-se "delitos" apenas "as ações opostas ao bem público" (1774: 31), e por isso "o dano feito à sociedade é a verdadeira medida dos delitos" (1774: 39). Mesmo aqueles delitos que têm por objeto apenas bens e ações individuais são pensados a partir do interesse público. "Todos os delitos, mesmo os privados, ofendem a sociedade", diz (1774: 42). É um caminho semelhante ao que escolheria Blackstone pouco depois: nos "crimes" contra privados, uma só conduta faria nascer duas relações, uma privada e outra pública; e é também já uma inversão em relação à então prevalecente lógica do direito romano: o delito poderia ter por objeto uma vítima privada e seus bens privados, e mesmo assim ser de natureza pública, por violar o interesse público.

O bem público, que é o terreno dos delitos, não precisa, para ser descoberto, de "quadrantes ou telescópios, pois se apresenta à primeira vista a qualquer entendimento mediano" (1774: 40); enquanto o interesse privado, apesar de legítimo, é variável de pessoa a pessoa. Fosse o delito pensado a partir do interesse privado, diz Beccaria, "seria necessário formar não só um código particular para cada cidadão, mas também uma nova lei para cada delito" (1774: 36-37). O critério material de separação entre o direito penal e o direito civil, portanto, é o seguinte:

---

[104] Também em 224 e ss., Beccaria (1773) diz que não falará dos pecados, que são um gênero particular de delitos. Nessa passagem, a palavra "delitos" vem usada em acepção ampla e abrange também os deveres religiosos.

o primeiro cuida dos interesses consensuais da sociedade, enquanto o último pertence à esfera de discussão de tudo aquilo que, dentro dos limites autorizados pelo interesse público, seja particular ou individual.[105] Dessa forma, não espanta que Blackstone, que tomava de Beccaria a definição de delito, definisse os "crimes" como as violações às leis de direito público.

Por essa razão, enquanto o ilícito privado voltar-se-ia contra um particular, o ilícito público dirigir-se-ia contra toda a comunidade política, fosse a vítima-objeto uma pessoa privada ou pública. Dado que no pensamento político moderno e contemporâneo o soberano era concebido como a figura que representaria politicamente a comunidade e guardaria as ferramentas necessárias à sua consecução e conservação, descumprir uma lei pública seria, antes de qualquer outra coisa, desobedecer a uma ordem soberana com vistas à preservação da harmonia social, voltada ao bem de toda a comunidade. Logo, o soberano e o interesse coletivo que ele representaria, e em função do qual ele existiria, seriam os ofendidos pelas violações às leis públicas. Essa foi uma importante inovação do mundo moderno: no começo da baixa Idade Média,

> um crime não era geralmente concebido como uma ofensa dirigida à ordem política como tal, ou contra a sociedade em geral, mas sim como uma ofensa dirigida contra a vítima e contra aqueles com que ela se identificava – seus parentes, ou sua comunidade territorial, ou sua classe feudal (Berman, 1983: 181).

Nas épocas de Hobbes, Beccaria e Kant, já havia se estabelecido que o soberano e a sociedade, a quem ele representava e por quem ele existia, eram os principais atingidos pela quebra da lei. É essa a origem,

---

[105] Os "delitos de polícia" – algo como nossas contravenções penais de hoje – sempre foram, por isso, um terreno desconfortável para os teóricos do direito penal liberal que, como Beccaria, conceituavam o delito a partir do consenso. A solução foi postular que os delitos de polícia, porque variáveis de uma sociedade para outra, estariam fora do consenso, e ficavam fora do núcleo central do "verdadeiro" direito penal; falando anacronicamente, eram uma mistura entre direito penal e direito administrativo. Beccaria tem um ensaio de maturidade em que se dedica ao tema: trata-se do comentário ao Código Penal Austríaco de José II, e está publicado na coletânea organizada por Sergio Romagnoli (1958. Beccaria. Opere. Firenze: Sansoni).

segundo Foucault (2005: 80), do conceito de "infração":[106] a vítima sofre a ação, mas o soberano sofre a *infra-ação*. Isso aparece em Blackstone com grande clareza:[107]

> O rei, em quem concentra-se a majestade de toda a comunidade, deve pela lei ser a pessoa lesionada por toda infração do direito público pertencente à comunidade, e é portanto em todos os casos, o persecutor autorizado de toda ofensa pública (1778: 2.)[108]

Em muitas teorias políticas iluministas, a representação do detentor da soberania pública era feita, como em Kant[109] ou Beccaria,[110] mais no legislador do que no rei. Mas, seja como for, permanecia a ideia de que as leis públicas, e as violações aos seus comandos – os "crimes" – eram, ao contrário das violações às leis de índole privada, perturbações que extrapolavam os interesses da vítima material do delito por repercutirem sobre toda a sociedade.

Finalmente vale acrescentar que, mesmo em fins do século XVIII, para um influente autor do direito penal contemporâneo como Bentham, a distinção do delito civil e do delito penal era, do ponto de vista substantivo, muito pequena, para não dizer nenhuma. O único fator que

---

[106] No mesmo sentido, Pires (1998: 21).

[107] A Landrecht prussiana de 1794 também afirmava taxativamente que quem cometesse um crime feria não só a vítima, mas também o Estado: "§. 7. Wer durch eine freye Handlung jemanden widerrechtlich Schaden zufügt, der begehet ein Verbrechen, und macht sich dadurch nicht nur dem Beleidigten, sondern auch dem Staate, dessen Schutz derselbe genießt, verantwortlich".

[108] "The king, in whom centers the majesty of the whole community, is supposed by the law to be the person injured by every infraction of the public right belonging to that community, and is therefore in all cases the proper prosecutor for every public offence".

[109] Kant diz que todo estado do direito público contém três poderes em si, sendo que o poder soberano – *Herrschergewal (Souveranität)* – está no legislador (*Gesetzgeber*), que não se confunde com o poder executivo do regente (*Regierer*), que deve seguir a lei posta pelo poder soberano (Kant, 1838a: VL).

[110] No capítulo III de *Dos Delitos e Das Penas*, Beccaria diz que o representante da vontade da sociedade é o poder de legislar, e não de aplicar as leis. É importante lembrar que na ordem jurídica do Antigo Regime – contra qual Beccaria escreve – o poder jurisdicional estava freqüentemente nas mãos do Rei. O Livro III (Direito Público) das *Instituições* de Mello Freire é exemplar nesse sentido. Daí o porque de o arbítrio judicial ser um tema tão importante para quem, como os iluministas franceses, queria limitar o poder real.

permitiria inequivocamente separar a jurisprudência civil da jurisprudência penal, ou criminal, seria a punição criminal, dizia ele. O "delito jurídico" era algo que não se restringia a uma área particular do direito, mas, ao contrário, "dominava toda a legislação" (1830, T. I: 47). Para além disso, as matérias civis e penais misturavam-se a todo tempo, sendo impossível confiná-las por qualquer outro critério aos domínios de um ou de outro ramo da jurisprudência (civil ou penal). O que acontecia, por conveniências metodológicas, sempre segundo Bentham, é que a pena criminal acabava funcionando como um "buraco negro" teórico: ela atraía todo e qualquer ilícito civil a ela ligado para os domínios do direito criminal ou penal (ele não distinguia entre os dois termos), fazendo com que esse objeto passasse a se considerar um ilícito criminal em lugar de civil (1823: 269).[111] Por isso, a busca por características distintivas do ilícito criminal era uma busca vã: a constituição do delito não era problema do penalista; era-o, apenas, a pena e sua imposição.

Portanto, o que se pode notar no que diz respeito ao conceito de "crime" é que, em primeiro lugar, influentes juristas e pensadores dos momentos anteriores à formação da dogmática penal contemporânea não lhe davam uma definição uniforme: os do século XVII (Hobbes, Pufendorf) usavam a expressão para representar a violação a toda e qualquer lei positiva, mesmo quando, como mostrado em Hobbes, já distinguiam entre as leis relativas ao "público" e ao "privado". Essa pouca distinção entre delitos civis e criminais aparece ainda em fins do século XVIII, na obra de Bentham. Ademais, deve-se registrar que, mesmo quando o conceito de "crime" ou "delito" era utilizado com uma conotação mais estreitamente associada com as violações legais que repercutem sobre a ordem pública (Beccaria, Blackstone), esses conceitos designavam ainda toda e qualquer violação de uma lei pública, sem referência a um ramo específico como o nosso direito penal dos dias de hoje. O máximo que havia estava em Beccaria e no código josefino,

---

[111] "It should seem then, that, wherever a simply imperative law is to have a punitory one appended to it, the former might be spared altogether: in, which case, saving the exception (which naturally should seem not likely to be a frequent one) of a law capable of answering its purpose without such an appendage, there should be no occasion in the whole body of the law for any other than punitory, or in other words than penal, laws".

que diferençavam entre os "delitos" e os "crimes políticos", ou infrações meramente policiais. A especificação do ilícito propriamente criminal dentro do direito público, por meio de uma sólida especificação teórica, é algo que foi legado aos fundadores da dogmática penal contemporânea, e os capítulos seguintes mostrarão como isso se deu.

III. Punição

A exemplo do que acontecia com o "delito", faltava no início do direito moderno um conceito abstrato de "pena criminal" (Tomás y Valiente, 1992: 353). A necessidade de conceituar abstratamente a pena a que se assiste na modernidade denuncia o esforço teórico de diferenciá--la de outras formas de intervenção estatal, bem como das penitências que apenas diziam respeito às violações de foro interno. Nesse tocante, houve uma grande quantidade de permanências, na modernidade jurídica, de elementos pertencentes a doutrinas do passado. Segundo Pires (1998a: 33 e ss.), ao menos desde a Baixa Idade Média, as doutrinas teológico-jurídicas da punição, de que a de Santo Anselmo é exemplar, já trabalhavam com alguns elementos que, como "cápsulas", passaram para gerações posteriores e encontraram, em diferentes períodos, diversos ambientes culturais e institucionais que os permitiram aflorar ora com mais, ora com menos força. Esses elementos incluíam: **(i)** uma concepção estrita de punição, que não se confundia com a reparação civil; **(ii)** a percepção de que a punição deveria ser um mal, e consequentemente implicar algum tipo de sofrimento ou restrição; **(iii)** a postulação de que a punição deve ser aplicada por (ou em benefício de) uma certa autoridade; bem como **(iv)** a defesa de que a quantidade da pena não pode implicar uma punição inferior à magnitude do ilícito (pecado) praticado (Pires, 1998a: 32-3). É evidente que a doutrina de Santo Anselmo, como teológica que era, deve ser vista no quadro de uma concepção de justiça divina. Mas, ainda assim, é importante perceber que, naquilo que Berman (1983) identifica como o século de formação do direito ocidental – 1050 a 1150, o século da Revolução Papal –, alguns dos pontos substantivos que seriam utilizados para a noção de "pena" na dogmática penal contemporânea já estavam postos. O mesmo Berman (1983: 180) lembra que Anselmo foi acusado por seus contemporâneos de haver adotado uma visão excessivamente "jurídica" ou "legalista" do castigo, por sua preocupação sobre como a correção divina (a *iustitia* de Deus) manifestava-se em formas e regras; e lembra, também, que o direito penal ocidental tem uma forte matriz teológica (1983: 181 e ss.).[112]

A despeito desse traços perenes, é claro que muito foi acrescentado na modernidade à velha ideia de pena como "um sofrimento aplicado pela autoridade em razão do mal praticado". Essas novidades não foram sem importância, e respondem por aquilo que seria, em fins do século XIX, o maior conflito teórico já havido dentro dos domínios da dogmática penal contemporânea, a saber, a disputa entre classicismo e positivismo criminal quanto aos fundamentos, natureza e funções das respostas penais (penas e medidas de segurança). Na história do pensamento jurídico-penal, elas podem ser rememoradas por dois temas, distintos porém interligados: **(i)** as doutrinas do direito de punir; e **(ii)** a representação antropológico-filosófica de ser humano com que tais doutrinas trabalhavam.

Por meio desses dois tópicos, é possível acessar aquele que era o mais importante debate teórico da filosofia política e moral (e, por consequência, das doutrinas jurídicas sobre a punição) do direito penal pré-contemporâneo: as disputas entre retributivistas e utilitaristas. Como já foi dito no primeiro capítulo, essa disputa permanece até hoje viva na filosofia moral; e, como será mostrado nesse item, ela era também viva na doutrina jurídica anterior à dogmática penal contemporânea. Sobre esse tema, porém, há um dado curioso na dogmática penal contemporânea: como os penalistas de hoje em dia bem sabem, "idealistas" e "sensualistas" sempre tiveram uma convivência razoavelmente pacífica dentro do nosso direito penal, haja vista a grande quantidade de adeptos das "teorias mistas da pena", que se baseiam, a um só tempo, na retribuição do mal e na prevenção dos delitos, na linha do já citado Filangieri: "importância do pacto social violado" e "maldade no coração". Esse trabalho de pacificação teórica foi outro importante legado dos fundadores da dogmática penal contemporânea para as gerações

---

[112] Sobre as influências do direito canônico no direito penal moderno, v. Tomás y Valiente, 1992: 89.

de penalistas que os sucederam. Para mostrar nos capítulos seguintes como isso ocorreu, é preciso, antes, rememorar o estado em que se encontravam as doutrinas sobre o fundamento do direito de punir e a imagem teórica do "criminoso" com que se trabalhava então.

1. O direito de punir

Em síntese elementar, é possível dizer que em muitos autores modernos o fundamento da ordem política está no consentimento ideal de um ser humano racional em relação aos direitos e deveres de súditos e soberano, com vistas a um determinado fim. Tal acordo teria por objeto garantir aos súditos uma vida pacífica dentro de uma ordem social regrada, e a punição tinha algo importante a ver com isso. Do ponto de vista moral, era também comum que os pensadores dos séculos XVII e XVIII enxergassem no mesmo homem tanto aptidões intelectuais quanto paixões, que seriam fontes de impulsos que às vezes ajudavam (e às vezes atrapalhavam) na consecução de certos objetivos socialmente úteis; e que enxergassem na pena um meio para estimular os recalcitrantes a abster-se de ações indesejáveis ou ruins. Há, note-se bem, uma grande presença de elementos de filosofia política nessas ideias "penais", o que também é marca do alargamento do "criminal" em face dos objetivos políticos do Estado: se na baixa Idade Média as teorias sobre o direito de aplicar uma punição eram assunto extremamente técnico e de domínio exclusivo dos legistas, a elevação da punição a uma das ferramentas centrais para o cumprimento da missão política do Estado Moderno tornou-a objeto de interesse de um público mais extenso, incluindo os filósofos políticos da modernidade e da ilustração (Hespanha, 1990a: 193). As teorias sobre o direito de punir, que antes tinham de ser desemaranhadas em meio a um conjunto pouco manejável de regras e opiniões doutrinárias, passaram a interessar a todo o corpo social, e por isso passaram a vir expressas em linguagem menos técnica, quando não francamente panfletária, como nos casos de Beccaria e, em certas ocasiões, Voltaire.

Importante aqui é registrar que no imaginário daquele tempo, havia duas forças intelectuais – paixões e razões – trabalhando em conjunto dentro do intelecto humano. Essa complicada equação ética foi resolvida de maneiras diversas por distintos autores. Ainda pelas mesmas linhas gerais, é possível dizer que algumas raras vezes, a razão e as paixões concordavam e trabalhavam bem em conjunto. A fundação da sociedade civil era um desses casos. Dado que sobreviver é melhor do que morrer, e que viver na ordem é melhor do que vier no caos, temos de conceber uma forma de garantir nossa sobrevivência em um ambiente minimamente regrado. Falando especificamente de Hobbes, é isso que Dyzenhaus (2001: 463) chama de uma visão externa da sociedade civil: o interesse individual (*self-interest*) dos homens compele-os a ver que qualquer ordem é preferível ao caos e que a submissão aos atos de vontade de alguém é a melhor forma de atingir algum tipo de ordem. Neste pequeno espaço de cooperação entre razão e paixões, concebe-se a plausibilidade de, na situação hipotética de passagem do estado de natureza para a sociedade civil, um ser humano abrir mão do direito de fazer "tudo aquilo que quisesse, como quisesse e com quem quisesse" para aceitar viver sob as limitações das leis. Em Kant, a passagem do estado de natureza para o estado civil não era um mandamento instintivo, mas sim um imperativo moral puramente racional. A razão, nesse caso, permitia reconhecer um dever de fundação do Estado e dava aquilo que seria o postulado primeiro do direito público: "Tu deves, em uma relação de coexistência necessária, sair com todos os demais [de uma condição natural] e passar para a condição jurídica, isto é, um estado de uma justiça distributiva" (Kant, 1838a: 42).[113]

Assim, mesmo com as profundas diferenças entre Kant e Hobbes e as antropologias pressupostas a suas respectivas teorias políticas, o certo é que a sociedade civil fundava-se com um consentimento dos súditos, seja porque tinham medo, seja porque agiam de acordo com uma máxima moral de direito público. Entretanto, descendo a pontos mais específicos de suas teorias políticas, as divergências tendiam a tornar-se mais agudas. É justamente o caso da fundamentação do direito de punir. Em Hobbes, os instintos humanos que teriam possibilitado

---

[113] "Aus dem Privatrecht im natürlichen Zustande geht nun das Postulat des öffentlichen Rechst hervor: du sollst, im Verhältnisse eines unvermeidlichen Nebeneinanderseyns, mit allen Anderen, aus jenem heraus, in einen rechtlichen Zustand, d. i. den einer austheilenden Gerechtigkeit, übergehen".

a fundação da sociedade civil seriam, ao mesmo tempo, incompatíveis com a outorga de um direito de se deixar punir. Afinal, se temos por instinto rejeitar dor e sofrimento e preferir vida à morte, por que aceitaríamos previamente nossa própria punição? Uma importante mudança no fundamento do direito de punir em Hobbes, dos *Elements of Law* ao *De Cive*, parece estar ligada a isso: enquanto no primeiro a punição fundamenta-se na renúncia ao direito de resistência (1889),[114] no *De Cive* (1949: 77) seu fundamento está na renúncia ao direito de assistência dos demais súditos em relação ao punido.

Sua posição no *Leviathan* é mais difícil de precisar, pois há na obra passagens que apontam em direções distintas. Segundo a tese de Gauthier de que o soberano é um superior *de jure* (e não meramente de fato), os súditos teriam obrigação de acatar as ordens do soberano inclusive no tocante à punição (*apud* Norrie, 1991: 15). Norrie indica a plausibilidade dessa interpretação ao lembrar a passagem que trata da resistência ao soberano: "se aquele que tentar depor seu soberano for morto, ou punido pela tentativa, ele é autor de sua própria punição, como será, institucionalmente, autor de tudo o que o soberano fizer".[115]

De outra parte, dada a importância da auto-preservação para a ética hobbesiana, não é tão tranquila a posição de que os súditos concederiam um tal direito ao soberano. Aliás, Hobbes afirma expressamente no *Leviathan* que um homem jamais outorgaria ao soberano o direito de lhe punir:

> Mas eu também afirmei anteriormente, que antes da instituição da República, todo homem tinha o direito de fazer tudo, e de fazer qualquer coisa que julgasse necessária para sua preservação; subjugando, ferindo, ou matando qualquer outro homem para esse fim. E isso é o

[114] A passagem em questão está no Cap. XX, parágrafo 7: "This power of coercion, as hath been said chap. XV, sect. 3, of the former part, consisteth in the transferring of every man's right of resistance against him to whom he hath transferred the power of coercion. It followeth therefore, that no man in any commonwealth whatsoever hath right to resist him, or them, on whom they have conferred this power coercive, or (as men use to call it) the sword of justice; supposing the not-resistance possible. For (Part I. chapter XV, sect. 18) covenants bind but to the utmost of our endeavour".

[115] "Besides, if he that attempteth to depose his Soveraign, be killed, or punished by him for such attempt, he is author of his own punishment, as being by the Institution, Author of all his Soveraign shall do" (1881: 89).

fundamento daquele direito de punir, que é exercido em toda República. **Pois os súditos não deram ao soberano aquele direito**; mas apenas ao renunciar o seu, fortaleceram o soberano para que usasse o seu próprio, como achasse conveniente, para a preservação de todos: então esse direito **não foi dado a ele, mas deixado a ele apenas**. (1881: 161-2. Destaques meus.)[116]

Essa última passagem indica que a teoria de Hobbes dá a razão pela qual eu não posso intervir na punição de um terceiro, mas não indica aquela pela qual é justa a minha própria punição, uma vez que, como já foi dito, o campo da justiça é para ele o dos acordos e, pela teoria antropológica com que trabalha, ninguém acordaria previamente com seu próprio castigo. Em outras palavras, ela pode explicar a punição como o exercício de uma força superior e irresistível, mas não justifica o direito de punir, ao menos não enquanto um direito civil.[117] Por isso, diz Norrie (1991: 17) que a punição é em Hobbes o exercício de um poder de fato que o soberano carrega consigo do estado de natureza, e não propriamente um direito proveniente do acordo com seus súditos.[118] Por isso, é possível até mesmo afirmar que seria justa a resistência à pena de morte em sua teoria: "socializei-me para garantir a vida, precária na condição natural de guerra; se o próprio soberano a ameaçar, devo reaver a liberdade para defendê-la" (Ribeiro, 2004: 93).

A formação do direito de punir em Beccaria é bastante diferente. Seu contratualismo punitivo aparece evidente em sua famosa passagem sobre a cessão das partes mínimas de liberdade:

---

[116] "But I have also shewed formerly, that before the Institution of Common-wealth, every man had a right to every thing, and to do whatsoever he thought necessary to his own preservation; subduing, hurting, or killing any man in order thereunto. And this is the foundation of that right of Punishing, which is exercised in every Common-wealth. For the Subjects did not give the Soveraign that right; but onely in laying down theirs, strengthned him to use his own, as he should think fit, for the preservation of them all: so that it was not given, but left to him, and to him onely".

[117] Nesse sentido, Ribeiro (2004: 92) diz que, ficando a punição fora do terreno dos pactos, o direito de punir é apenas um direito que o soberano trouxe consigo do estado natural, por não havê-lo renunciado ao entrar no estado civil.

[118] No mesmo sentido, Ribeiro (2004: 93), para quem o direito que o soberano hobbesiano tem de matar um súdito seu decorre do direito de natureza que continua em suas mãos.

Foi, pois, a necessidade que obrigou os homens a ceder parte de sua própria liberdade: e é certo que cada um não quer colocar no depósito público senão a porção menor que seja possível, aquela que baste a mover os homens para que o defendam. O agregado de todas essas pequenas porções de liberdade possíveis forma o direito de castigar (1774: 12).

Há aqui duas diferenças importantes em relação a Hobbes. A primeira diz respeito à possibilidade de transferência de direitos de punição dos súditos para o soberano: enquanto Hobbes rejeita que o direito de punir tenha seu fundamento em um ato de transferência, Beccaria admite-o expressamente. A segunda toca à extensão, no âmbito das possibilidades, do direito que o soberano tem de punir. Enquanto em Hobbes o soberano torna-se um ser com poderes absoluta e infinitamente maiores que os súditos, em Beccaria não: o soberano do Marquês só tem o direito de aplicar a pena mínima necessária, porque a pena mínima restringe minimamente a liberdade dos súditos e foi só essa parcela mínima que eles concordaram em ceder. Qualquer penalização excedente, diz Beccaria, "é abuso e não justiça: é Fato, e não Direito" (1774: 12). A despeito das marcadas diferenças, entretanto, aqui há, se notarmos bem, um ponto de importante semelhança com a teoria hobbesiana, que diretamente se relaciona com o conteúdo de uma doutrina da responsabilidade criminal: a ideia de que, pela psicologia humana, a aceitação da própria punição é algo difícil de se conceber. Se em Hobbes não aceitaríamos a nossa própria punição, em Beccaria não aceitamos nada além da punição absolutamente mínima.

A fundamentação kantiana para o direito de punir é feita de maneira puramente ideal. Não se trata de uma fundamentação política da pena, como em Beccaria, mas da busca por uma razão categórica pela qual a punição é cabida. Kant tampouco busca uma definição da pena com vistas à antropologia humana passional (ou apenas elementarmente calculista), como faz Hobbes; ao contrário, rejeita-a expressamente. Na primeira de suas principais obras éticas, a *Fundamentação da Metafísica dos Costumes*, Kant dizia que o principal problema da filosofia moral do século XVIII era a mistura indevida de elementos naturais e metafísicos, e postulava que nenhuma teoria moral poderia ser bem construída com base na antropologia, mas tinha de sê-lo, ao contrário, em conceitos de razão pura válidos *a priori*; de forma a distinguir a mera regra prática (*praktische Regel*) da verdadeira lei moral (*moralisches Gesetz*) (Kant, 1838b: 7). Nesse campo mais elementar dos nossos conceitos morais, a desobediência da lei é um mal que só pode ser reparado pela punição do culpado através da pena de intensidade equivalente: moralidade ou justiça são os fundamentos da punição (Pires, 1998c: 165), e não uma certa específica autorização política, como em Beccaria, ou uma lei do mais forte remanescente do estado de natureza, como em Hobbes. E, mais do que isso, não se exige que ninguém concorde previamente com a própria punição, como Kant (1838a: 185) anota ao refutar o argumento "sofista" de Beccaria (o adjetivo é dele próprio); exige-se, apenas, que se reconheça a sua conformidade com a lei moral.

Pensando a pena somente *a priori*, a teoria penal de Kant não tem grandes rodeios ou sofisticações, e aproxima-se deveras daquilo que Pires e Berman apontam como vestígios pré-modernos da doutrina teológica da punição, se bem que secularizada. Dado que todos os homens são racionais, e que uma doutrina da moralidade só faz sentido a partir desse pressuposto, o crime só pode ser entendido, em uma metafísica da moral, como uma ação comandada racionalmente à delinquência: não há outra saída senão assumir que a máxima do criminoso é dar-se ao crime por regra, diz ele.[119] A punição, em consequência, é aplicada apenas e tão somente em razão de o "criminoso" ter escolhido, por livre arbítrio, delinquir; e não pode fundamentar-se em qualquer efeito prático,[120] sob pena de tornar-se imoral por violar sua dignida-

---

[119] "Eine jede Übertretung des Gesetzes kann und muss nicht anders, als so erklärt werden, dass sie aus einer Maxime des Verbrechers (sich eine solche Unthat zur regel zu machen) entspringe; denn, wenn man sie von einem sinnlichen Antrieb ableitete, so wäre sie nicht von ihm, als einem freien Wesen, begangen, und könnte ihm nicht zugerechnet werden"(1838a: 185).

[120] Rechtliche strafe (...) kann niemals blos als Mittel, ein anderes Gute zu befördern, für den Verbrecher selbst, oder für die bürgerliche Gesellschaft, sondern muss jederzeit nur darum wider ihn verhängt werden, weil er verbrochen hat; denn der Mensch kann nie blos als Mittel zu den Absichten eines Anderen gehandhabt und unter die Gegenstände des Sachenrechts gemengt werden, wowider ihn seine angeborne Persönlichkeit

de.[121] Para ser justa, essa pena deve ser medida e especificada a partir do crime cometido, na mais estreita proporcionalidade possível.[122] Esse é um elemento que, como anota Seelman (2001: 5-6), tem importância crucial para as doutrinas da imputação e responsabilidade na dogmática penal contemporânea. Pode-se dizer, portanto, que no campo exclusivo da moralidade, a doutrina kantiana não fazia mais do que apontar para alguns fundamentos elementares a respeito da punição (seu propósito nem era mais do que esse, aliás): **(i)** a pena só pode ser aplicada em face de um crime cometido por um ser humano responsável, sendo vedada a punição de inocentes e daqueles que agem fora de consciência; **(ii)** ela deve guardar proporcionalidade ao ilícito cometido; **(iii)** são permissivos morais da punição a responsabilidade penal do agente e a natureza do delito cometido, e não qualquer utilidade que dela se possa esperar; e **(iv)** salvo condições muito excepcionais, negligenciar a punição devida equivale a uma injustiça.

Mesmo assim, sua filosofia da pena era à época controvertida (como, de resto, hoje continua sendo). Como já mencionei, Kant polemizava explicitamente com a doutrina penal de Beccaria, que tanta repercussão e aceitação nos meios ilustrados teve. Mais ainda, ele oferecia, a título de fundamento metafísico do direito de punição, uma doutrina que era vista por muitos penalistas como distante da realidade, já que todos aceitavam com mais facilidade a ideia de que o crime era cometido por paixões do que a postulação apriorística da máxima moral da delinquência habitual e voluntária, especialmente nos meios intelectuais varridos pelo influxo do utilitarismo. O próprio Kant reconhecia que era "absolutamente incrível" que, na prática, alguém cometesse um crime movido apenas por maldade, sem levar em conta os bene-

---

schützt, ob er gleich die bürgerliche einzubüssen gar wohl verurtheilt werden kann" (Kant, 1838a: 187).

[121] Na filosofia moral kantiana, "dignidade" significa o valor de todas as coisas que são fins em si mesmas, e que portanto não podem ser comparadas por qualquer critério de quantificação umas com as outras. O "preço", ao contrário, dá o valor de todas as coisas que são fins e podem ser substituídas por outras de valor equivalente. Esta distinção é apresentada na Fundamentação da Metafísica dos Costumes (Kant, 1838b: 64).

[122] Pires (1998c: 182) fala em princípio da "proporcionalidade imperativa", ou "proporcionalidade-horizontal-imperativa".

fícios materiais que esperava do crime. Mas, no terreno da metafísica da moral, só a maldade (uma vontade deliberada de delinquir, pela já citada máxima do criminoso) poderia ser o carro-chefe de uma filosofia da punição, dizia.[123] O resultado disso é que, nas doutrinas jurídicas daquele tempo – que, como Kant mesmo concedia, tinham os olhos mais voltados para a prática[124] –, sua teoria não oferecia, com a mesma evidência de outras, os critérios imediatamente práticos e operacionais de que um jurista precisaria para construir toda uma teoria da pena, ainda que fornecesse relevantes pontos de partida para a conceituação de seus elementos teóricos fundamentais.

2. A medida e a oportunidade da punição

Ainda que falemos sempre em "direito de punição", Pires (1998a: 19) lembra que as doutrinas dos autores modernos frequentemente acoplam ao direito de punir uma espécie de obrigação de punição. Seja qual for a razão pela qual o soberano pode punir alguém, esse *ius puniendi* não parece ser um *ius* moderno ao pé da letra, ou seja, uma faculdade subjetivamente exercível pelo agente; mas, ao contrário, um *ius* como forma objetivamente correta de comportamento diante de uma dada situação – a violação de uma lei penal. Trata-se, portanto, da permanência de traços de um *ius* pré-moderno em um uso moderno e contemporâneo do termo.[125]

Mesmo Hobbes, que concede ao soberano a exclusividade em matéria de pensar o exercício do poder em busca dos fins sociais, não olha com simpatia a renúncia à punição quando ela é devida, ainda que o

---

[123] Na Doutrina do Direito, Kant disse que, mesmo fazendo parte de uma metafísica dos costumes, o direito era essencialmente orientado para a prática, pois as relações jurídicas concernem apenas as relações exteriores e práticas entre as pessoas (Kant, 1838a: 32). No prefácio do livro, isso é dito ainda de maneira mais clara: mesmo sendo pura a noção do direito, diz o filósofo, ela é sempre baseada na aplicação empírica de todos os casos que podem acontecer no mundo real. Na teoria de pena kantiana, segundo Cattaneo (1984: 189), isso implicava que, se de um lado Kant trabalhava por uma metodologia puramente ideal, no terreno da metafísica, ele sabia, de outro, do efeito intimidador da pena, e o reconhecia em certas passagens (mesmo sem tirar daí a legitimidade para o castigo).
[124] V. nota anterior.
[125] Sobre a mudança no conceito de *ius* na modernidade, v. Lopes (2004) e Tuck (1979).

agressor tenha sofrido conseqüências (físicas, digamos) desvantajosas pela má execução do delito:

> Quanto a certas ações, há anexadas pela natureza diversas consequências danosas; como quando um homem, ao agredir outro, é ele próprio golpeado, ou ferido; ou quando adoece ao realizar algum ato ilegal; o dano sofrido, por estar em acordo com Deus, que é o autor da natureza, por dizer-se infligido, e portanto uma punição divina; mas não deve ser chamado punição no que respeita aos homens, porque não foi infligido pela autoridade humana (1881: 162).[126]

Isso tudo não implicava, contudo, uma obrigação absoluta de punir – ao menos não em termos teóricos. A imagem do rei absoluto moderno, lembremo-nos, é a do governante ao mesmo tempo severo e magnânimo, figura paternal que educa pelo castigo, mas também que mostra sua bondade pelo perdão. Diversas passagens do *Leviathan* apontam contra a ideia da obrigatoriedade da punição, em especial aquelas que tratam do direito de clemência por parte do soberano, uma vez que o perdão estaria de acordo tanto com as leis da natureza, quanto com o objetivo da sociedade civil – a paz.[127] No mesmo sentido, Hobbes dirá, mais adiante no mesmo capítulo XXVIII do *Leviathan*, que a punição só é admissível quando tiver a possibilidade de dispor "o delinquente, ou (por seu exemplo) outros homens, a obedecer as leis".[128]

Entretanto, é seguro dizer que há ao mesmo tempo no *Leviathan* uma contundente recomendação política para punição (Pires 1998a: 38): diz-se lá que só a "punição severa e constante" seria capaz de impedir os

---

[126] "Sixthly, whereas to certain actions, there be annexed by Nature, divers hurtfull consequences; as when a man in assaulting another, is himselfe slain, or wounded; or when he falleth into sicknesse by the doing of some unlawfull act; such hurt, though in respect of God, who is the author of Nature, it may be said to be inflicted, and therefore a Punishment divine; yet it is not contained in the name of Punishment in respect of men, because it is not inflicted by the Authority of man".

[127] Segundo Pires (1998a), o direito de perdão por parte do soberano é reafirmado em um folhetim escrito por Hobbes e publicado postumamente.

[128] Entretanto, essa restrição parece muito singela: pela adversativa empregada (ou dispor a vontade do delinquente ou a de outros homens), a utilidade da punição estava praticamente sempre presente, já que para dispor a vontade dos outros homens bastava a possibilidade de a impressão da punição gerar uma representação apta de ser levada em conta no processo de deliberação dos demais súditos.

crimes. Como a pena é um instrumento guiador de vontades, deixar de aplicá-la poderia levar ao rompimento da ordem; pois as paixões contra as quais ela atua, que são para Hobbes causas de muitos crimes, são "perpetuamente atuantes; enquanto a razão não está perpetuamente presente para resisti-las: e portanto quando a esperança de impunidade aparece, seus efeitos persistem" (1881: 155).[129] É oportuno lembrar que no capítulo do *Leviathan* que cuida dos "crimes" (violações às leis civis), Hobbes trata os exemplos de impunidade como motivos para a atenuação das penas, pois são como que uma forma do próprio soberano levar o súdito a cometer delitos.[130]

A posição dos autores do Iluminismo sobre o tema, entre eles Beccaria, já é por demais conhecida por meio da interpretação de Foucault: a eliminação dos exageros das punições suplicantes como as de Damien deu lugar a uma maneira racionalmente calculada de conceber a punição dos delitos, de forma que ela pudesse ser executada em caráter infalível. É a comunicação "simbólica da punição" (1987: 88), que pretende fazer associar imediatamente, no espírito do delinquente potencial, as ideias do delito e de sua punição. A teoria da pena de Beccaria é um

---

[129] A passagem completa é a seguinte: "As for the Passions, of Hate, Lust, Ambition, and Covetousnesse, what Crimes they are apt to produce, is so obvious to every mans experience and understanding, as there needeth nothing to be said of them, saving that they are infirmities, so annexed to the nature, both of man, and all other living creatures, as that their effects cannot be hindred, but by extraordinary use of Reason, or a constant severity in punishing them. For in those things men hate, they find a continuall, and unavoydable molestation; whereby either a mans patience must be everlasting, or he must be eased by removing the power of that which molesteth him; The former is difficult; the later is many times impossible, without some violation of the Law. Ambition, and Covetousnesse are Passions also that are perpetually incumbent, and pressing; whereas Reason is not perpetually present, to resist them: and therefore whensoever the hope of impunity appears, their effects proceed. And for Lust, what it wants in the lasting, it hath in the vehemence, which sufficeth to weigh down the apprehension of all easie, or uncertain punishments".

[130] "The same Fact, if it have been constantly punished in other men, as a greater Crime, than if there have been may precedent Examples of impunity. For those Examples, are so many hopes of Impunity given by the Soveraign himselfe: And because he which furnishes a man with such a hope, and presumption of mercy, as encourageth him to offend, hath his part in the offence; he cannot reasonably charge the offender with the whole." (1881: 158).

exemplo evidente disso: ela pedia punições a um só tempo proporcionais e consistentes (Ruggiero 2006: 17), que, desde que prontamente aplicadas (como ele pregava), criariam a associação de causa (delito) e efeito (pena) nas mentes de todos. A obrigação de punir em Beccaria é fundada no papel dissuasório da pena. "Beccaria diz que, nas mentes de criminosos em potencial, a ideia sedutora de um crime vantajoso deveria vir sempre associada à de sua pronta punição. Saber que a punição é infalível é, na opinião de Beccaria, a maior prevenção ao crime" (Maestro, 1973: 29). A suavização das penas teria por contrapartida a sua infalibilidade, portanto. O Marquês deixa isso claro na sua opinião sobre a clemência e o perdão aos condenados:

> Na medida em que as penas são mais doces, a clemência e o perdão são menos necessários. Feliz daquela nação em que sejam funestos! A clemência, esta virtude que alguma vez foi em um soberano o complemento de todas as obrigações do trono, deveria ser excluída de uma perfeita legislação, onde as penas fossem suaves, e o método de julgar, regrado e rápido. Parecerá esta verdade dura aos que vivem na desordem do sistema criminal, em que os perdões e graças são necessários, à proporção do absurdo das leis, e da atrocidade das sentenças (1774: 250-251).[131, 132]

Por tudo isso, falar em „direito de punir" nem sempre é a melhor forma de descrever essas teorias. Tanto em Beccaria quanto em Hobbes, o direito de punir parece versar não só sobre a autorização jurídico-política para a punição, mas também sobre uma certa **política punitiva** ligada ao adequado cumprimento do dever político de manutenção da paz. Por essa fresta, vê-se mais uma vez o quanto o "direito criminal" era,

---

[131] "A Medida que las penas son mas dulces, la clemencia y el perdon son menos necesarios. ¡Dichosa aquella Naciona en que fuesen funestos! Esta clemencia, esta virtud, que ha sido alguna vez en un Soberano el suplemento de todas las obligaciones del trono, debería ser excluida en una perfecta Legislacion, donde las penas fuesen suaves, y el método de juzgar arreglado y corriente. Parecerá esta verdad dura á los que viven en el desorden des systema criminal, en que los perdones y las gracias son necesarias, á proporciona de lo absurdo de las Leyes, y de la atrocidad de las sentencias".

[132] Muitas edições brasileiras de Beccaria têm estrutura diferente da original. Nelas, esta passagem está no § XX (Certeza e infalibilidade das penas. Graça).

O DIREITO A AÇÕES IMORAIS

àquela altura, pesadamente imiscuído em filosofia política. Do ponto de vista prático, a punição racionalmente calculada parece ser, por um mandamento prudencial, a forma objetivamente correta de lidar com o delito nos autores das vésperas da dogmática penal contemporânea. Daí o porque de este item haver começado dizendo que o *ius puniendi* guardou uma pequena porção de um *ius* pré-moderno: ele não só dá as hipóteses em que o soberano tem a *facultas* de aplicar a punição, mas faz uma fortíssima recomendação política de como ela deve ser administrada para a boa consecução do objetivo constitutivo da sociedade civil.

Ruggiero (2006: 8 e ss.) não parece dar grande importância a essa distinção entre a autorização para punir e a política da punição nos dois autores.[133] Ele sustenta que Beccaria e Hobbes teriam concepções opostas sobre os efeitos da punição estatal. Segundo ele, a violência estatal (punição) seria, em Hobbes, inversamente proporcional à violência civil (desobediência às leis): quanto mais punição, menos desobediência; já em Beccaria, essa relação seria oposta, porque diretamente proporcional: quanto menos violência estatal (pena criminal), menos violência civil (delitos). Sua leitura tem, de fato, algum apoio nos textos de Hobbes e Beccaria: é verdade que o soberano hobbesiano tem a superioridade absoluta do uso da força em relação a seus súditos; e que Hobbes sugere que, sem o exercício da punição, o controle da violência civil seria impossível. É também verdade que Beccaria condena as formas excessivas de violência, em especial a pena de morte; e que ainda, segundo ele, as penas têm de ser moderadas. Mas Ruggiero subestima aquilo que os dois autores têm em comum, e que lhes dá uma importante unidade que, para o objeto desta tese, precisa ser destacada: a postulação de que abrir mão da "pena criminal" não é recomendável, bem como de que sua aplicação tem o papel instrumental de evitar o "crime".[134]

---

[133] Isso é plenamente justificado pelo objeto de seu trabalho, que é a representação da violência nos dois autores, e não propriamente as suas teorias da pena.

[134] A despeito de todas as considerações de Ruggiero sobre o soberano hobbesiano, a oitava estabelece uma limitação de natureza utilitária à aplicação da pena, de forma que, nessas hipóteses, a pena seria considerada um ato de hostilidade mesmo preenchidas as demais condições da punição (violação da lei, aplicação por um soberano, prévia cominação legal do delito e da pena etc.). A punição aplicada fora desses critérios é, para Hobbes, um "ato de hostilidade", ou seja, é um atentado contra a paz, que é o próprio objetivo

"CRIMES" E "PENAS" ÀS VÉSPERAS DA DOGMÁTICA PENAL CONTEMPORÂNEA

No retributivismo kantiano, tido como o rival do pensamento utilitarista de Hobbes e Beccaria, a mesma obrigação de punir aparecia, ainda que sob outro fundamento: não empírico-utilitário, mas moral-racional.[135] A pena é, em Kant, um imperativo categórico, bem ilustrado por seu conhecido exemplo da ilha que se dissolverá (Kant, 1838a: 185). É um dever incontornável da autoridade pública responsável por sua aplicação e execução. A pena criminal não seria

> um dever hipotético ou condicionado relativamente, por exemplo, à possibilidade de fazer justiça de outro modo ou de obter a paz entre duas partes, mas um dever incondicionado; a lei criminal (aí compreendida a penal que ela *deve* prescrever) é uma exigência absoluta da razão e da moral, sem atenção a outras considerações (Pires, 1998c: 179).[136]

No que diz respeito à quantificação da pena, Pires (1998a: 137 e ss.) lembra que as teorias utilitaristas frequentemente trabalhavam com algo que ele chama de "princípio da proporcionalidade vertical e excesso moderado da pena", como era o caso de Beccaria. Esse princípio postula que o mal da pena deve ser moderadamente superior ao benefício trazido pelo crime: "Para que uma pena obtenha seu efeito, basta que o seu mal exceda o bem que nasce do delito; e neste excesso de mal, deve ser calculada a infalibilidade da pena, e a perda do bem que o delito produzirá", dizia Beccaria (1774: 137-138). Nos retributivistas, defendia-se uma pena rigorosamente correspondente ao mal do delito. Trata-se, segundo Pires, da ideia de uma igualdade obrigatória entre a pena, para o mais ou para o menos: em Kant, por exemplo, "a noção de proporcionalidade é governada pela de igualdade e é representada pela imagem da balança (...). Kant quer evitar a desproporção entre as

---

da sociedade civil. Por tudo isso, parece excessivamente simplista dizer que o soberano hobbesiano mantém a paz através do uso máximo da pena, já que ela despreza o fato de que essa aplicação é regrada por uma racionalidade prática que nem sempre recomenda a aplicação da maior pena, mas sim da pena mais adequada com vistas a determinado fim.

[135] Essa semelhança entre utilitaristas e retributivistas é, diga-se de passagem, um dos pilares da racionalidade penal moderna (Pires, 1998a).

[136] "La peine n'est pas un devoir hypothétique ou conditionné relativement, par example, à la possibilité de fair justice d'une autre façon ou d'obtenir la paix entre les parties, mais un devoir inconditionné. La loi criminelle (y compris la peine qu'elle doit prescrire) est une exigence absolue de la raison et de la moralité, sans égard a d'autres considérations".

faltas e os castigos em todas as direções, e não apenas no excesso da punição" (Pires, 1998c: 182).

O critério para a determinação e medida da pena era dado, no retributivismo, pela natureza e consequência do crime. Com efeito, Kant gasta uma longa parte de sua teoria da pena na *Doutrina do Direito* mostrando como buscar a proporcionalidade taliônica para os mais diversos casos: no caso de uma ofensa verbal, por exemplo,

> a contrariedade que se pode fazer experimentar no orgulho pode igualar o insulto proferido pelo ofensor à honra de outra; por exemplo, se o juiz o condenar não somente a dar satisfação em público, como também a beijar a mão do ofendido (Kant, 1838a: 85).

Ou ainda, se um nobre maltratar um cidadão de condição social modesta, poderia não só ser condenado a uma prisão desconfortável, como também a dar-lhe "uma reparação de honra", maneira pela qual ele seria punido em sua vaidade e o princípio da igualdade seria reafirmado. E, é claro, se o criminoso cometeu uma morte, ele deveria morrer, e não haveria qualquer comutação capaz de satisfazer à justiça. Isso o situava distante de Beccaria, que pregava sempre que a pena fosse a menor possível para fins de prevenção, e não a mais parecida com o delito em sua gravidade, ainda que ele defendesse também a correspondência de intensidade entre delitos e penas.[137]

Os pontos mais reveladores da doutrina de Kant sobre a obrigatoriedade da punição estão, porém, em sua análise do direito de perdoar.

---

[137] As teorias política e a antropológica de Beccaria sugeriam que deveria haver múltiplas penas criminais disponíveis: se a pena é legítima quando for útil e mínima, e o ponto ótimo de sua utilidade está no excesso moderado da punição em relação ao delito, era necessário que a intensidade da pena fosse calculável em comparação com o benefício do delito. Assim, diz ele que para os furtos, as penas pecuniárias seriam apropriadas; (1774: 115); para roubos – "furtos misturados com violência" –, a pena deveria ser igualmente "um misto de corporal e servil"; para as injúrias pessoais, a melhor pena seria a infâmia (1774: 117 e ss.), porque faz incidir sobre o condenado um ridículo maior do que aquele que ele pretendeu atribuir à vítima; para outros tantos delitos, Beccaria recomenda, sempre por sua lógica de proporcionalidade, penas outras como banimento para os vadios (1774: 123), perdimento de patrimônio (1774: 124 e ss.), privação de liberdade por longos intervalos de tempo, até perpetuamente (em substituição, nesse último caso, à pena de morta, tida por ele como ilegítima) (1774: 149), etc.

É o direito que mais dá brilho ao soberano, mas que, em contrapartida, maiores injustiças pode suscitar, diz (Kant, 1838a: 188). Ao contrário do que poderia sugerir sua metafísica da pena, Kant aceitava a possibilidade de perdão em alguns casos, se bem que restritíssimos. Nos crimes privados – isto é, cometidos por particulares contra particulares, o perdão seria inaceitável, e representaria enorme injustiça; e na maioria dos crimes públicos, também. Apenas nos crimes de lesa-majestade o soberano poderia indultar o culpado, e ainda assim observada a condição de que o indulto não causasse perigo à segurança pública (Kant, 1838a: 188). Em outra oportunidade anterior na *Doutrina do Direito*, aliás, Kant já acenara com a possibilidade da não punição quando isso fosse vital à própria conservação da sociedade: se houver uma conspiração revolucionária que tente o assassínio do rei e envolva todos os súditos de um Estado (ou quase todos) e a aplicação da pena de morte devida a cada um deles por justiça colocar a própria existência do Estado em risco, tais penas podem não ser aplicadas (Kant, 1838a: 184). Mas neste caso, acrescenta, não se tratará de uma lei pública, mas de uma comutação de penas ordenada *ad hoc* pelo rei, por uma razão de estado. Note-se bem: o retributivismo de Kant aparece aqui ligado a uma razão de Estado, e não ao simples pagar o mal pelo mal.

Portanto, vê-se que as respostas dos autores imediatamente anteriores ao direito penal contemporâneo às perguntas fundamentais de nossa teoria penal ("por que se pode punir?"; "como se deve punir?"; e "quando se deve punir?") estavam longe de qualquer consenso.

Elas discordavam frontalmente no tema do direito de punir: aqui, as diferenças nas teorias políticas, antropológicas e morais daquele tempo mostravam-se com força. No que diz respeito à forma de punição, tampouco havia qualquer uniformidade de princípios, fora a ideia de proporcionalidade; e, a bem da verdade, nem mesmo quanto à proporcionalidade a concordância era integral, haja vista as diferenças entre Kant e Beccaria. No debate sobre a oportunidade da punição havia mais semelhanças entre os autores citados, ao menos se consideradas a suas conclusões, muito parecidas entre si: todos defendiam a obrigação política ou moral da punição infalível. Porém, faziam-no por razões teóricas absolutamente distintas: Kant pelo imperativo categórico da retribuição-punição ao mal-crime; Beccaria e Hobbes, pelas teorias antropológicas que faziam da pena quase um instrumento de adestramento dos súditos. Por baixo de uma couraça de aparente consenso repousavam, portanto, divergências teóricas importantes também neste tópico.

IV. Criminoso e responsabilidade

Um último elemento teórico relevante para os fundamentos do nosso direito penal diz respeito à noção de imputabilidade criminal com que trabalhavam os autores imediatamente anteriores à formação da dogmática penal contemporânea, e a imagem teórica do "criminoso" – ou, nos dizeres de Tomás y Valiente (1992: 243), o "tipo social do delinquente" – por ela implicada.

Falando mais uma vez em linhas muito gerais, era bastante corrente entre os autores dos séculos XVII e XVIII a opinião de que haveria algumas situações em que o cometimento de um "crime" não implicava punição a seu autor, por ele ter atuado fora dos limites da responsabilidade jurídica; e que, portanto, a realização do resultado proibido, em tais casos, não faria de seu autor um "criminoso". Essa era uma doutrina já firmemente presente no pensamento jurídico precedente: o direito romano já distinguia vários casos de impunibilidade de crimes a depender das circunstâncias em que fosse cometido, além de diferenciar, na punição de certos atos, aqueles cometidos com *dolus* ou *culpa* (por exemplo, *Dig.* L, 17, *l.* 63); e na tradição escolástica, o homicídio não pertencia à categoria dos pecados, mas sim à dos "atos maus por natureza, mas que podem ser lícitos e permitidos em situações concretas", como no caso da legítima defesa (Tomás y Valiente, 1992: 231).[138] Mas a modernidade e o individualismo que a caracteriza vão circunscrever cada vez mais esses problemas no âmbito da individualidade dos seres humanos. Os conflitos "criminais", que antes eram predominantemente contemplados sob uma lógica transindividual ou comunitária (Hespanha, 1988: 35), preservam na modernidade uma importante dimensão coletiva (se bem que pensada em termos de Estado, ou comunidade política), mas

---

[138] "El homicidio pretence a otra categoría moral de la escolástica: la de los actos malos por naturaleza, pero que pueden ser lícitos y permitidos en ocasiones concretas. Por ejemplo, sugún la terminología de la época, el homicidio en legítima defensa es 'justo', moral y juridicamente."

têm acentuado o seu caráter intraindividual, focando a disputa entre o homem e seus próprios impulsos com o apoio da sua razão. Não por acaso, culpabilidade e imputação estão entre os temas mais candentes da dogmática penal contemporânea; e certas "punições criminais" do mundo pré-moderno, que eram vistas mais pela lógica da perturbação da ordem comunitária, e menos pela da responsabilidade moral – como no caso das "penas" aplicadas a animais (Tomás y Valiente, 1992: 301) – parecem-nos hoje tão sem sentido.

Seja como for, importa salientar que nos pré-contemporâneos, era comum a visão de que a imposição de uma pena jurídica dependia de o condenado ter atuado com uma certa liberdade moral. Mas as variações da filosofia moral daquele tempo faziam dessa ideia simplória, herdada da cultura jurídica do passado, um grande foco de contradições e problemas teóricos. Tome-se, apenas como exemplo, a passagem em que Blackstone trata daqueles que podem responder por "crimes":

> As diversas petições e escusas que protegem o executor de um ato proibido de receber a punição, que ele de outra forma encontraria, podem ser reduzidas a uma única consideração: o querer ou defeito da vontade. Um ato involuntário, da mesma forma que não tem mérito algum, tampouco pode induzir culpa. A concorrência da vontade, quando ela tem sua escolha de fazer ou evitar o fato em apreço, é a única coisa que faz ações humanas louváveis ou culpáveis. De fato, para que se dê um crime completo, cognoscível pelas leis humanas, deve haver tanto **vontade** quanto **ação**. Pois ainda que *in foro conscientiae* um desígnio fixo ou vontade de praticar um ato ilegal seja quase tão desprezível quanto a própria comissão, como nenhum tribunal temporal pode alcançar o coração, ou vascular as intenções da mente, se eles não são demonstrados eternamente através de uma ação, ele não poderá punir aquilo que não pode conhecer (Blackstone, IV, 2. Destaques meus).[139]

---

[139] "All the several pleas and excuses, which protect the committer of a forbidden act from the punishment which is otherwise annexed thereto, may be reduced to this single consideration, the want or defect of will. An involuntary act, as it has no claim to merit, so neither can it induce any guilt: the concurrence of the will, when it has it's choice either to do or to avoid the fact in question, being the only thing that renders human actions either praiseworthy or culpable. Indeed, to make a complete crime, cognizable by human laws, there must be both a will and an act. For though, in foro conscientiae,

O DIREITO A AÇÕES IMORAIS

A doutrina de Blackstone quanto à responsabilidade compreende, como se vê, dois âmbitos distintos: o primeiro, representado pela "vontade", diz respeito ao âmbito interno e deliberativo dos seres humanos, que podemos chamar "moral"; o segundo, por ele chamado de "ação", respeita à atuação externa de uma conduta – podemos chamá-lo de "sensorial". Esses dois elementos, o moral e o sensorial, são articulados em uma doutrina sobre a "liberdade" exigida para a punição de um "crime".

Justamente neste ponto se mostravam as profundas discordâncias teóricas entre os autores daquele tempo, que resultavam em problemas brutais para uma teoria da responsabilidade „criminal". Serão mencionadas aqui duas polêmicas nessa seara, que julgo serem as mais importantes para o propósito deste capítulo. A primeira delas diz respeito à própria definição de „liberdade" com que trabalhavam os autores até aqui vistos; a segunda, à relação entre essa mesma liberdade e a suscetibilidade de um agente sofrer punição por seus atos.

No tocante ao primeiro ponto, pode-se dizer que havia duas relevantes representações da ideia de "liberdade" nas gerações anteriores a Feuerbach e à dogmática penal contemporânea (Pires, 1998a): a primeira ligava "liberdade" à ideia de livre-arbítrio moral, e teve em Kant seu mais prestigioso representante; a segunda dava à "liberdade" uma acepção mais empobrecida, definindo-a meramente como ausência de obstáculo a uma ação corporal, e notabilizou-se através de Hobbes. Essas duas acepções de liberdade têm diferentes impactos sobre a noção jurídico-penal de responsabilidade. Mas, por outro lado, elas se reforçam mutuamente no que diz respeito à construção de um certo estereótipo do criminoso.

Na teoria moral de Kant, que é aquela que importa para os fundamentos de sua teoria do direito, "liberdade" é livre-arbítrio: a faculdade de agir segundo leis representadas, diz Kant na *Fundamentação*, é uma propriedade que deve ser considerada *a priori* como presente em todo ser racional. Entretanto, estímulos sensíveis (prazeres, gostos) concor-

---

a fixed design or will to do an unlawful act is almost as heinous as the commission of it, yet, as no temporal tribunal can rearch the heart, or the intentions of the mind, otherwise than as they are demonstrated by outward action, it therefore cannot punish for what it cannot know".

rem com os mandamentos morais puramente racionais no intelecto humano, enquanto móveis da ação. Dessa forma, um dever moral que é objetivamente necessário torna-se subjetivamente contingente: pode ou não ser realizado na prática, a depender de o agente *escolher*, ou não, agir de acordo com esse dever em detrimento de suas vontades meramente sensíveis (Kant, 1838b: 36). A desobediência à lei moral objetiva, numa situação em que o sujeito deve ser considerado livre para poder obedecê-la (situação que é a regra em Kant), é a base de sua responsabilidade. É isso que dá, em sua filosofia jurídica, os conceitos de "ação" e "autor":

> Ação é uma conduta submetida a leis de obrigação, consequentemente também na medida em que o sujeito é considerado como livre em seu arbítrio. O agente é considerado, através de um tal ato, como causador de suas consequências, e essas, juntamente com a própria ação, podem ser-lhe imputadas se a lei, por força da qual a obrigação sobre ele paira, lhe é previamente conhecida (Kant, 1838a: 24).[140]

Segundo Höffe (2005: 216), está na ideia de autonomia o fundamento último da possibilidade de se agir moralmente na filosofia kantiana. Kant a chama de "princípio supremo da moralidade" (*oberstes Prinzip der Sittlichkeit*), e define-a assim:

> Autonomia da vontade é a constituição da vontade por meio da qual ela é para si mesma uma lei (independentemente de toda constituição dos objetos da vontade). O princípio da autonomia é portanto: escolher sempre de modo que as máximas da escolha estejam compreendidas, ao mesmo tempo, como leis universais no ato de querer.[141]

---

[140] "That heisst eine Handlung, sofern sie unter Gesetzen der Verbindlichkeit steht, folglich auch sofern das Subject in derselben nach der Freiheit seiner Willkühr betrachtet wird. Der Handelnde wird durch einen solchen Act als Urheber der Wirkung betrachtet, und diese, zusammt der Handlung selbst, können ihm zugerechnet werden, wenn man vorher das Gesetzt kennt, kraft welches auf ihnen eine Verbindlichkeit ruht".
[141] "Autonomie des Willens ist die Beschaffenheit des Willens, dadurch derselbe ihm selbst (unabhängig von aller Beschaffenheit der Gegenstände des Wollens) ein Gesetz ist. Das Prinzip der Autonomie ist also: nicht anderes zu wählen, als so, dass die Maximen seiner Wahl in demselben Wollen zugleich als allgemeines Gesetz mit begriffen sein" (Kant, 1838a: 440).

Só com a vontade autônoma podemos agir moralmente, na acepção estrita da expressão.

Ainda segundo a leitura de Kant feita por Höffe, há três maneiras diferentes pelas quais alguém pode agir em cumprimento a um dever moral: primeiramente, pode-se cumpri-lo com vistas a um interesse próprio; em segundo lugar, pode-se cumpri-lo por inclinação e simpatia pelo comportamento moralmente devido (ajudar alguém, por exemplo); e, por último, pode-se cumpri-lo simplesmente pelo reconhecimento do dever enquanto tal. É só nesse último caso que se está, propriamente, diante de uma ação moralmente boa. "A moralidade não pode ser constatada na ação mesma, mas somente em seu fundamento determinante, no querer" (Höffe, 2005: 193-4). Isso está na base de uma distinção feita por Kant, a partir da filosofia de Thomasius, e que será muito aproveitada por Feuerbach em sua teoria penal, entre a moralidade e a legalidade de uma ação: enquanto a ação para ser legal precisa ser externamente conforme à lei, a ação moral precisa sê-lo internamente (Kant, 1838a: 18). Ou seja, a moralidade está mais na vontade que move a ação, e sua conformidade à lei moral, do que em sua execução. A ação moral pressupõe, portanto, uma tal vontade capaz de guiar moralmente uma ação; que não é uma vontade sensorial, passional, mas sim um querer da razão, que permite reconhecer o dever como tal e transformar-lhe na razão subjetiva da conduta. Trata-se de uma "vontade racional", segundo Walker (1999: 40). Ao contrário, a ação conforme à lei jurídica pode muito bem prescindir disso: é indiferente para o direito se eu respeito a lei por agir segundo uma máxima moral ou pela razão egoística do medo da pena; o que importa é respeitá-lo externamente, ou seja, em minha ação sensível no mundo. As questões internas só terão relevância quando influenciarem a ação e manifestarem-se sensivelmente por meio da liberdade externa (Höffe, 2005: 235).

Dessa forma, a vontade racional distingue-se da vontade sensorial porque ela é capaz de, pelo uso da razão pura, dar máximas[142] – princípios subjetivos do querer (Kant, 1838b: 21, nota) – moralmente boas para a ação. Segundo Höffe (2005: 208-15), máximas moralmente ruins não podem ser aceitáveis como máximas porque, se formuladas como

---

[142] Para o conceito de máximas em Kant, v. Höffe (2005: 203-7).

tais, ou não podem ser pensadas (suicidar-se diante de uma vida enfadonha), ou não podem ser queridas (falsas promessas). Se forem pensadas e seguidas, a conduta será, *a priori*, reprovável do ponto de vista moral – como no caso do criminoso que age segundo a máxima de delinquir habitualmente. Mas o ponto importante aqui é que essas máximas, que valem absolutamente, bem como a reprovabilidade por seguir máximas imorais, dependem da dita autonomia. A ideia de autonomia como autolegislação está, por isso, estreitamente ligada à existência de um livre arbítrio (Reath, 1994: 458 e nota 39). Não se trata, é claro, de negar que haja razões sensíveis que concorram com a máxima racional como móveis da ação; trata-se, isto sim, de enfatizar que, no plano dos fundamentos de uma teoria moral sobre a responsabilidade e a punição (como é aquele em que Kant opera), as coisas têm de ser conduzidas no plano da razão pura, sem a mistura de elementos sensíveis ou do estímulo, sob pena de se perpetuarem "as doutrinas morais bastardas e confusas" (Kant, 1838b: 34) contra as quais ele se via escrevendo.

A acepção kantiana da "liberdade" para fins de sua teoria da responsabilidade e da punição é estritamente moral, portanto, e é assim resumida por Pires:

> O homem pode determinar-se independentemente do impulso dos estímulos sensíveis. A vontade é uma causalidade entre os seres vivos, e a liberdade é a propriedade que tem essa causalidade (humana) de poder agir independentemente de causas estranhas que a determinam (Pires, 1998c: 169 e ss.).

Essa liberdade moral deve pertencer, pelo método de Kant, a um mundo moral, onde temos uma forma transcendental de liberdade que nos permite dar-nos máximas independentemente de fatores empíricos que possam guiar nossas ações. "Ações praticadas por respeito à lei moral não seriam possíveis se fôssemos apenas parte de um sistema determinista", diz Walker (1999: 47).

Mas esse mundo moral, transcendental, é contrastado com o mundo real em que vivemos; e nossas ações não são tomadas no mundo moral, mas sim no mundo sensível, onde existimos, e onde diversos fatores influenciam nossos comportamentos. Um e outro tipo de ações são bastante diferentes, porque a primeira, na sua qualidade de ideal, não é sensorialmente influenciada; enquanto a segunda, porque real, necessariamente o é. Por essa razão, é difícil pensar em uma ação real que seja absolutamente livre, no sentido moral do termo, porque nossas ações reais são sempre tomadas no tempo e no espaço existentes, e invariavelmente sujeitas a estímulos que decorrem necessariamente do fato de existirmos fisicamente. É claro que Kant sabia disso e levava esse fato em consideração: logo na abertura da segunda parte da *Fundamentação*, ele mesmo diz não acreditar que, na prática, qualquer ação possa ser tida como 100% baseada apenas no cumprimento dos deveres morais: "De fato é absolutamente impossível, através da experiência, apontar um só caso com plena certeza em que a máxima da ação funde-se só na representação do dever", dizia ele (Kant, 1838b: 29).[143]

Mesmo assim, no campo do direito, que se preocupa com a liberdade externa e as ações executadas no mundo em que vivemos (Höffe, 2005: 236), a imputação supõe que tais ações sejam executadas por sujeitos responsáveis. Mais uma vez, e assim como se dava com sua noção de "pena", não é difícil perceber o quanto a teoria kantiana colocará dificuldades para doutrinas jurídicas que, voltadas à prática que eram, tinham de aplicar o direito de punir criminalmente no mundo dos fatos, e não no universo transcendental da razão pura.

A doutrina moral kantiana situava-se no extremo oposto daquela que Hobbes oferecera pouco mais de um século antes no *Leviathan*. Lá, o filósofo de Malmesbury distinguia entre dois tipos de "liberdade". A primeira é definida no capítulo XXI do livro:

> Liberdade significa (em sentido estrito) a ausência de oposição; (por oposição, quero dizer impedimentos externos ao movimento;) e pode ser aplicada tanto a criaturas inanimadas e irracionais, quanto às racionais (1881: 107).[144]

---

[143] "In der That ist es schlechterdings unmöglich, durch Erfahrung einen einzigen fall mit völliger Gewissheit auszumachen, da die Maxime einer sonst pflichtmässigen Handlung lediglich auf moralischen Gründen und auf der Vorstellung seiner Pflicht beruht habe".
[144] "Liberty, or FREEDOME, signifieth (properly) the absence of Opposition; (by Opposition, I mean externall Impediments of motion;) and may be applyed no lesse to Irrational, and Inanimate creatures, than to Rationall".

Nesse primeiro sentido, o conceito aplica-se tanto a uma pessoa e seus movimentos (voluntários e involuntários), quanto a um animal solto na floresta, ou ainda a um rio que corra desimpedido (van Mill, 1995: 444). Não aparece aqui a ideia de vontade humana, note-se bem, e nem se circunscreve, como em Kant, a ideia de liberdade ao mundo dos seres racionais.

No parágrafo seguinte, Hobbes define o que é um homem livre: é aquele que "nas coisas em que, por sua força e inteligência ele é capaz de fazer, não é impedido de fazer aquilo que tenha vontade de fazer" (1881: 108).[145] Trata-se de um segundo tipo de liberdade, que inclui um elemento volitivo que não aparece na anterior: aqui, o homem pode, por sua vontade, agir conforme ou contrariamente aos impulsos sensoriais que recebe. Segundo van Mill (1995: 445), a diferença entre a primeira e a segunda liberdades é que só esta última passa pelo intelecto humano.

Mas, apesar de reconhecer que a liberdade de uma ação humana tem algo de diferente da liberdade do correr da água de um rio, Hobbes sugere que essa distinção é de pouca relevância; porque, seja ação voluntária ou movimento inanimado, liberdade será sempre ausência de impedimento, de forma que um homem será dito livre na mesma medida em que um rio o é: quando não houver obstáculos à sua ação. Qualquer outra acepção de "livre" que não essa é tida por ele como absurda.[146]

Dessa forma, o aparelho intelectual do homem hobbesiano não precisa ser tão complexo como o de Kant para sustentar as teorias ética e política do *Leviathan*. Consequentemente, sua teoria da punição não depende de um intelecto capaz de reconhecer deveres morais – de um livre arbítrio, portanto –, mas apenas de uma psicologia associativa elementar, que permita a realização de cálculos de custo-benefício: o mesmo intelecto que sugere ao homem que saia do estado de natureza e entre no estado civil indica também que não receber uma pena

---

[145] "And according to this proper, and generally received meaning of the word, A FREE-MAN, is "he, that in those things, which by his strength and wit he is able to do, is not hindred to doe what he has a will to".

[146] "And therefore if a man should talk to me of a Round Quadrangle; or Accidents Of Bread In Cheese; or Immaterial Substances; or of A Free Subject; A Free Will; or any Free, but free from being hindred by opposition, I should not say he were in an Errour; but that his words were without meaning; that is to say, Absurd" (1881: 19).

é melhor do que ser apenado, e que portanto deve-se agir no sentido de evitá-la. Por isso, a declaração pública de penas e sua aplicação infalível guiarão as paixões dos súditos (1881: 152).

Já Beccaria parece estar no meio do caminho entre ambas as posições (Pires, 1998a): ele não nega categoricamente o livre-arbítrio, como Hobbes; mas sua teoria da pena não depende dele: ela trabalha, ao contrário, com o mesmo aparato psicológico associativo hobbesiano. Daí o porque da pena ter de ser, além de infalível, imediata:

> É dito que a prontidão das penas é mais útil, porque quanto menor for a distância do tempo que passa entre a pena e o delito, tanto mais forte e durável o ânimo da associação destas duas ideias, Delito e Pena; de tal modo, que sejam considerados o primeiro como causa, e o último como efeito conseguinte e necessário (1774: 105).[147]

A posição de Beccaria, um autor comumente mais associado ao direito penal contemporâneo do que Hobbes ou Kant, é denunciadora do sincretismo que, desde o primeiro capítulo, tenho dito ser uma das marcas da teoria da pena de nosso direito penal: a acomodação, em uma mesma disciplina, de imagens distintas da racionalidade humana, que implicam diferentes fundamentos e critérios diretores para a punição criminal. Em Filangieri, um autor mais dogmático do que Beccaria e, cronologicamente, mais próximo da consolidação da dogmática penal contemporânea, essa mistura começa já a mostrar-se com uma cara que já não é, para nós do presente, tão desconhecida: a gravidade do delito e a reprovabilidade da conduta levam em conta, a um só tempo, parâmetros de utilidade social e reprovabilidade moral. Assim, na medida dos delitos Filangieri leva em conta, primeiramente, a importância social do pacto violado: o delito „é maior na violação de pactos que têm maior importância para o corpo social; é menor na violação dos que têm influência menor" (Filangieri, 1827: 140); mas, adicionalmente, a reprovabi-

---

[147] "He dicho que la prontitud de las penas es mas util, porque quanto es menor la distancia del tiempo que pasa entre la pena y el delito, tanto es mas fuerte y durable en el ánimo de la asociacion de estas dos ideas, Delito y Pena; de tal modo, que se consideran el uno como causa, y la otra como efecto consiguiente y necesario".

lidade do delito é também medida pela „maior malvadeza do coração, maior inclinação a violar outras leis" (Filangieri, 1827: 141). [148]

O sincretismo de Filangieri reforça a sugestão de Pires de que, apesar das diferenças viscerais entre essas posições teóricas, elas acabam conseguindo conviver em razão de um elemento que têm em comum: em todas elas, evitar o crime depende apenas do uso dos recursos intelectuais de que dispõe qualquer ser humano com faculdades mentais minimamente desenvolvidas, sejam elas morais (Kant), psicológicas (Hobbes), ou um pouco dos dois (Beccaria). Daí o porquê de todos sustentarem, em alguma medida, que o criminoso nega sua própria humanidade e chama para si todo o mal que recebe pela prática do crime. Apesar de todas as diferenças entre Hobbes, Beccaria e Kant, eles compartilham a posição de que a pena é algo que o criminoso dá a si mesmo. Em Kant, o criminoso merece moralmente a pena; em Beccaria, ele dá causa à pena (1774: 103 e ss.); e em Hobbes, o atentado político contra a autoridade do soberano faz do agente "autor de sua própria punição" (1881: 90). Isso já aparece como algo muito semelhante à nossa ideia contemporânea da responsabilidade penal: o Estado apenas dosa e executa a pena de que o apenado foi, ele mesmo, o autor.

Postos os fatos dessa maneira, é fácil ver que a imagem do criminoso que surge a partir de qualquer um desses caminhos teóricos: com exceção dos casos de indisponibilidade das faculdades intelectuais mais elementares, o criminoso ou "escolhe" receber uma pena, ou despreza seus instintos psicológicos que mandam ele evitar o mal e sofrimento que ela representa. Ora, alguém assim ou é mau, ou é um inconsequente sem amor pela vida, ou é um descontrolado, ou um rebelde que pega em armas contra os valores sociais mais básicos, ou mesmo um tolo incompreensível. Seja como for, por qualquer desses caminhos, a representação do "criminoso" está longe de ser lisonjeira.

Hobbes (1881: 152) diz que apenas três coisas explicam um crime: ou um erro de entendimento; ou um erro de raciocínio; ou uma força repentina de paixões. O erro de entendimento chama-se "ignorância": é o desconhecimento de um dado fático, como a lei. Já o erro de racio-

---

[148] Para uma explicação mais detalhada sobre a imputabilidade em Filangieri, v. Seelmann, 2001.

cínio não diz respeito à limitação de conhecimento, mas ao mau uso da razão: deliberar a partir de falsos princípios, por exemplo. Quanto ao erro de paixões, ocorrem quando os instintos do homem os comandam em sentido contrário àquilo que uma deliberação racional exigiria. Em alguns casos, essas explicações do crime funcionam como justificativas dos atos, ou seja, fazem com que a conduta deixe de ser ilícita: a ignorância (erro de entendimento) do estrangeiro quanto às leis de uma nação que não lhe tenham sido declaradas pode escusá-lo;[149] como também o crime cometido sob determinação do sentimento de medo corporal, que é uma paixão.[150] Fora desses casos, o crime é explicável, mas não justificável: ou o sujeito ignora situações fáticas que lhe foram apresentadas (ou são autoevidentes), ou não faz uso adequado de suas capacidades intelectuais, ou tem suas ações determinadas por sentimentos indesculpáveis, como ódio, luxúria, ambição, crença na impunidade etc.

Em Beccaria, pode-se dizer que há mesmo dois tipos de homem reunidos em um único sujeito ideal: um antes do cometimento do crime, e outro depois. O primeiro é o sujeito racional que deliberou entrar no estado civil; que reconhece o mal da pena e age no sentido de evitá-lo; e que é capaz de obedecer as leis de forma a garantir "a felicidade maior ao maior número" de cidadãos; um sujeito, portanto, que merece a empatia e o respeito de seus iguais. A pena aplicada de forma célere é prontamente reconhecida por esse sujeito deliberante (como o efeito de que o crime é a causa), e ele buscará evitá-la, abstendo-se de delitos. Já o "delinquente" vem retratado como "infeliz" e "miserável" – os adjetivos repetem-se incontáveis vezes em *Dos Delitos e Das Penas*: os condenados são "vítimas miseráveis" de um juiz (1774: 21); o torturado é um miserável e será condenado mesmo que inocente (1774: 78); o fur-

---

[149] "But ignorance of the Civill Law, shall Excuse a man in a strange country, till it be declared to him; because, till then no Civill Law is binding". (1881: 152).

[150] "For not every Fear justifies the Action it produceth, but the fear onely of corporeall hurt, which we call Bodily Fear, and from which a man cannot see how to be delivered, but by the action. A man is assaulted, fears present death, from which he sees not how to escape, but by wounding him that assaulteth him; If he wound him to death, this is no Crime; because no man is supposed at the making of a Common-wealth, to have abandoned the defence of his life, or limbes, where the Law cannot arrive time enough to his assistance". (1881: 155).

tador é um "miserável e desesperado" que pertence à parcela "infeliz" da sociedade a quem o direito de propriedade deixou nua (1774: 115); a família de um *capo* é "infamada e miserável"; os condenados na história são "milhares de infelizes" a quem a "miséria" obrigou a punições bárbaras (1774: 140 e ss.); e assim por diante.[151] É por isso que Pietro Costa (1974: 360-1), tratando as teorias jurídicas do liberalismo clássico como um projeto jurídico totalitário em relação à vida social, observa com muito acerto que o delinquente transforma-se nesse imaginário, em um ser externo, um corpo estranho, que se põe contra a sociedade e fora dela – à margem, marginal.

Apesar disso tudo, tanto em Kant quanto em Beccaria, o "delinquente" preserva sua dignidade e mantém os seus direitos. Beccaria fala mais de uma vez em "delinquente cidadão" (1774: 14; 125), indicando que mesmo o condenado permanece com seus direitos de cidadão; e em Kant, o tratamento do ser humano como uma finalidade em si mesmo ("dignidade humana") persiste em relação ao criminoso (Pires, 1998c: 193 e ss.). Cattaneo diz, nesse sentido, que a "parte melhor" da teoria de ambos é o "sentimento humanitário e a ideia de dignidade humana" (1981: 61).[152] A bandeira política da humanização dos castigos e procedimentos criminais é por demais conhecida, e nada precisa ser dito a esse respeito num capítulo cujo único propósito é recordar coisas já não tão óbvias. Mas a visão do delinquente como um ser externo e incompreensível às vezes falava mais alto, mesmo num autor com uma antropologia tão pacifista como Rousseau: ele retratava o criminoso como um pária

---

[151] Essa duplicidade entre o homem ideal e o homem real era uma forma comum de lidar com a oposição entre razão e paixões. Ela figurava como um dos fundamentos da teoria jurídica de Christian Wolff, por exemplo. Para ele, as obrigações e os direitos teriam por sujeito em geral o "Homem Moral". Este homem, dizia Wolff, é uma ficção, mas mesmo assim de utilidade reconhecida. "Nos fazemos a abstração de tudo no homem, exceto as qualidades que o rendem capaz de obrigações e direitos" (1758, I: XXIV). Wolff esclarece que sua distinção é a mesma que faziam os teólogos quando falavam do "homem carnal" e do "homem espiritual". Também os primeiros "criminalistas", como Romagnosi, preservavam essa visão (1956: 13).

[152] "Ancora oggi la soluzione più soddisfacente dei problemi e delle gravi difficoltà che pone l'instituto giuridico della pena consiste nel scegliere la parte migliore della dottrina di Beccaria e della dottrina di Kant; e questa parte migliore è il sentimento umanitario e l'idea della dignità umana."

que tinha de ser combatido e eliminado. No quinto capítulo da Parte II de *O Contrato Social*, o teórico do bom selvagem diz que:

> todo criminoso, ao atacar o direito social, torna-se por suas ações rebelde e traidor da pátria; ele deixa de ser membro ao violar suas leis, e declara-lhe guerra. Então a conservação do Estado é incompatível com a sua, sendo preciso que um dos dois pereça, e quando matamos o culpado, é menos como cidadão e mais como inimigo (1772: 57-8).[153]

Seja qual for o caminho tomado, é certo que evitar o crime dependia, para todos esses autores, apenas do agente. Pelo adequado uso de suas faculdades mentais, o homem saberia, seja pelo guia de sua razão, seja pelo reconhecimento do contra-estímulo da pena, que não deve cometer crimes. Se os cometer, ou é inimigo, ou é ignorante, ou é mau, ou é um miserável cuja condição impede-lhe de exercer suas faculdades humanas mais elementares. Mas é penalmente responsável, porque escolheu dar a si mesmo uma pena através do cometimento do crime. Falando especialmente de Hobbes e Kant, Norrie (1991) cuida detidamente dos problemas teóricos que surgem para as teorias da punição de ambos por conta dessas „imagens esquizofrênicas" do homem. Esse é, aliás, um dos pontos de partida a partir dos quais Cesare Lombroso escreveu, pouco mais de cem anos após Beccaria e Rousseau, seu mais famoso livro. No prefácio à primeira edição de *L'Uomo Delinquente*, de 1876, lê-se a seguinte passagem:

> Aqueles que acompanham julgamentos criminais e estudam os resultados em visitas às prisões, ou examinando estatísticas, desiludem-se pelo debate interminável em torno da punição. (...) Aqueles que têm contato direto com os criminosos, tais como os membros de sua família ou os funcionários das prisões, sabem que eles são diferentes das outras pessoas, com mentes fracas ou doentes que raramente podem ser curadas. (...) E ainda assim os legisladores, acreditando que são raras as exceções ao livre-arbítrio, ignoram os conselhos dos psi-

---

[153] "D'ailleurs tout malfaiteur, attaquant le droit social, devient par ses forfaits rebelle & traitre à la patrie; il cesse d'en être member en violant ses loix, & meme il lui fait la guerre. Alors la conservation de l'Etat est incompatible avec la sienne, il faut qu'un des deux périsse, & quando on fait mourir le coupable, c'est moins comme Citoyen que comme ennemi".

quiatras e dos oficiais das prisões. Eles não entendem que a maior parte dos criminosos de fato não têm livre-arbítrio (2006: 43).

O escárnio com que Lombroso é usualmente tratado muitas vezes impede o adequado entendimento daquilo que ele dizia. Nessa passagem, ele postula que não adianta concebermos mecanismos de prevenção criminal que dependam do bom funcionamento do intelecto humano (cálculo de custo-benefício, juízos morais etc.) se as pessoas que cometem crimes são justamente aquelas em que esses freios mentais não funcionam adequadamente. Em outras palavras: se todos temos clara a imagem de que o criminoso é louco, ou amoral, ou um rebelde incorrigível, ou um idiota descontrolado, então não faz sentido prevenir o crime a partir de um mecanismo que dependa do bom funcionamento da razão – a pena dissuasória de Beccaria, por exemplo –, como se ele fosse bem ajustado como nós, "homens de bem". Em uma passagem do primeiro capítulo d'*O homem delinquente*, Lombroso diz que o erro do combate ao crime nos séculos XVIII e XIX esteve em o legislador enxergar o criminoso a partir de si próprio; em esperar que os mesmos freios morais que funcionavam no legislador racional funcionassem também no delinquente. Ao contrário, diz o médico calabrês, devemos tratá-lo como aquilo que, todos sabemos, ele é: um diferente, um esquisito, um anormal. Lombroso apenas situou em pessoas distintas ("o homem de bem" *versus* "o criminoso") um conjunto de características humanas contraditórias que já existiam em autores bem anteriores à Antropologia Criminal.[154] Trata-se do mesmo ponto de partida kantiano de distinção absoluta entre moralidade e determinismo, mas apenas fazendo a balança pender agora para o outro lado: descartando totalmente o livre-arbítrio e elevando o determinismo a critério-chave para a imposição de uma pena. Há, como se vê, um certo continuísmo na representação teórica do criminoso entre clássicos e positivistas, ao contrário da oposição absoluta que se costuma apregoar; continuísmo esse que já foi observado por Foucault:

> O criminoso, designado inimigo de todos, que tem interesse em perseguir, sai do pacto, desqualifica-se como cidadão e surge trazendo

[154] Para uma opinião semelhante, v. Cartuyvels (1996: 14).

em si como que um fragmento selvagem de natureza; aparece como o celerado, o monstro, o louco talvez, o doente e logo o "anormal". É a esse título que ele se encontrará um dia sob uma objetivação científica, e o tratamento que lhe é correlato (Foucault, 1987: 85).

V. As cartas à mesa

Por esse voo de pássaro sobre temas penalmente relevantes em alguns pensadores importantes dos séculos XVII e XVIII, é possível ver que já estavam postos diversos dos elementos teóricos a partir dos quais o nosso direito penal se constrói; mas que, ao mesmo tempo, eles ainda estavam longe de ser articulados em um sentido semelhante àquilo que, no primeiro capítulo, identifiquei como os pilares da dogmática penal contemporânea. Mas havia, ao menos, certos pontos de unidade (se bem que nem sempre atingidos pelos mesmos caminhos) que já sugeriam os termos-chave do direito penal como hoje o conhecemos: tanto no tocante ao papel da violência estatal na consecução da paz social, quanto da especificação de um ramo do direito que dele se ocupasse. Além, é claro, da percepção de que o crime era algo socialmente indesejável, e o criminoso tinha de ser combatido. Isso pode ser apontado como um sentido compartilhado aos filósofos e juristas pré-contemporâneos, que ajudará a entender a criação específica da dogmática penal contemporânea. Esses pequenos pontos de consenso, porém, são capazes de dar as bases a partir das quais um projeto do direito penal contemporâneo será possível, orbitando em torno do caráter político e socialmente danoso do delito, bem como da intolerabilidade do criminoso e infalibilidade da punição, que só em casos muito extremos pode deixar de ser aplicada (pensemos no quanto são restritas as excludentes de culpabilidade em ordenamentos penais tão complexos quanto os de hoje).

Antes de fundar uma disciplina jurídica com esse conteúdo, entretanto, havia ainda muito trabalho a se fazer: pois se, de um lado, havia esse "macroconsenso", havia também, de outro, grandes disputas teóricas que minavam uma possível unidade da disciplina, todas indicadas pela falta de acordo quanto aos elementos fundamentais da dogmática penal contemporânea.

Em primeiro lugar, ainda que a separação entre direito público e direito privado já estivesse razoavelmente estabelecida no pensamento jurídico do século XVIII, duas coisas ainda permaneciam nebulosas. Em um primeiro momento, viu-se que não era unânime na doutrina a representação de um "direito criminal" que se distinguisse dos demais ramos do direito: nos pensadores do século XVII (Pufendorf, Hobbes), ele aparecia como a mera parte penal das leis positivas unitariamente consideradas ("leis civis"); enquanto nos do século XVIII (Kant, Beccaria, Blackstone), ele era visto como a parte punitiva do direito público como um todo, mas sem se distinguir de outros ramos do direito que também pertencessem ao direito público. Quando, no século XIX, alguns juristas já acusavam uma separação de um "direito criminal" como um objeto autônomo, eles revelavam dificuldades em situá-lo dentro da classificação do direito público *versus* direito privado, seja pelos aspectos processuais de natureza dispositiva contidos na parte processual do direito criminal (Ribas), seja ainda pela grande quantidade de bens privados (propriedade, honra, vida) que se imiscuíam nas leis "criminais" (como já anotara Blackstone), que, de outra parte, eram vistas como as grandes protetoras da paz e segurança sociais – as finalidades do próprio Estado e, nesta qualidade, de interesse do direito público.

    Os conceitos-chave de nossa dogmática penal contemporânea – "crime", "pena", "responsabilidade" – já apareciam ganhando certa autonomia dentro do pensamento jurídico século XVIII adentro, mas ainda estavam longe de ser representados como constituintes da disciplina autônoma que hoje conhecemos. Haverá, portanto, mais uma grande quantidade de trabalho de especificação teórica a se esperar, nos próximos capítulos, de Feuerbach e sua geração. Em nenhum dos autores lidos verificou-se uma clara distinção do ilícito criminal e sua separação dos restantes ilícitos jurídicos, ainda que alguns deles já acusassem uma distinção, nem sempre fundamentada a contento, entre o ilícito público e o ilícito privado. A coisa mais próxima de um conceito restrito de crime apareceu no código austríaco de 1787, que distinguia os crimes não só dos ilícitos privados, mas também de ilícitos policiais menos graves. Da mesma forma, se a "pena" já era vista como algo diferente da mera reparação pecuniária pelos juristas do século XVIII (Blackstone, Beccaria, Kant), ainda faltavam elementos que permitissem a sua exata distinção em relação a outras formas de intervenção estatal próprias do direito público.

O problema da pena jurídica abria também as portas de um assunto espinhoso da filosofia moral pré-contemporânea, a saber, as divergências entre as doutrinas morais do livre-arbítrio (Kant) e dos simples calculismos (Hobbes), que colocaram um importante autor como Beccaria no meio do caminho entre uma e outra corrente. Para a estipulação de regras jurídicas sobre a imputação de penas, esta é uma questão central, e, como sabemos pelos embates entre os chamados "clássicos" e "positivistas", continuou polarizando opiniões século XX adentro.

A falta de consenso quanto às bases constitutivas de um "direito criminal" que só no século XVIII começou a se formar implicava, ademais, uma representação metodológica pouco uniforme da nova disciplina. Além da dificuldade em inserir consensualmente o novo saber dentro de um dos ramos da grande divisão teórica do direito moderno – direito público ou privado –, a passagem de olhos pelas sistematizações legislativas do século XVIII mostrou que, quando os "códigos criminais" começaram a aparecer, tampouco havia consenso sobre como representá-lo de acordo com a lógica de uma parte geral e outra parte especial, que era não só a maneira preferida de construção dos códigos, como também um cânone científico quanto à produção de conhecimento jurídico. Com efeito, nas primeiras manifestações do "criminal" como um objeto autônomo, a aplicação da lógica da parte geral e parte especial levou à construção de objetos teóricos bastante distintos do direito penal que nós hoje já naturalizamos. Como mostrado por uma breve passada de olhos por alguns códigos do século XVIII, algumas vezes a parte geral cuidava somente de penas, mas não de delitos (*Leopoldina*, da Toscana); outras vezes, havia duas partes gerais distintas, com princípios distintos para "crimes" e "ilícitos policiais" (*Josefina*, da Áustria); e em outras ainda, a parte geral simplesmente não tinha conteúdo (*Leggi e Costituzioni* da Sardenha). Como será visto nos capítulos seguintes, essa falta de homogeneidade refletia-se também na doutrina: além de todas essas variantes, o direito penal foi por muito tempo visto pela doutrina como a parte geral ("teórica") do "direito criminal", sendo as regras processuais a sua parte especial ("prática"). Ainda que esses fatos já acusem algumas distinções que, para a dogmática penal contemporânea, são importantes (direito penal *versus* direito material; crimes *versus* contravenções), não é difícil ver o quanto esses autores ainda estavam em um mundo teórico distinto do nosso; e, mais importante ainda, como a representação metodológica do "direito criminal" que é para nós pacífica e evidente era, ainda em fins do século XVIII, um ponto em aberto.

As primeiras manifestações do "criminal" como uma parte autônoma do direito, com seus formuladores pioneiros ainda pisando em ovos, revela alguns dados importantes que o nosso direito penal ajuda a esconder, porque já solidamente construído sobre princípios "inegáveis" que não precisam de regressos tão distantes para a sua demonstração; dados esses que indicam a estreita e necessária ligação entre os pontos constituintes do direito penal e outros temas que, hoje, foram depositados na filosofia do direito e do Estado. Em primeiro lugar, viu-se a grande proximidade entre as doutrinas sobre o direito de punir criminalmente e as filosofias morais da punição e da responsabilidade, que os penalistas atuais comodamente reuniram em teorias mistas que só há pouco[155] voltaram a ser questionadas quanto à evidente contradição que carregam dentro de si. No âmbito da filosofia kantiana em especial, desenhava-se uma distinção entre legalidade e moralidade que, como será visto nos dois capítulos seguintes, mostrou-se fundamental para a construção do conceito de legalidade penal tal qual hoje o conhecemos. Em segundo lugar, há também uma estreita ligação entre a punição estatal e as doutrinas dos fins do Estado, uma vez que na filosofia política dos séculos XVII e XVIII, a utilização da força estatal ligava-se à necessidade (prática ou racional) do Estado: a redução de conflitos e a eliminação do dissenso, seja para fins de sobrevivência, como em Hobbes, ou para garantir o "meu e o teu", como em Kant. Isso fazia com que a discussão sobre a própria legitimidade dos "crimes" e "penas" fosse então travada no âmbito da filosofia política, que hoje vemos como externo à nossa estrita dogmática penal contemporânea (a despeito de ela continuar dependendo dessas mesmas discussões filosóficas para a sua legitimação).

Por tudo isso, é possível perceber como, em fins do século XVIII, os elementos teóricos fundamentais para a construção da dogmática penal contemporânea já estavam em grande parte postos a público, como cartas à mesa; mas percebe-se também que ainda estava por se fazer, a par-

---

[155] Como exemplo das críticas ao sincretismo das teorias da pena, v. Jakobs (1988)

tir delas, um jogo que resultasse no nosso direito penal. Começava-se a desenhar já alguma **existência autônoma** do "criminal", mas faltavam **(i)** sua distinção em relação a outros ilícitos públicos, bem como **(ii)** a sua separação do direito processual. Essa nova disciplina já começava a ser pensada, naturalmente, a partir da distinção entre **direito público e direito privado**, ainda que não fosse ponto pacífico a sua colocação diante dela. O papel protetivo da **legalidade** em face das penas estatais aparecia também, mas ela ainda não era representada com a função constitutiva da ilicitude como hoje conhecemos, salvo os exemplos minoritários de um ou outro código moderno. A **pena estatal** já se apresentava também como merecedora de uma teoria particular não só para a sua fundamentação, como também de regras particulares de imputação; mas, na esteira do "criminal" que então existia, elas referiam-se ainda a todo o direito público, e não a uma disciplina jurídica estrita como o nosso direito penal. Finalmente, a representação teórica desse "criminal" já se fazia em **parte geral e especial**, mas permanecia em aberto o conteúdo não só da disciplina como um todo, mas também de cada uma dessas partes. Foi possível ver ainda que todos esses elementos não ensejavam até então a concepção de um direito criminal como objeto autônomo, tal qual hoje conhecemos; e, por óbvio e como corolário, tampouco haviam ainda sido montados da forma que reconhecemos inequivocamente como o nosso direito penal enquanto objeto teórico.

As informações contidas neste capítulo dão, portanto, alguma ideia dos sentidos que se espera encontrar na formulação teórica da dogmática penal contemporânea. Em primeiro lugar, pode-se esperar que haverá um cabo-de-guerra em torno da posição enciclopédica do "direito criminal", entre direito público e privado. Considerado o criminal como uma disciplina ampla, referente a toda a parte punitiva do direito positivo, essa determinação não era assim tão fácil, já que haveria tanto crimes públicos quanto crimes privados. Ademais, a divisão entre direito material e direito processual tampouco mostrava-se determinante, e as duas coisas apareciam misturadas. Havendo, como de fato havia, diversos elementos dispositivos (ou seja, de que as partem podem dispor) no processamento dos "crimes", isso era mais um complicador para essa tarefa de classificar. É de se esperar que a resposta a esse problema passe pela restrição do conceito teórico de "crime", pois enquanto ele significasse lesões públicas e privadas, seria difícil encaixá-lo em um lugar ou outro, exclusivamente. A mesma especificação teórica de "crime" poderá também aproveitar ao melhoramento de dois outros elementos que estavam na pauta às vésperas do direito penal contemporâneo: **(i)** o processo de monopolização do poder criminal nas mãos do soberano, em primeiro lugar; e **(ii)** o projeto político (oposto) de limitação desse mesmo poder criminal do soberano, que entraria em pauta fortemente com o Iluminismo. A tarefa aqui, é de se esperar, não será fácil, pois exigirá solução de um impasse entre dois projetos políticos de sentidos aparentemente opostos: consolidar a exclusividade do poder criminal soberano *versus* limitar o exercício desse mesmo poder através do próprio direito criminal.

Essa discussão terá de passar ainda por um refinamento da doutrina do direito de punir, que não só exigirá a articulação dessas duas correntes adversárias, como também precisará acomodar o impasse teórico mais relevante da filosofia moral imediatamente anterior ao direito penal contemporâneo. Isso envolverá formular uma teoria do direito de punir que seja capaz de, a um só tempo, dar as mãos a uma antropologia racionalista e moralizante, que trabalha preferencialmente com uma teoria da punição criminal fundada em responsabilidade e retribuição; e também a uma antropologia fundada em uma elementar psicologia associativa, que trabalha preferencialmente com uma doutrina da pena como causas e efeitos, e com a manipulabilidade das ações humanas pela punição em favor de determinadas vantagens políticas.

III.
P. J. A. Feuerbach e a construção da dogmática penal contemporânea

O propósito deste capítulo é apontar como os elementos mostrados no capítulo anterior foram moldados na nossa forma contemporânea de enxergar o direito penal como objeto teórico. Seu principal argumento é que a dogmática de nosso direito contemporâneo[156] foi moldada a partir do material intelectual exposto no capítulo anterior, com sentidos que lhes foram imprimidos por orientações filosófico-políticas de caráter acentuadamente liberal.

Tal argumento será desenvolvido tomando por referência a obra jurídica e filosófica de Paul Johann Anselm von Feuerbach (1775-1833). Há algumas razões que indicam o acerto de se focar nos trabalhos desse autor. A primeira delas diz respeito à posição histórica de sua obra dentro do processo de formação da dogmática penal contemporânea. Boa parte dos escritos de Feuerbach, inclusive suas principais obras jurídico-penais – *Revision der Grundsätze und Grundbegriffe des positiven peinlichen Rechts* (Erfurt, 1799-800); *Die Strafe als Sicherungsmittel vor künftigen Beleidigungen des Verbrechers* (Chemnitz, 1800); e *Lehrbuch des gemeinen in Deutschland geltenden peinlichen Rechts* (1ª ed. Gießen, 1801) – foram publicadas quando a Baviera ainda não dispunha de um Código Penal de corte moderno. Feuerbach trabalhou principalmente com a ordenação penal de Carlos V (*Constitutio Criminalis Carolina*, 1532) como maté-

---

[156] Para os elementos constitutivos do tipo de direito penal contemporâneo, v. Cap. 1, item IV, retro.

ria-prima legislativa, além de outras leis locais. Ainda que a *Constitutio* tenha sido um passo decisivo no processo de secularização, racionalização e publicização do processo penal alemão (Langbein, 1974: 167-210), ela ainda está fora da dogmática penal contemporânea no que tange à definição dos crimes e o estabelecimento de penas. A ordenação carolíngia já havia passado por processos anteriores de "modernização", é verdade, como se deu com o Código Penal bávaro de 1751; mas ainda estava longe de amoldar-se ao tipo da dogmática penal contemporânea: além da falta de separação nítida entre direito material e direito processual, as próprias representações de "crime" e "pena" com que o *Codex Juris Bavarici Criminalis* trabalhava eram radicalmente diferentes daqueles que Feuerbach, apenas meio século depois, legaria à cultura jurídica europeia.[157] Dessa forma, a teoria penal de Feuerbach teve de "modernizar" um enorme volume de legislação arcaica e doutrinas jurídicas que os códigos modernos (inclusive o bávaro, de 1813, de que Feuerbach foi o principal redator) deixaram organizados para as gerações subsequentes de penalistas. Isso significa que todo o esforço de construção intelectual da dogmática penal contemporânea, que desde os códigos penais de finais do XVIII e início do XIX tornou-se objeto de apropriação estatal por meio da codificação, é explícito e detalhado nos trabalhos do penalista alemão. Ele pertence, portanto, à geração que, por assim dizer, fundou o direito penal como hoje o conhecemos. Por isso Naucke (1975: 861-2) insiste tanto em postular que a sua doutrina deveria ser mais utilizada para a compreensão histórica do direito penal com que hoje trabalhamos.

---

[157] Um pequeno exemplo disso é dado pelo art. 6º do diploma em referência: "As penas capitais são também agravadas frequentemente por meio de adições (*Zusätze*), e o pobre pecador (*Sünder*) levado ao local de execução, aprisionado em grilhões em brasa, amarrado em laços, com as mãos cortadas, a língua arrancada, o corpo preso à roda, queimado, esquartejado, sendo suas partes penduradas em praça pública. Esta última entretanto, para a moderação de custos excessivos, pode ser omitida". No original: "Jetztgedachte Capital-Straffen werden auch öfters durch Zusätze geschärfft, und der arme Sünder zur Richt-Statt geschleifft, mit glühenden Zangen gerissen, Riemen aus ihm geschnitten, die Hand abgehauet, die Zunge ausgerissen, der entseelte Cörper auf das Rad gelegt, verbrannt, geviertheilt und die Viertheil an offener Strassen ausgeheckt. Welch Letzteres jedoch zu Vermeydung ohnnöthiger Kösten, hinführt unterlassen werden soll".

Mas, é evidente, Feuerbach não fez isso sozinho; essa construção foi, como acaba de ser dito, produto dos trabalhos de toda uma geração intelectual. Por que, então, escolhê-lo, especificamente? Não haveria outros juristas nessa época que pudessem prestar-se ao mesmo papel? A resposta é indubitavelmente afirmativa: sim, houve outros juristas que poderiam ser objeto desse mesmo estudo. Mas há uma segunda razão pela qual Feuerbach, se não é a melhor escolha, é tão boa quanto a melhor.

Feuerbach não tinha como primeira opção a carreira de jurista, mas sim a de filósofo. Os primeiros anos de seus estudos superiores foram dedicados integralmente à filosofia, na Universidade de Jena, importante centro de difusão da filosofia crítica na Europa central, onde acabou por se doutorar em 12 de setembro de 1795 (Radbruch, 1934: 210). Feuerbach queria ser professor de filosofia, e sua carreira fora, até a sua formatura, inteiramente trilhada nesse sentido.

Entretanto, em 1796, teve de se casar às pressas com Eva Wilhelmine Maria Tröster, para regularizar uma relação pré-matrimonial que renderia o primeiro filho do casal, Ernst Wilhelm, nascido em 20 de dezembro do mesmo ano. Cedendo às pressões de seu pai – com quem sempre tivera uma relação inconstante, cheia de altos e baixos – e à necessidade prática de sustentar uma família,[158] Feuerbach tornou-se jurista. Mas a mudança não foi tão brusca quanto poderá parecer: o direito sempre fora um dos principais objetos de preocupação do Feuerbach-filósofo. Seu primeiro livro, *Kritik des natürlichen Rechts als Propädeutik zu einer Wissenschaft der natürlichen Rechte* (1796), é dedicado a um dos problemas--chave da filosofia jurídica de seu tempo: a fundamentação dos direitos do homem. Alguns escritos universitários anteriores, publicados em revistas filosóficas da época, também tinham o direito como principal tema. Mesmo depois de iniciados seus estudos propriamente jurídicos, em setembro de 1796, Feuerbach ainda publicaria uma importante obra sobre um tema fundamental da filosofia política: *Anti-Hobbes, ou sobre os limites da força suprema e o direito de resistência dos súditos em face do soberano*

---

[158] Segundo os biógrafos de Feuerbach, até os primeiros anos do século XIX, quando publicou *Revision* (1799-800) e o *Lehrbuch*, Feuerbach penava para sustentar sua esposa e seu filho. (Radbruch, 1934: 29 e ss.; Naucke, 1975: 863).

(1797). Entre direito e filosofia, portanto, Feuerbach sempre teve, para usar uma expressão popular, um pé em cada canoa. E a boa compreensão de sua obra penal passa, necessariamente, pelo conhecimento de seus pressupostos filosóficos.[159]

Por essa dupla afinidade temática, todos os pressupostos filosóficos que Feuerbach usou para construir sua dogmática penal, em geral, e sua teoria da pena, particularmente, estão clara e detalhadamente expostos nas obras filosóficas anteriores a seus trabalhos jurídicos. Isso não é coisa simples de se encontrar, sobretudo numa época em que o modelo de organização universitária de muitos países dividia seus juristas entre tarefas teóricas e práticas. A própria obra especificamente jurídica de Feuerbach é exemplo disso: seu *Lehrbuch*, o mais conhecido dos trabalhos jurídicos que escreveu, é muito rasteiro na exposição de seus fundamentos teóricos e, segundo Zaffaroni (*in* Feuerbach, 1989: 13), mal serve para precisar as bases de sua teoria do direito. Se considerado o conjunto da sua obra, ao contrário, sua produção filosófico-penal é um ótimo exemplo daquilo que Foucault identificou como sendo o caminho metodológico do reformismo iluminista: de uma filosofia política a uma filosofia do direito penal.[160] Greco, nesse mesmo sentido, chama a atenção para a "direta afluência de certos pontos de vista filosóficos" em muitas das posições jurispenais de Feuerbach.[161] Se a ideia desse trabalho é buscar os sentidos por trás da formação da dogmática penal contemporânea que aparece exemplarmente na obra de Feuerbach, há

---

[159] A importância da fase filosófica de Feuerbach para a compreensão de seu trabalho penal é atestada pela obra que Mario Cattaneo (1970) dedicou a ele, focando detidamente seus escritos de juventude em lugar de apenas seus escritos criminais já amadurecidos.

[160] "A reforma do direito criminal deve ser lida como uma estratégia para o remanejamento do poder de punir, de acordo com modalidades que o tornam mais regular, mais eficaz, mais constante e mais bem detalhado em seus efeitos; enfim, que aumentem os efeitos diminuindo o custo econômico (...) e seu custo político (...). A nova teoria jurídica da penalidade engloba na realidade uma nova "economia política" do poder de punir. Compreende-se então por que essa reforma não teve um ponto de origem único". (Foucault, 1987: 69).

[161] "Viele der radikalsten und auch interessantesten strafrechtlichen Positionen Feuerbachs erscheinen bei nÄherem Hinsehen als direkter Ausfluss bestimmter allgemeiner rechtsphilosophischer Ansichten" (Greco, 2009: 20).

que se buscá-los, portanto, também em seus estudos de filosofia moral e política.

Uma terceira razão para a escolha de Feuerbach vem do fato de ele representar exemplarmente a conciliação entre duas vertentes teóricas da moderna teoria penal que muitos autores, com acerto ou não,[162] julgam inconciliáveis: retributivismo e utilitarismo. Essa união, como vem sendo dito, é um dos traços constitutivos de nossa dogmática penal contemporânea. Pois bem, é unânime entre os intérpretes de Feuerbach a avaliação de que ele foi marcadamente influenciado pelo retributivista Kant, não só em sua teoria do direito natural, como também em sua teoria penal; ao mesmo tempo, é também unânime entre os penalistas atuais que Feuerbach teria sido o pai de uma das vertentes do utilitarismo penal, a hoje chamada „teoria de prevenção geral negativa" (Feuerbach a chamava de „teoria da coação psicológica").[163] É o que Cattaneo (1993b: 188) chama de um "utilitarismo mascarado pela justiça", assim descrito por Naucke: "a tentativa de Feuerbach de ligar, no âmbito da pena, utilidade e justiça, abriu – contra as concepções kantianas ou kantianisadas – a carreira do utilitarismo travestido de justiça no âmbito das penas" (*apud* Cattaneo, cit.).[164] Para o bem ou para o mal, esse sincretismo marcou o desenvolvimento do direito penal contemporâneo, e se a origem dessa mistura pode ser observada em Feuerbach, está aí mais um indício histórico de sua posição central na formação de nosso direito penal como objeto teórico.

Além do mais, Feuerbach teve uma carreira jurídica que conseguiu unir em iguais medidas a teoria com a prática, se bem que com pesos

---

[162] Roxin (2006: 83-6) diz que as teorias unificadoras apenas somam as dificuldades individuais de cada uma das teorias, sem resolvê-las. Pires (1998a), olhando em escopo mais amplo, com o qual eu tendo a concordar, diz, ao contrário, que as teorias preventivas e retributivas alimentam uma mesma racionalidade penal.

[163] A participação dessas correntes filosóficas distintas na teoria da pena de Feuerbach é um dos objetos principais de outra recente e profunda investigação a seu respeito, de autoria de Greco (2009).

[164] "In der Tat, Feuerbachs Versuch, Zweckmässigkeit mit Gerechtigkeit in der Strafe zu verbinden, eröffnet – gegen die kantische oder kantianisierenden Auffassungen – die Karriere der Zweckmässigkeit im Strafen im Gewand der Gerechtigkeit". Originalmente em: W. Naucke, Die Kriminalpolitik des Marburger Programms 1882, *Zeitschrift für die gesamte Strafewchtswissenschaft*, Heft 3, 1882, p. 537.

distintos ao longo de sua vida. Após ser estudante de filosofia em Jena e interessar-se profundamente por Kant e Rousseau (Naucke, 1975: 863-4), foi professor de direito em Jena, Kiel e Landshut, trabalhou no Departamento de Justiça de Munique até 1814 – quando escreveu o Código Bávaro de 1813 – e em seguida tornou-se juiz, tendo atuado em Bamberg e Ansbach. A despeito disso, o Feuerbach-jurista é invariavelmente saudado como kantiano e jusnaturalista, o que obscurece dois dados fundamentais para a sua compreensão: como jurista, ele teve uma carreira cada vez mais voltada para a prática, o que às vezes temperava o idealismo de matriz kantiana a partir do qual ele trabalhava; e como reformador e codificador, ele dava grande importância à dimensão prática, particularista e local do direito, não se resumindo a um mero divulgador de um direito natural aprioristicamente conhecido, ao contrário do que sugere Zaffaroni (*in* Feuerbach 1989), para quem o direito natural tinha em Feuerbach sempre precedência sobre o direito positivo. Uma leitura atenta de seus textos feita por importantes intérpretes do presente destaca, ao contrário,[165] o perene trabalho de equilíbrio entre o idealismo de um direito natural provindo da razão pura e o caráter (cada vez mais) prático de sua ciência do direito – há um trabalho seu inteiramente dedicado à posição teórica do direito, que ele via preso em um meio caminho entre a teoria e a prática (Feuerbach, 1969). Trata-se, portanto, de um pensador que buscava um balanço entre o mundo das ideias e o mundo das ações, duas facetas que têm reconhecida importância para o campo do direito, mas que nem sempre se põem de acordo.

Em quarto lugar, Feuerbach notabilizou-se não só por sua teoria da pena, mas também por sua teoria forte da legalidade penal. Ele é por muitos apontado como o precursor histórico mais imediato do princípio da taxatividade penal, e seus brocardos legalistas ainda são lembrados pelos penalistas do presente como parte do núcleo duro do princípio da legalidade em matéria penal (Arnold, 2003; Gropp, 1990: 90 e ss.). Se, pelo que foi visto até aqui, uma das marcas do direito penal pré-con-

---

[165] O equilíbrio entre teoria e prática é um tema constante nos trabalhos dos biógrafos de Feuerbach. Para uma visão resumida, v. Naucke, 1975; para um trabalho mais completo, v. Radbruch, 1934; sobre o re-equilíbrio entre teoria e prática como chave interpretativa para o segundo projeto de Código Penal bávaro de Feuerbach, v. Schubert, 1978.

temporâneo é a falta de uma noção específica e estrita de um delito criminal, o princípio da legalidade em matéria penal dá uma importante pista dos caminhos metodológicos pelos quais ele poderá aparecer.

Por fim, alguns dos mais importantes penalistas contemporâneos continuam enxergando a dogmática penal que fazem à imagem e semelhança da sua. Zaffaroni, por exemplo, diz que "Feuerbach coroou o que se pode considerar a primeira estruturação de uma parte geral de direito penal em sentido moderno" (*in* Feuerbach, 1989: 18). Roxin é ainda mais explícito, chamando-o de "o fundador da ciência penal alemã moderna" (2006: 78).[166] Knopf (1936: 29), no mesmo sentido, diz que seu *Lehrbuch* dá os fundamentos da moderna ciência penal no século XIX,[167] e a opinião de Naucke (1975: 861) não é diferente. Não há outros autores históricos da dogmática penal que sejam tão explicitamente reconhecidos nesse sentido.[168] Ora, se a hipótese aqui é que Feuerbach é um autor-chave para a compreensão do processo histórico de formação da dogmática penal contemporânea, o fato de os penalistas atuais acusarem nele essa origem é um dado importante para corroborar essa suposição, e serve bem para justificar o porquê de sua escolha.

Daqui até o final deste livro, procurar-se-á mostrar como Feuerbach juntou alguns dos elementos do pensamento jurídico e da racionalidade penal modernas e construiu, através deles, aquilo que nós hoje reconhecemos como o nosso direito penal. Dito de forma bastante direta, a tarefa deste capítulo doravante é apontar como o liberalismo filosófico e jurídico de Feuerbach moldou, com um sentido predominantemente conciliatório em faces das disputas políticas e morais da filosofia de sua

---

[166] "Sie ist in der historisch wirkungsmöchtigsten Form entwickelt worden von Paul Johann Anselm v. Feuerbach, der als Begründer der modernen deutschen Strafrechtswissenschaft gilt".

[167] "Feuerbach, ein Kind der Aufklärungszeit, von freiheitlichen Gedanken erfüllt, von tiefer innerlicher, im besten Sinne des Wortes liberaler Gesinnung, findet in der kritischen Philosophie Kants sein wissenschaftliches Rüstzeug. Sein Lehrbuch wird die Grundlage der modernen Strafrechtswissenschaft des 19. Jahrhunderts".

[168] O nome de Beccaria certamente supera o de Feuerbach no tocante ao reconhecimento de sua importância histórica para o direito penal atual. Mas, concordando com Roxin, penso que Feuerbach foi mais importante especificamente para o desenvolvimento da dogmática penal contemporânea, enquanto Beccaria o foi para a racionalidade penal moderna.

época, os elementos teóricos que estavam disponíveis a seu tempo na forma da nossa dogmática penal contemporânea.

I. A dogmática penal às vésperas de Feuerbach

Antes de apresentar a teoria de Feuerbach, entretanto, é importante expor a representação teórica do "direito penal" em outros juristas de sua época. Isso dará a ideia de como a construção da dogmática penal contemporânea foi trabalho de toda uma geração, que trouxe à pauta os temas e institutos fundamentais com os quais construiu-se um objeto teórico particular; ou seja, que a criação do nosso direito penal não foi a tarefa hercúlea de uma só pessoa. Mas, ao mesmo tempo, mostrará também como a teorização específica de Feuerbach foi contingentemente importante para a construção da dogmática penal contemporânea, pois ainda que o material intelectual já estivesse disponível para vários autores de seu tempo, e já estivesse sendo articulado com sentidos semelhantes ao nosso direito penal, foi Feuerbach, e não um outro qualquer, que os moldou efetivamente naquilo que reconhecemos como o nosso direito penal.[169]

1. Christoph Carl Stübel

Na obra de Christoph Carl Stübel (1764-1828), quase todos os elementos individuais com que se construiu a dogmática penal contemporânea já estavam presentes; mas a forma específica com que foram colocados em conjunto formou um objeto teórico que ainda era diferente do nosso direito penal, em pontos sutis porém fundamentais.

Stübel já acusava a divisão do direito entre público e privado (1795: 6). Além disso, um dado em especial chama a atenção na obra do professor saxão: ao contrário do que ainda faziam muitos acadêmicos

---

[169] Exemplo paradigmático disso é sua doutrina da legalidade. Ainda que a idéia de legalidade já figurasse em outros autores de seu tempo, Feuerbach foi pioneiro em construir as amarras, como hoje ainda existem, que ligam lei penal, crimes e penas por meio do princípio da legalidade. Nesse mesmo sentido estão as constatações de Greco: "Diese uns heute als sebstverständlich erscheinenden Sätze [*Nulla poena sine lege; nulla poena sine crimine; nullum crimen sine poena legali*] können nur richtig begriffen werden, wenn man sich vor Augen hält, dass führende Strafrechtler von damals noch sehr weit davon entfernt waren, die Gesetzlichkeit von Verbrechen und Strfen anzuerkennen" (Greco, 2009: 49).

em seu tempo, ele já reconhecia o direito penal (*peinliches Recht*) como um ramo específico do direito, e não simplesmente como a parte penal de todas as leis positivas:

> Uma lei penal em sentido estrito é uma prescrição que proíbe as imediatas lesões de um direito natural de resistência sob ameaça de uma pena, e aquela parte da ciência do direito que contém as relações jurídicas cujas leis são derivadas dessas leis chama-se Ciência do Direito penal em sentido estrito (Stübel, 1795: 15-6).[170]

Também chama atenção a concepção de pena com que Stübel trabalhava, pela tentativa de definir a especificidade da pena criminal em oposição a outros usos legítimos da força estatal. Dizia ele que o Estado cumpre seu papel de manutenção da paz por dois modos distintos: **(i)** criando estímulos para que os cidadãos cumpram os seus deveres e **(ii)** criando obstáculos ao descumprimento desses mesmos deveres (1795: 12). Tais obstáculos poderão ser de dois tipos: ou a defesa (*Vertheidigung*), voltada às infrações já em curso; ou a prevenção (*Prävention*), que se destina a evitar que infrações venham a ocorrer. Uma das formas de exercer a prevenção é através de um contra-estímulo ao infrator em potencial: assegurando-lhe, em outras palavras, que seu ato infracional acarretar-lhe-á um mal que deixe de tornar vantajoso o ilícito. Stübel chama essa modalidade de prevenção moral (*moralische Prävention*):

> À oposição violenta contra a intenção esclarecida de promover uma infração, ou deve-se resistir através de força física, ou simplesmente deve-se dar à vontade livre uma melhor direção, a implicar uma outra resolução que, com o externar dessa intenção, evite a tal ação, pelo convencimento do infrator de que ele não vai ganhar coisa alguma com a lesão; ao contrário, vai perder muito mais. Esse tipo de coação pode ser chamada de prevenção moral, para diferençar-se da prevenção física (Stübel, 1795: 13).[171]

---

[170] "Daher ist ein eigentliches peinliches Gesez eine Vorschrift, welche die unmittelbare Verlezzung eines natürlichen Zwangsrechts unter Androhung einer Strafe verbietet, und derjenige Theil der Rechtswissenschaft, welcher die Rechte und Verbindlichkeiten in sich begreift, die aus diesen Gesezzen entlehnt sind, heisst die peinliche Rechtswissenschaft im eigentlichen Sinne".

[171] "Der gewaltsame Widerstand gegen die erklärte Absicht, eine Verlezzung zu unternehmen, soll entweder die dazu in Anwendung kommenden physischen Kräfte über-

O DIREITO A AÇÕES IMORAIS

    A ideia do contra-estímulo é, como se sabe, um dos pontos centrais da teoria da pena de Beccaria (Pires, 1998b); e, tal qual formulada por Stübel, ela é, ao menos no que diz respeito aos pressupostos antropológicos, semelhante à teoria da coação psicológica de Feuerbach (v. item VII adiante), pois ambas compartilham o ponto de partida de que é possível mexer com a cabeça das pessoas para evitar que os crimes aconteçam, e que a pena é útil nesse sentido. Mas em uma análise mais detida, as duas posições são diferentes em pontos decisivos: em Feuerbach, como veremos, a pena, por si só, não é capaz de cumprir com o seu papel preventivo; ele necessita, adicionalmente, da lei penal. Por isso, Feuerbach deu à *legalidade* a função propagandística de garantir a liberdade externa de todos os súditos[172] – a "condição jurídica" – através da ameaça da pena, posição essa que teve um papel decisivo para sua dogmática penal: desvinculando liberdades jurídicas de deveres morais, Feuerbach construiu um direito penal com a faceta tipicamente liberal a que estamos acostumados, valorizando, por exemplo, a descrição e a clareza do conteúdo proibitivo das leis, coisa que em Stübel não se vê: ele fala, é claro, da legalidade, pois esse era um tema importantíssimo no cenário político jurídico de então, mas apenas num contexto de organização das fontes (Stübel, 1795: 33 e ss.), e não de publicização e detalhamento do conteúdo proibitivo das leis penais, como nós hoje enxergamos o chamado "princípio da legalidade". Em outras palavras, e utilizando um anacronismo a título de exemplo: a legalidade de Stübel não implica taxatividade, como faz a legalidade de Feuerbach.[173] Na mesma linha, e também enfatizando as diferenças entre Feuerbach e Stübel, Greco (2009: 50) aponta ainda que a legalidade não tinha o

---

winden, oder blos dem freien Willen eine bessere Richtung geben, und zu einer andern Entschliessung nöthigen, in dem mit der Aeusserung dieser Absicht eine solche Gewalt verbunden wird, die den Drohenden überzeugt, er werde bei der Ausführung derselben nichts gewinnen, sondern vielmehr verliehren. Auch diese Art der Gewalt kann Prävention und zum Unterschiede der physischen, eine moralische genennt werden".
[172] V. item III adiante.
[173] Nesse sentido, Bohnert, falando da taxatividade em Feuerbach: "Das Bestimmtheitserfordernis des Strafgesetzes ist für Feuerbach keiner Ausnahme unterworfen oder – wie er im Anschluss an Kant gerne formuliert – "kategorisch" und ist in dieser Hinsicht ein Grundsatz" (1982: 9-10). Ainda sobre a taxatividade em Feuerbach, v. Knopf, 1936: 29.

papel de fonte por excelência do direito penal neste último, já que para ele isso era em grande parte cumprido pela lei natural e pelos costumes.

Além disso, Stübel reuniu todos os elementos teóricos do direito contemporâneo anteriormente citados de uma forma que ainda não resultaria naquilo que hoje reconhecemos como o nosso direito penal: apesar de já haver reconhecido a autonomia do direito penal em relação ao direito civil, ele incluía nessa nova disciplina certas matérias que, hoje sabemos, foram contingentemente deslocadas para outros saberes, notadamente o processo penal (Stübel 1795: 29 e ss.). A diferença entre direito penal e processo penal não era, para ele, de caráter substantivo, mas sobretudo funcional: enquanto o direito penal cuidava dos fundamentos teóricos das penas jurídicas, o processo penal cuidava de sua aplicação prática. Stübel tratava-os, portanto, como sub-divisões de um mesmo objeto teórico. Por essas razões, é seguro dizer-se que a sua obra ainda não chega a construir um objeto teórico que esteja dentro da dogmática penal contemporânea.

2. Ernst Ferdinand Klein

O mesmo se pode dizer dos *Fundamentos do Direito Penal Comum Alemão e Prussiano*, de 1796, de Ernst Ferdinand Klein (1743-1810).[174] Trata-se um autor de grande prestígio em seu tempo: Klein foi um dos principais redatores da *Landrecht* prussiana de 1794. Assim como visto com Stübel, seus trabalhos acusavam já muitos dos elementos a partir dos quais seria possível construir a dogmática penal contemporânea como objeto teórico, mas Klein igualmente não o fez. Vale destacar que ele é citado incontáveis vezes no *Lehrbuch* de Feuerbach e foi um dos autores com que Feuerbach mais debateu diretamente – um debate áspero, diga-se de passagem (Cattaneo, 1970: 281). A segunda parte de *Über die Strafe als Sicherungsmittel vor künftigen Beleidigungen des Verbrechers*, de Feuerbach, (1800: 119 e ss.) é, por exemplo, toda dedicada a sua disputa com Klein. A polêmica entre ambos tomou proporção tão grande, com sucessivos ataques e contra-ataques de parte a parte, que no prólogo à primeira edição de seu *Lehrbuch*, Feuerbach excluiu-se do embate e

---

[174] *Grundsätze des Gemeinen Deutschen und Preussischen Peinlichen Rechts*. Halle: Hemmerde und Schewtschke, 1796.

declaradamente colocou-se em posição de ignorar tudo aquilo que partisse da pena de Klein:

> De sua parte, o autor considera terminada sua polêmica com o Sr. Klein e não vê nenhuma razão para responder aos últimos escritos desse doutrinador. Uma vez, pode-se desculpar o combate no âmbito literário, porque ocasionalmente é perdoável e também proveitoso, mas deter-se muito tempo pela mesma coisa é exaustivo e irritante para os debatedores, e para os que assistem, é ridículo. (...) Que o Sr. Klein siga o seu caminho, pois o autor seguirá pelo seu. Falemos o que pensamos e façamos o que pudermos. Talvez, o tempo e o justo tribunal do mundo dirão quem fez mais e melhor (*Lehrbuch*, XII-XIII).[175]

Um primeiro ponto de relevo da obra de Klein diz respeito à sua concepção de ilícito criminal: o professor de Halle já concebia o delito penal como algo qualitativamente diferente de outros tipos de ilícitos jurídicos, pelos danos especialmente nocivos nele implicados, tal qual fizera Stübel:

> Ações e omissões que, também sem leis positivas, compreendam uma injúria à sociedade em geral, ou seus membros em particular, são em si mesmas apenáveis, ou quando o objeto da ação ilícita não possa ser recuperado ao estado em que anteriormente se encontrava, ou quando o ofensor, através dessa recuperação e reparação, não perca mais do que a esperada vantagem, sem outros meios aplicáveis e adequados para evitar semelhantes injúrias (Klein, 1796: 11).[176]

---

[175] "Seinen Streit mit Hrn. Klein hält der Verfasser von seiner Seite für beendigt. Er findet keine Gründe, den neuesten, ihm entgegensetzten Abhandlungen dieses Gelehrten zu antworten. Einmal sich auf dem literarischen Kampfsplatz tummeln, ist verzeihlich, vielleicht auch gut: auf ihm lange verweilen und immer um dieselbe Sache kämpfen, ist ermüdend und langweilig für die Streiter un für die Zuschauer wenigstens lächerlich. (...) Herr Klein gehe seinen Weg, der Verfasser wird den seinigen gehen. Was wir denken, kollen wir sagen und, was wir können, thun. Die Zeit und das gerechte Gericht der Welt mag einst entscheiden, wer das meiste und das beste that".

[176] "Handlungen und Unterlassungen, welche, auch ohne positive Gesetze, eine Beleidigung der Gesellschaft überhaupt, oder ihrer Mitglieder insbesondere in sich schliessen, sind and sich strafbar, wenn entweder der vorige Zustand nicht wieder hergestellt werden kann, oder der Beleidiger durch Wiedererstattung und Ersatz nichts weiter als

Note-se que, mesmo fazendo vistas grossas para a importância dos aspectos formais para a constituição do ilícito penal, Klein já demonstra um esforço de distinção, pela via material, daquele grupo de ilícitos jurídicos que merece uma pena criminal; e essa distinção relaciona-se tanto com a gravidade do crime, quanto com a necessidade da pena. Está-se, portanto, saindo do terreno da concepção horizontalizada do delito, para entrar-se no terreno do delito estritamente criminal.

Klein concebia a pena como um instrumento de proteção social pela via do desestímulo: "As penas só se legitimam como meio de autodefesa, e não como simples vingança para anular um mal com o outro" (Klein, 1796: 8).[177] É especialmente importante apontar que o autor oferecia também uma distinção substantiva entre o conceito de "pena", em sentido estrito, e as ações corretivas ou emendatórias (castigos, penitências), ainda que admitisse os dois pudessem ser administrados em conjunto. Este é um passo importante no processo de especificação de uma matéria própria do direito penal. Diz Klein:

> Na medida em que a pena simplesmente intenciona a prevenção das ações externas contrárias ao direito, é uma pena em sentido estrito. Ela se chama castigo, quando intenciona a melhora do criminoso. Mas o castigo pode ser ligado a uma pena. Sob a pena emendatória, visa-se a evitar que o ofensor cometa infrações no futuro. A pena emendatória nesse sentido, como o simples castigo, opõe-se à pena exemplar. (Klein, 1796: 8-9).[178]

---

den gehosten Vortheil verliert, andre Mittel aber, ähnliche Beleidigungen zu verhüten, gar nicht anwendbar oder unzureichend sind".

[177] "Strafe lässt sich nur als Mittel der Selbstvertheidigung rechtfertigen, nicht als bloße Rache, um ein Uebel mit dem andern zu vergelten".

[178] "Insofern die Strafe blos die Verhinderung der äußerlichen gesetzwidrigen Handlung beabsichtigte, ist sie eine Strafe im engeren Sinne. Sie wird Züchtigung genannt, insofern sie die Besserung des Gezüchtigten zum Zwecke hat. Bloße Züchtigung ist nur vermöge eines Erziehungsrechtes erlaubt. Sie kann aber in Fällen, wo ohnedies eine Strafe eintreten würde, wohlthätig mit dieser verbunden werden. Unter den beßerenden Strafen pflegen auch diejenigen verstanden zu werden, welche den Zwek haben, den Beleidiger selbst von ähnlichen gesetzwidrigen Handlungen abzuhalten. Den beßerenden Strafen in diesem Sinne sowohl, als der bloßen Züchtigung, wird die exemplarische Strafe entgegengesetzt".

Porém, assim como Stübel, Klein não fazia distinção substantiva entre direito penal material e direito penal processual: um seria a parte teórica do direito penal, e outro a sua parte prática. Mesmo a distribuição do conteúdo das matérias do „direito material" e „direito processual" em Klein é ainda diferente de nossa lógica contemporânea, tornando ainda mais evidente do que em Stübel a relativa indistinção entre as duas áreas: na Parte Geral de seu „direito penal" incluem-se lições sobre o funcionamento da justiça penal, como, por exemplo, as regras para determinação da competência das causas criminais (Klein, 1796: 36-43).[179] Trata-se, claramente, de uma permanência do método de representação teórica do direito penal a partir da ordem de sua realização processual. Outro ponto importante de distanciamento entre Klein e nossa forma contemporânea de enxergar o ilícito penal está nas implicações por ele tiradas (ou melhor, não tiradas) da legalidade: como lembra Greco, não havia, para ele, a ligação necessária entre a previsão legal de um crime e a aplicação de uma pena especificamente determinada: "Na visão de Klein, o criminoso consentia, com a execução do crime, com todas as penas possíveis, e não apenas com aquela prevista" (Greco, 2009: 50).[180]

Isso indica que Klein ainda estava fora da dogmática penal contemporânea por um passo pequeno, mas importante. A representação conjunta do direito penal e processo penal em sua obra explica-se pela existência de uma área distinta, na prática, das demais áreas do direito, porque já dotada, àquela altura, de uma jurisdição própria – já existia então uma justiça criminal, à qual competia julgar matérias criminalmente sancionadas. Mas essa matéria prática ainda não havia se desdobrado em um direito material e um direito processual distintos, como é hoje, ainda que já se acusasse alguma diferenciação entre uma coisa e outra.

---

[179] A separação é hoje mais clara: o direito penal define o local de consumação do delito (Lei 7.209/84, art. 6º.), enquanto o processo penal determina a competência jurisdicional fazendo uso, ou não, do local da consumação do delito como critério (Decreto-lei 3.689/41, art. 69, inc. I).
[180] "Klein war der Ansicht, der Verbrecher willige mit der Begehung des Verbrechens in jede mögliche Strafe und nicht nur in die angekündigte ein".

3. Karl Grolman

Um último conjunto de evidências históricas importantes está na obra de Karl Grolman (1777-1843), o professor de Gießen com quem Feuerbach igualmente polemizou.[181] Também essa fonte aponta no mesmo sentido das demais: diversos dos elementos necessários para a construção do nosso direito penal já estavam presentes, mas eles foram reunidos de uma forma que não resultaria na dogmática penal contemporânea. Grolman tem duas obras importantes para uma história da dogmática penal: a primeira, *Sobre a Fundamentação do Direito Penal e da Legislação penal*,[182] foi publicada em 1799 – ou seja, dois anos antes do *Lehrbuch* de Feuerbach, mas quatro anos depois do *Anti-Hobbes*, onde os primeiros fundamentos de sua teoria penal foram publicados; a segunda, *Fundamentos da Ciência Jurídico-Penal*,[183] foi publicada em 1805. Por questões cronológicas, é a primeira que mais interessa a esta pesquisa.

Grolman começa a construir seu direito penal através de ideias que são fundamentais também para o nosso, entre as quais destaca-se, primeiramente, a postulação da necessidade de regras específicas de *imputabilidade*, no sentido amplo da expressão (ou seja, aptidão para receber uma pena); e, mais adiante, uma conceituação de um tipo específico de *pena*, que não abrangeria toda e qualquer resposta jurídica a uma violação da lei. Por uma via ou por outra, trata-se de esforços de construção de um objeto teórico pelo método da especificação de um certo conteúdo que ainda hoje pertence ao direito penal: a pena criminal e as regras para sua imputação.

Entretanto, no que diz respeito à diferenciação substantiva entre o ilícito criminal e os ilícitos morais e suas respectivas penas, Grolman constrói seu discurso a partir de uma linguagem ambígua, como se vê a partir de seu conceito de pena criminal (*Strafe*):

> A primeira característica [da pena] que nós descobrimos é sem dúvida a seguinte: que a pena consiste em um mal sensível, que os

---

[181] Sobre as contendas entre Feuerbach e Grolman, v. Cattaneo, 1970: 282 e ss.

[182] 1799. *Ueber die Begründung des Strafrechts und der Strafgesetzgebung, nebst einer Entwicklung der Lehre von dem Maaßtabe der Strafen und der juridischen Imputation*. Gießen: G. F. Heyer.

[183] 1805. *Grundsätze der Criminalrechtwissenschaft*. Gießen / Darmstadt: G. F. Heyer.

homens encontram em razão de sua culpa. Daí diferenciarmos pena de prêmio, e pensarmos que essa última consiste em um bem, que a nós é dado por causa de uma ação meritória, e aquela primeira em um mal que a nós é infligido, por causa de nossa culpa. (...) Uma segunda característica é: que ela não é nem reparação, nem defesa. Por isso ouve-se sempre: este homem é obrigado a repor a coisa danificada, mas ele não recebeu pena. (...) Finalmente: só se pode falar de uma pena se aquele que a recebe é capaz de reconhecê-la como um mal em razão daquilo que ele deve. (Grolman, 1799: 42-4)[184]

Note-se que, ao mesmo tempo em que a definição de Grolman poderia conduzir-nos para o conceito contemporâneo de pena criminal e de imputação, ela poderia também sustentar uma visão moralizante da pena (penitência, expiação); pois Grolman não procurou, por exemplo, diferenciar pena de castigo, como, lembremos, fez Klein; e nem estabeleceu diferenças entre os requisitos psicológicos ou morais para a imputação de um castigo (moral) ou de uma pena (jurídico--penal), já que ambos dependem, para ele, de livre-arbítrio em sentido estrito: capacidade de se reconhecer que a pena recebida deve-se ao mal da ação. Esse caminho deixava pouca margem para uma diferenciação dos elementos subjetivos da imputabilidade penal, que é extremamente relevante para a distinguir a imputação penal das demais. Essa relativa indiferenciação está também na base de sua concepção emendatória de pena[185] – esta foi sua grande polêmica com Feuer-

[184] "Das erste Merkmal, welches wir auffinden, ist ohne Zweifel dieses: daß Strafe in einem sinnlichen Übel bestehe, welches den Menschen wegen seiner Verschuldung trifft. Daher setzen wir Strafe der Belohnung entgegen, und denken uns, so gewiß diese in einem Gute besteht, welches uns wegen einer verdienstlichen Handlung (meritum= ertheilt wird, unter jener ein Übel, welches uns, durch unsre Schuld (demeritum) veranlasst, zugefügt wird. (...) Ein zweites Merkmal, welches der Sprachgebrauch unverkennbar in den Begriff des Strafübels legt, ist: daß es weder Zwang zur Entschädigung noch zur Nothwehr sey. Darum hört man so häufig daß Urtheil_ dieser Mensch sey zwar verbunden, den gestiften Schaden zu ersetzen, aber Strafe habe er nicht verdient. (...) Endlich ist es gewiß, daß der Sprachgebrauch nur dann ein dem Menschen zugefügtes Übel (...) ein Strafübel nennt, wenn der, welchem es zugefügt wird, dasselbe als ein durch seine Verschuldung veranlasstes Übel zu betrachten, und als Übel zu empfinden im Stande ist".
[185] Zaffaroni (*in* Feuerbach, 1989) diz que Grolman entendia pena como defesa. Para fins históricos, essa não é a melhor forma de definir sua teoria, porque os penalistas da época

bach[186] –, ressalvado que uma concepção emendatória de pena não é, por si só, incompatível com a dogmática penal contemporânea.[187]

Essa falta de especificidade do campo penal é reforçada pela noção de ilícito com que trabalhava Grolman. Sua teoria não tratava de um ilícito penal formal e materialmente diferente dos demais (jurídicos e morais); ao contrário, estabelecia poucas diferenças substantivas entre ilícitos jurídicos e ilícitos morais, apesar de reconhecer a legalidade como um fator necessário para o direito penal estatal. As leis postas pelo Estado, dizia Grolman, tinham de sê-lo de tal forma que todos os indivíduos as reconhecessem como suas próprias leis morais.[188] Ao comentar os fundamentos das leis penais positivas, Grolman diz o seguinte:

> O homem não pode se sujeitar à vontade de um indivíduo, que seja apenas a decisão subjetiva de um terceiro, sem sacrificar a sua personalidade. A lei (a decisão objetiva) deve portanto ser tal, que verdadeiramente todos os indivíduos a reconheçam como suas próprias decisões subjetivas (Grolman, 1799: 100).[189]

davam à palavra "defesa" uma acepção muito restrita: o afastamento de uma agressão atual. Grolman, ao contrário, sustentava que a pena servia para emendar o criminoso e prevenir a sociedade em relação a ofensas futuras. Assim ele era lido por Feuerbach (*Lehrbuch*, 18). Cattaneo (1973) lembra que Grolman especificamente distinguia o direito de defesa do direito à segurança ou prevenção, sendo a pena mais ligada a este último; e, num dos poucos estudos históricos até hoje feitos a seu respeito, Karl Molitor o considerou o pai da prevenção especial (1950. *Die Straftheorie der Spezialprävention bei Karl von Grolman*). Ainda que, num uso contemporâneo da expressão, seja possível dizer que a pena era defesa para Grolman – como também o era para muitos positivistas, por exemplo –, para fins históricos é melhor dizer que ela a via como um instrumento emendatório, corretivo; por isso, penso eu, a analogia com um castigo é perfeitamente cabível, e reforça a tese da relativa indiferenciação entre o penal e o moral em sua obra.

[186] A primeira parte de Über die Strafe als Sicherungsmittel vor künftigen Beleidigungen des Verbrechers (1800) é toda dedicada à refutação da teoria da pena de Grolman.

[187] A teoria penal positivista, por exemplo, tinha a concepção emendatória de pena – a chamada "prevenção especial" – como um de seus fundamentos.

[188] Isso o distancia da filosofia kantiana, que tinha também uma abordagem moralizante da pena, mas separava agudamente legalidade e moralidade.

[189] "Dem Willen eines Individuums, dem selbst blos subjectiven Urtheil eines Dritten, kann sich der Mensch nicht unterwerfen, ohne seine Persönlichkeit auszuopfern. Das Gesetz (das objective Urtheil) müßte daher ein solches sein, – welches wirklich alle Individuen als ihr subjectives Urtheil erkennen".

Tem-se aqui, portanto, uma legalidade conceitualmente dependente da moralidade, pois Grolman exigia que as leis positivas (objetivas) fossem conformes às leis morais individuais (subjetivas), como regras de condutas que os súditos dariam a si mesmos. Essa ideia, que era para Feuerbach inaceitável,[190] depauperava a prerrogativa político-criminal de criação de ilícitos penais independentes da moralidade e a serviço das conveniências políticas do soberano, prerrogativa essa que a dogmática penal contemporânea confere ao Estado a partir da concepção política de "crimes" e da ideia de legalidade penal como fonte exclusiva para a criação de proibições penais. A pouca importância da legalidade penal na teoria de Grolman foi notada por Cattaneo:

> A lei penal não tem uma posição central na concessão de Grolman: ele diz a tal propósito que o Estado não deve ignorar os meios que possam levar a uma situação em que não haja ameaças a direitos; um dos meios mais eficazes para atingir tal escopo é o do fazer conhecer antecipadamente na lei a pena que seguirá necessariamente à violação dessa mesma lei. A lei é portanto um dos meios voltados a esse escopo, e tem uma posição subsidiária em relação ao direito de punir compreendido como direito de prevenção (Cattaneo, 1970: 284-5).[191]

Em Feuerbach, a legalidade também tinha uma papel acentuadamente intimidatório, é verdade; mas ela tinha adicionalmente, como veremos, uma característica constitutiva do direito penal, como hoje a concebemos; e não meramente instrumental, como Grolman postula. Cattaneo (cit.) aponta que Grolman tratava a ofensa (*Beleidigung*) a um dever e o ilícito (*Unrecht*) como crimes, enquanto Feuerbach separava os crimes (*Verbrechen*) das demais formas de ilicitude. Isso é determinante

---

[190] Inaceitável porque franqueava aos súditos a possibilidade de avaliar a legitimidade das leis, o que Feuerbach não aceitava, a não ser em casos extremos.

[191] "La legge penale non ha una posizione centrale nella concezione di Grolman: egli dice a tale proposito che lo Stato non deve trascurare i mezzi che possono portare a far sì che non avvenga nessuna minaccia ai diritti; uno dei mezzi piu efficaci per raggiungere questo scopo è quello di far conoscere in anticipo nella legge la pena che seguirà necessariamente alla violazione della legge stessa. La legge è quindi uno dei mezzi rivolti a questo scopo, e ha una posizione sussidiaria rispetto al diritto di punire, inteso come Präventions-Recht".

para a especificidade que o ilícito criminal ganhou na obra de Feuerbach, especificidade essa que ainda mantemos no presente. Um importante indício histórico que reafirma a diferença entre os dois autores está na resenha da obra de Grolman escrita por Feuerbach e publicada em abril de 1798 no *Allegemeine Literatur-Zeitung*. Em uma passagem da resenha, Feuerbach diz o seguinte:

> Causa-nos muita surpresa que ofensa [*Beleidigung*] ou ilicitude [*Unrecht*] sejam tomados como sinônimos diretos de crime [*Verbrechen*]. Se cada crime é uma ofensa, pode toda ofensa ser chamada de um crime? Se eu quebro unilateralmente um contrato válido, ou não pago por um empréstimo contraído por um determinado período, então serei eu um ofensor e terei eu ultrapassado a esfera de liberdade de terceiros da mesma forma que, se eu matasse ou enganasse meu credor. Mas quem ousaria chamar os primeiros de crimes? Por isso, é preciso diferenciar entre esses conceitos (Feuerbach, 1798b: 66).[192]

Finalmente, é importante dizer que Grolman ainda era um autor que trabalhava com uma acentuada indiferenciação entre direito penal e processo penal. Assim como Stübel, a relação entre direito penal e processo penal ainda eram dadas em termos de teoria *versus* prática. É justamente em Grolman que Cattaneo (1993a: 278) anota a sinonímia entre "fato típico" e "corpo de delito", mostrando o quanto essa visão unia elementos que hoje nós temos por regra separar entre as duas disciplinas.

Por tudo isso, pode-se dizer que a especificidade da dogmática penal contemporânea ainda não se via na obra de Grolman. A relativa indiferenciação entre a esfera das proibições penais e morais afeta sobretudo o instituto da legalidade em sua obra, que aparece bastante diferente

---

[192] "Es muß uns gleich sehr befremdend vorkommen, daß Beleidigung oder Unrecht geradezu mit Verbrechen für gleichbedeutend genommen wird. Wenn auch jedes Verbrechen eine Beleidigung ist; kann denn jede Beleidigung ein Verbrechen genannt werden? Wenn ich einen gültigen Vertrag einseitig breche, oder ein zu bestimmter Zeit versprochenes Darlehn nicht abliefere, so bin ich Beleidiger und habe das Freyheitsgebiet des andern eben so gut überschritten, als wenn ich meinen Gläubiger gemisshandelt oder gemordet hätte. Wird sich aber der scharfsinnige Vf. jenes ein Verbrechen zu nennen getrauen? Indessen ist die Verwechslung diese Begrieffe nothwendig."

daquilo que hoje conhecemos: a legalidade é uma condição importante para o funcionamento do direito penal estatal, mas, como instituto jurídico, ela não ocupa ainda o papel teórico e político central que hoje lhe atribuímos.

Pelos autores analisados, vê-se que, na mesma época em que Feuerbach escreveu suas principais obras jurídicas, que são hoje reconhecidas como a fundação da dogmática penal alemã contemporânea, havia outros importantes juristas que, a despeito de terem escrito trabalhos perfeitamente alinhados ao estado da arte da doutrina jurídico-penal de seu tempo, ainda estavam fora do marco teórico daquilo que hoje reconhecemos como nosso direito penal. As razões que os excluem desse marco são, basicamente, de duas ordens.

Em primeiro lugar, faltava a pelo menos um deles uma noção específica de delito criminal e de pena criminal, dois dos pontos-chave da dogmática penal contemporânea. Trata-se de Grolman, que buscou qualificar substantivamente o delito criminal apenas como algo socialmente danoso, o que lhe apresentava a dificuldade de diferenciação entre o ilícito criminal e os ilícitos morais. Nele ainda não estava clara uma separação que para nós é hoje absolutamente evidente: o crime é um tipo de ilícito particular entre os ilícitos jurídicos, que não tem nada a ver com nossos deveres morais (ainda que ocasionalmente coincidam uns e outros). Em nenhum dos autores vistos, aliás, a legalidade foi apresentada com o papel constitutivo e a função de destaque, tanto política quanto metodológica, que hoje nela depositamos. Ademais, faltava ainda a representação do direito penal material como algo separado do direito penal processual. Tal indiferenciação aparece em Klein e Stübel. O direito processual é, para eles, a mera realização prática do direito penal: não há uma distinção substantiva entre as duas áreas, como sendo ramos jurídicos fundados em princípios e métodos próprios que redundam em objetos teóricos distintos.

Entretanto, nessas obras já são identificáveis alguns dos principais sentidos que estão subjacentes à dogmática penal contemporânea: em primeiro lugar, a busca por uma definição estrita do ilícito criminal, ainda que isso tenha sido feito diferentemente (e nem sempre com o mesmo sucesso) por esses autores todos; em segundo lugar, a relação desse sentido específico do crime com o papel político de defesa social por parte do Estado, aliando o exercício da violência ao objetivo de manutenção da ordem; e, mais ainda, a busca também de regras para a imposição de penas, cuja definição oscilava entre um mal moral (Grolman) e um instrumento de defesa do corpo social (Klein). Não havia, porém, consenso sobre como representar isso em uma dogmática penal compreensiva de todos esses embates.

Resta agora ver como Feuerbach levou adiante a tarefa de, a partir dos mesmos elementos teóricos de seus contemporâneos, construir o direito penal como o arcabouço dogmático que hoje conhecemos. Dado que a dogmática penal contemporânea é aqui interpretada a partir dos sentidos das teorias que a fundam, e na obra de Feuerbach esses sentidos aparecem principalmente nos trabalhos de filosofia, é importante esclarecer dois fundamentos filosóficos por ele desenvolvidos, que tiveram direta relação com sua específica formulação da dogmática penal: **(i)** a separação entre direito e moral; e **(ii)** a importância das instituições estatais. Pois ambas alimentarão um mesmo instituto jurídico-penal que, ao lado da pena criminal, é a base da dogmática penal contemporânea, e que, não por acaso, celebrizou Feuerbach tanto quanto a sua teoria da pena: a legalidade penal.

II. A separação entre direito e moral

No final do século XVIII, quando Feuerbach lançou seus primeiros escritos, já havia um consistente movimento de emancipação do direito em relação à moral. Para nós, que nascemos e crescemos em uma cultura jurídica positivista, tal separação pode parecer bastante clara:[193] a moral cuida só de assuntos importantíssimos nas relações entre homens, enquanto o direito dá regras também para matérias específicas e menos importantes; a moral não pode ser alterada deliberadamente, enquanto regras jurídicas o podem; a moral ocupa-se de ações intencionais, enquanto o direito dá grande importância também às ações involuntárias (culposas); a moral trabalha com um tipo de sanção (pressão

---

[193] Recentemente, entretanto, tem havido importantes autores da teoria do direito que negam esta premissa e postulam uma ligação conceitual entre direito e moral. Destaca-se nesse sentido especialmente Robert Alexy. Para sua abordagem mais recente sobre a moralidade do direito, v. Alexy (2008).

social), enquanto o direito, com outros tantos (penas criminais, multas, indenizações etc.).[194] Mas, para os homens de fins do século XVIII, essa separação não estava posta assim tão claramente, como já se viu na doutrina penal de Grolman. Lembremos que, àquela altura, todos ainda eram jusnaturalistas, em um sentido alargado da expressão; pois, a despeito de as bases filosóficas do positivismo já estarem presentes e difundidas na filosofia jurídica de então (em Feuerbach inclusive), foi só na segunda metade do século XIX que a doutrina jurídica positivista ganhou toda a sua força. Esta ligação conceitual entre direito e moral não era exclusividade do pensamento jurídico europeu: falando dos sistemas jurídicos ibéricos, americanos e africanos, Arno Wehling e Maria José Wehling anotam que

> nas três esferas jurídicas encontramos a mesma relação indissociável entre o direito, a moral social e a religião. Das Ordenações portuguesas às normas consuetudinárias supostamente "primitivas" das comunidades indígenas, as regras jurídicas fluíam de uma concepção integradora da moral e da religião "oficiais" (A. Wehling e M. J. Wehling, 2004: 13).

Em outras palavras: se os juristas positivistas do século passado rebaixaram a moral como um parente distante e pobre do direito-ciência, os autores de finais do século XVIII viam essa relação de forma bem diferente. A moral não era, em comparação com o direito, um saber empobrecido: ela era levada a sério pelos juristas, e todos achavam que o direito tinha alguma relação importante com a moral. Consequentemente, o parentesco entre os dois saberes não era, para eles, tão longínquo: direito e moral eram, além de igualmente importantes, também saberes muito próximos, porque ambos tinham por função dizer às pessoas como agir bem diante de certas situações, consideradas as regras de conduta pertinentes a cada caso. Como postulava Kant, ações jurídicas e ações morais eram sujeitas a uma só razão prática, e a unidade dessa razão tinha de ser preservada. Assim, os juristas não se viam como pessoas que tinham por função apenas descrever o ordenamento jurídico em detalhes; tinham, também (e principalmente), de postular qual

---

[194] Essas são as principais diferenças entre moral e direito apresentadas por Hart (1994: 173 e ss.).

a ação juridicamente correta de ser tomada à luz de determinadas circunstâncias, o que os aproximava metodologicamente da filosofia moral. A proximidade entre as duas áreas mostra-se exemplarmente até mesmo em Bentham, tido como um destacado representante da influência dos métodos científicos no estudo do direito. Em sua introdução aos princípios da moral e legislação, ele esclarece que a ética em geral pode ser definida como "a arte de dirigir as ações dos homens à maior quantidade possível de felicidade" (1823: 234).[195] Essas ações, a serem dirigidas à felicidade maior, são ou as nossas próprias ações, ou as de terceiros: o direcionamento das nossas próprias ações à felicidade chama-se "ética privada"; o direcionamento das ações alheias a esse mesmo fim, quando se referir a outros seres humanos (e não a animais, por exemplo), chama-se "governo", que, "no tocante às medidas pelas quais se expressa, é distinguido através do nome de legislação" (cit.).[196] É fácil ver, por esse caminho, a proximidade entre ambos: não só ética e direito produziam coisas semelhantes (razões para nossas ações praticáveis), como também faziam-no com vistas a um mesmo fim (o aumento da felicidade).[197]

---

[195] "Ethics at large may be defined, the art of directing men's actions to the production of the greatest possible quantity of happiness, on the part of those whose interest is in view."
[196] "What other agents then are there, which, at the same time that they are under the influence of man's direction, are susceptible of happiness. They are of two sorts: 1. Other human beings who are styled persons. 2. Other animals, which, on account of their interests having been neglected by the insensibility of the ancient jurists, stand degraded into the class of *things*. As to other human beings, the art of directing their actions to the above end is what we mean, or at least the only thing which, upon the principle of utility, we *ought* to mean, by the art of government: which, in as far as the measures it displays itself in are of a permanent nature, is generally distinguished by the name of *legislation*: as it is by that of *administration*, when they are of a temporary nature, determined by the occurrences of the day".
[197] "Now private ethics has happiness for its end: and legislation can have no other. Private ethics concerns every member, that is, the happiness and the actions of every member, of any community that can be proposed; and legislation can concern no more. Thus far, then, private ethics and the art of legislation go hand in hand. The end they have, or ought to have, in view, is of the same nature. The persons whose happiness they ought to have in view, as also the persons whose conduct they ought to be occupied in directing, are precisely the same. The very acts they ought to be conversant about, are even in a great, measure the same". (Bentham, 1823, XVII, 1, VIII).

Nesse contexto nem sempre favorável, Feuerbach defendia a autonomia conceitual entre direito e moral, tendo construído sua dogmática penal em grande parte estruturada no princípio de autonomia do jurídico. A versão mais bem acabada de seu argumento nesse sentido está em *Crítica do Direito Natural como Propedêutica para uma Ciência dos Direitos Naturais*, de 1796.[198] Lá, ele teve o declarado propósito de estipular um conceito de direito natural que fosse absolutamente independente da moral, de forma a possibilitar o surgimento de uma ciência jurídica verdadeiramente autônoma (algo que, segundo ele, não havia sido feito até então – nem mesmo por Kant):

> A pergunta sobre os fundamentos do Direito não é uma pergunta diletante (...). Ela é ligada aos maiores interesses da razão e do coração humanos. De sua resposta depende a existência ou inexistência da Ciência do Direito, sua possibilidade ou impossibilidade, e é da maior importância como condição essencial de uma Ciência do Direito não apenas em aspectos teóricos, mas também práticos (*Kritik*, 231-2).[199]

Feuerbach escreveu contra duas opiniões dominantes entre os pensadores alemães de seu tempo, que tinham, a seu ver, o defeito comum de conectar conceitualmente o direito à moral. Ele chamava essas teorias de „absolutas" e „relativas", conforme as diferentes relações que elas postulavam entre um e outro saber. As chamadas teorias absolutas situavam os direitos no campo do moralmente permitido: tudo aquilo que é deixado livre de proibição pela moral corresponderia a nossos direitos naturais. As ditas teorias relativas eram as que tratavam nossos direitos como produtos do dever moral: o direito corresponderia ao

---

[198] *Kritik des natürlichen Rechts als Propädeutik zu einer Wissenschaft der natürlichen Rechte*. Trata-se do segundo livro de Feuerbach dedicado ao tema. O primeiro foi sua tese *Über die einzig möglichen Beweisgründe gegen das Dasein und die Gültigkeit der natürlichen Rechte*, publicado um ano antes (1795), com que Feuerbach doutorou-se na Universidade de Jena.
[199] "Die Frage über den Grund des Rechts ist daher keine müßige Frage (...). Sie ist and das heiligste Interesse der Vernunft und des menschlichen Herzen geknüpft. – Von ihrer Beantwortung hängt das Daseyn oder Nichtdaseyn der Rechts-Wissenschaft, ihre Möglichkeit oder Unmöglichkeit, ab, und ist als nothwendige Bedingung einer Wissenschaft der Rechte nicht blos in theoretischer, sondern auch in praktischer Hinsicht von der äußersten Wichtigkeit".

outro lado da moeda do dever moral de não-interferência, e todos os direitos seriam, portanto, passivos. Por um caminho ou por outro, Feuerbach percebia que a doutrina dos direitos naturais acabava esvaziada, tornando-os meros negativos dos deveres morais; e que isso não deixava espaço para o surgimento de uma ciência do direito natural metodologicamente independente da filosofia moral.

A postulação da autonomia conceitual dos direitos naturais não era coisa fácil de se fazer, pelo já mencionado fato de o direito e a moral serem à época representados como dois saberes que cuidavam de um mesmo tipo de ação humana (as ações práticas): dado que nós temos apenas uma razão para assuntos práticos (se tivéssemos duas, elas poderiam nos ordenar coisas diferentes e a própria ideia de uma racionalidade prática poderia desaparecer), e que essa razão tem de abrigar todos os saberes relacionados às coisas praticáveis, como a moral e o direito, segue-se então que deveria haver uma relação necessária entre direito e moral. Daí o porquê de serem tão comuns as chamadas definições absolutas e relativas, contra as quais Feuerbach escreveu.

A tarefa de Feuerbach foi muito facilitada pela filosofia moral de Kant, que havia difundido uma década antes de *Kritik* – na *Fundamentação da Metafísica dos Costumes* (1838b) e na *Crítica da Razão Prática* (1788) – os conceitos de "moralidade" e "legalidade". Como comentado no capítulo anterior, a moralidade kantiana exigia o cumprimento de um dever apenas pelo senso íntimo de cumprimento do próprio dever racionalmente reconhecível; ao passo em que a legalidade não se preocupava com as razões internas de conformidade da conduta, bastando-lhe o cumprimento externo da exigência. Contudo, entre os intérpretes mais importantes de Feuerbach, é unânime a posição de que ele foi o primeiro autor a dar um tratamento jurídico exaustivo à distinção entre direito e moral – anterior inclusive ao próprio Kant, ainda que se utilizando do ferramental teórico da filosofia crítica. Nesse sentido a opinião de Cattaneo:

> A teoria da separação entre direito e moral de Feuerbach é mais profunda e coerente que aquela elaborada por Kant em sua obra especificamente filosófico-jurídica: é uma concessão que vem ao encontro da exigência da determinação autônoma do conceito de direito, a partir

do sentido do conceito kantiano de moralidade. Feuerbach tratou portanto, em minha visão, melhor do que qualquer outro autor, das específicas consequências jurídicas (...) dos princípios da filosofia moral de Kant (Cattaneo, 1970: 158).[200]

Também Hartmann diz que Feuerbach usou conceitos kantianos („moralidade", „legalidade"), mas estabeleceu uma doutrina filosófico-jurídica da separação conceitual entre direito e moral antes de Kant.[201] Isso porque Kant era um dos autores que conceituava os direitos como sub-produtos de deveres de terceiros: onde faltassem deveres, faltariam também direitos.

O ponto de partida de Feuerbach foi encontrar um fundamento para o direito que não estivesse nos deveres de terceiros; e que deveria ser positivamente ligado com a razão, pois o fundamento do direito só poderia ser uma autorização positiva da razão pura prática. Com isso, Feuerbach rejeitava tanto que nossos direitos correspondessem a meros deveres de terceiros, quanto que o direito teria uma relação apenas indireta com a razão pura, porque intermediado pelas proibições morais. "Nosso problema", dizia ele, "é encontrar o fundamento apropriado para o direito em algo distinto da lei moral e com fundamento no próprio beneficiário do direito"[202] (*Kritik*, 238).

A saída teórica de Feuerbach foi postular a existência de uma única razão prática, mas que contaria com duas distintas e independentes capacidades (*Vermögen*): uma capacidade moral, que dá os deveres

---

[200] "La teoria della separazione fra diritto e morale di Feuerbach è più profonda e coerente di quella elaborata da Kant nella sua opera specificamente filosofico-giuridica: è una concezione che viene incontro all'esigenza della determinazione autonoma del concetto di diritto, prendendo le mosse dal concetto kantiano di moralità. Feuerbach ha dunque a mio avviso tratto, meglio di qualsiasi altro, le specifiche conseguenze giuridiche (...) dei principi della filosofia morale di Kant".

[201] "Wenn man berücksichtigt, dass Feuerbach die kantische Philosophie zur Auffindung eines Unterschiedes zwischen dem Recht und der Moral benutzt, besteht meiner Meinung nach kein Anlaß, zu leugnen, dass Feuerbach, fußend auf Kant, vor Kant diesen Unterschied von den Positionen des subjektiven Idealismus aus hervorgehoben hat" (Hartmann, 1961: 10, n. 23).

[202] "Unser Problem lautet daher so: einen vom Sittengesetz verschiedenen in dem berechtigten Subjekt an sich gelegenen Grund des Rechts zu finden".

morais; e uma capacidade jurídica, totalmente distinta, que dá os direitos racionais.[203] Com isso, preservava-se a unidade da razão[204] – a moralidade continuava vista como o parâmetro por excelência de avaliação das ações praticáveis[205] –, ao mesmo tempo em que se permitia a postulação da autonomia conceitual entre direito e moral. Ou seja, Feuerbach não negava a proximidade entre direito e moral; mas, se até então o direito aparecia sempre como um filho da moral (porque era a partir dela definido, positiva ou negativamente), Feuerbach redefiniu essa relação de parentesco: direito e moral tornaram-se irmãos.[206] Ao mesmo tempo, ele mantinha-se dentro da tradição moderna de oposição entre direitos e deveres:[207] a lei moral (*Sittengesetz*) estabeleceria deveres; e os direitos naturais (*Naturrechte*) confeririam liberdades.

O caminho pelo qual Feuerbach chegou a tal solução foi simples: se recordarmos a posição kantiana de que o cumprimento de um dever moral depende da atitude interna de obediência à lei moral; e que esse adimplemento deve dar-se apenas pela inclinação racional para o cumprimento do dever, então, diz Feuerbach, é também racionalmente necessário que seja criada a condição que é pressuposta ao cumprimento da lei moral: a garantia de autonomia externa. Liberdade é, para Feuerbach, um conceito puramente moral, que não pertence ao mundo dos fenômenos empíricos – como pertence o direito – que equivale a auto-

---

[203] "Das Recht kann, wie gezeigt worden, nicht aus dem Sittengesetz, als einem Produkt der reinen praktischen Vernunft hergeleitet werden. Nun aber ist doch die reine praktische Vernunft Grund des Rechts. Folglich muß das Recht in einem eignen Rechte gebenden Vermögen der praktischen Vernunft gegründet sey" (*Kritik*, 243-4).

[204] A unidade da razão era um ponto fundamental da teoria moral kantiana, lembremo--nos. (Kant, 1838b: 8-9).

[205] A moralidade era, para Feuerbach, o fim supremo de todos os seres racionais: "Hieraus folgt auch Moralität as Endzweck der Welt. – Endzweck der Welt ist ein Zweck, dem alle andern Zwecke in der Welt als Mittel untergeordnet sind. Er soll das letzte Glied in der Reihe der Zwecke, er soll das Unbedingte zu dem Bedingten seyn. Nun aber kenne wir keinen unbedingten Zweck als Moralität, folglich ist Moralität Endzweck der Welt" (*Kritik*, 276). É outra ideia de evidente inspiração kantiana, conforme principalmente a segunda parte da Fundamentação da Metafísica dos Costumes (1838b).

[206] A metáfora fraternal, frise-se, é do próprio Feuerbach (*Kritik*,303).

[207] Sobre a distinção moderna entre direitos e deveres, v. Cap. II, item I.1.

nomia, isto é, à capacidade de dar máximas de ação para si mesmo.[208] Em outras palavras: se o cumprimento coagido de um dever moral não vale, porque só a ação livre pode se deixar guiar pela lei moral, então é preciso que a razão prática queira, da mesma forma, que essa condição – a liberdade externa – seja garantida. A moral é o querer racional de um dever; e o direito, o querer racional dessa liberdade externa que é condição do cumprimento do dever:

> A razão deve, portanto, em virtude de sua forma, fornecer algo além, através do que se torne possível a harmonização do dever com o seu verdadeiro realizar. Por isso ela deve oferecer algo que possibilite ao sujeito o cumprimento da legislação moral em sua total amplitude (*Kritik*, 255).[209]

Como o direito tem esse papel no mundo prático, ele deve operar também com um instrumento praticamente efetivo: a sanção. A moral, porque exige um cumprimento totalmente espontâneo, não trabalha com sanções, pois elas nos determinam através de estímulos sensíveis, o que é por si só incompatível com a espontaneidade que lhe é requerida; mas o direito, que está apenas preocupado com o respeito externo à esfera de liberdade e autonomia dos outros sujeitos, tem essa possibilidade de coação. A coação está, para Feuerbach, conceitualmente implicada na ideia de direito. „Eu ter direito a isto ou àquilo significa que minha razão faz-me possível clamar coativamente esta ou aquela ação" (*Kritik*, 261).[210] É o mesmo argumento de Kant, para quem a coação tam-

---

[208] Nesse sentido, Greco: "*Freiheit* is für Feuerbach ein *moralischer Begriff*, weil si nicht in die Welt der Phänomene gehöre. In dieser Welt sei eben alles, was geschehe, kausal determiniert, so dass hier kein Platz für die Freiheit zu finden sei. (...) Obwohl man bei Feuerbach keine genaue Begriffsbestimmung von Freiheit findet, kann man davon ausgehen, dass er in dieser Polemik von einem Veständnis von Freiheit i. S. von *Autonomie* ausgeht: Freiheit also als die Fähigkeit der Vernunft, sich selbst moralische Gesetze vorzuschreiben, unabhängig von jeder Bestimmung dur Begierden, die von Kant als Fremdbstimmung (d.h. Heteronomie) verstanden wird" (2009: 77. Destaques do original).
[209] "Die Vernunft muß daher, vermöge ihrer Form, außer den Pflichten, noch etwas setzen, wodurch Einstimmung des Sollens mit der wirklichen Realisirung desselben möglich wird, d. h. sie muß etwas setzen, wodurch es dem Subjekt möglich wird, die Verbindlichkeiten und das Sittengesetz in seinem ganzen Umfange zu erfüllen."
[210] "Ich habe zu dieser oder jener Handlung ein Recht, heißt: meine Vernunft macht es mir möglich, diese oder jene Handlung mit Zwang zu behaupten."

bém era inerente ao conceito de direito (Kant, 1838a: 34). Liberdade externa e possibilidade de coação dão a substância do direito natural em Feuerbach, enquanto o seu *principium essendi* é a capacidade jurídica da razão prática, por vezes chamada de "função jurídica da razão".

É importante frisar que, se esSa postura implicava uma ligação funcional entre direito e moral, ela demandava, por outro lado, uma independência substantiva entre as duas coisas:[211] porque se a razão exige a opção espontânea pela ação moralmente boa, então ela pede também que a ação imoral esteja disponível; pois sem isso, a ação moralmente boa não poderia ser objeto de escolha, em sentido próprio. Por isso, Greco aponta, com plena razão, que nos quadros da teoria de Feuerbach seria contraditório que a punição (penal) dependesse de autonomia (moral): a própria previsão da pena é coativa e retira autonomia do sujeito (Greco, 2009: 78). A coação penal, se tiver algum papel relativo à possibilidade de uma vida moral, estará não em exigir ações moralmente conformes, mas sim em garantir-lhes a possibilidade de acontecer – isto é, preservando a autonomia das pessoas e inibindo coações moralistas por parte de quem quer que seja: Estado ou terceiros. A ideia de que quem quer os fins quer também os meios era também parte das teorias de Kant e Wolff, mas utilizada em outro contexto, como um imperativo (hipotético) de prudência, e não como imperativo categórico de fundamentação do direito (Kant, 1838b: 39). Para Feuerbach, é racional que nós tenhamos direitos externos a ações imorais, pois só assim garantem-se as condições para o verdadeiro exercício da moralidade. "A razão", diz ele, "tem de sujeitar também ações imorais a sua sanção, na medida em que o livre cumprimento da lei moral é uma condição para o cumprimento dos fins supremos. Direitos externos são aqueles que têm por objeto ações imorais" (*Kritik*, 289).[212] Ou seja, Feuerbach empregava a

---

[211] A mesma opinião, sobre ligação funcional e independência substantiva entre direito e moral em Feuerbach, encontra-se em Greco: "Nur in diesem rechtlichen Zustand sei das Zusammenleben und die sittliche Entwicklung freier und vernünftiger Wesen nöglich – obwohl Recht und Moral getrennt werden, bleibe es Zweck des Rechts, die Moral zu ermöglichen" (Greco, 2009: 37).

[212] "(...) so muß sie auch unmoralische Handlungen ihrer Sanktion unterwerfen, in wie ferne freie Befolgung des Sittengesetzes Bedingung der Erreichung des höchsten Zweckes ist. Aeußere rechte sind solche Rechte, die unmoralische Handlungen zur Materie haben."

teoria kantiana de um jeito que nem o próprio Kant havia feito.[213] Se do ponto de vista interno a moral exige a moralidade, do ponto de vista externo o direito nos garante livre acesso à imoralidade. O único limite de liberdade a ações imorais é dado pela lei moral suprema, que proíbe a instrumentalização de outros seres racionais.[214] Com isso, preserva-se a unidade da razão prática, por um lado, mas separa-se o justo (valoração jurídica) do bom (valoração moral), por outro. Garantia-se por essa via um objeto exclusivo para a ciência dos direitos do homem, como Feuerbach diz na frase de fechamento de *Kritik*:

> Nossa teoria dá portanto uma ciência do direito natural em toda sua grandeza, e dá a mais satisfatória resposta às grandes perguntas: sobre os direitos externos e internos, sobre o foro interno e externo, sobre a unificação da justiça com o bem, sobre a resposta juridicamente possível e moralmente possível (*Kritik*, 307).[215]

Essa duplicidade de funções da razão prática, que à primeira vista poderia parecer uma saída teórica fácil,[216] teve significados teóricos e políticos muito relevantes. Do ponto de vista penal, é importante ressaltar que essa doutrina implicava tanto limites político-criminais, quanto deveres repressivos. Os primeiros dizem respeito às ações imorais: se

---

[213] É preciso anotar que, conforme apontado por Greco (2009: 80) Feuerbach tinha uma interpretação particular da filosofia moral de Kant nesse aspecto: ele sustentava que Kant não tinha uma teoria retributiva da pena que dependia da autonomia do sujeito – como era, e ainda é, a mais corrente interpretação a seu respeito –, pois enxergar nele uma tal postulação implicaria imputar-lhe justamente a contradição que a teoria feuerbachiana das duas distintas capacidades da razão pura prática elimina. Nesse sentido, v. Feuerbach, *Revision*: I, 35 e ss.

[214] Ou seja: temos direito a tudo aquilo que não seja tratar outro ser racional como um meio arbitrário para atingirmos nossas finalidades arbitrárias; ou, negativamente: não temos direito a nada daquilo que implique tratar um ser racional como meio arbitrário para nossos fins arbitrários. V. *Kritik*, 295.

[215] "Unsere Theorie setzt daher das Naturrecht in seine Würde als für sich bestehende Wissenschaft ein, und gibt auf die großen Fragen: über das äußere und innere Recht, über das Forum externum und internum, über die Vereinigung der Gerechtigkeit mit der Güte, über das rechtlichmögliche und moralischmögliche die befriedigendste Antwort."

[216] Segundo Cattaneo (1970), muitos dos contemporâneos de Feuerbach criticaram sua teoria das duas capacidades de uma só razão prática, acusando-a de ser excessivamente simplória.

a alternativa da imoralidade é condição da moralidade, então o Estado não pode criminalizar condutas simplesmente porque sejam imorais: se o fizer, levará as pessoas ao cumprimento da ação moral do ponto de vista exclusivamente externo, não deixando margem para o adimplemento verdadeiramente voluntário. Algumas vezes, o Estado apenará tais condutas, é evidente, sobretudo quando o dano acarretado por sua violação for muito grave (como no caso de um homicídio); mas, ao fazê-lo, há uma perda significativa implicada para a moralidade, pois se elimina a possibilidade do cumprimento dos deveres morais respectivos. O campo político (em lugar do moral) vai se afirmando em sua teoria como o terreno preferencial dos delitos jurídico-penais, por conseguinte. Já os deveres repressivos referem-se à obrigatoriedade de garantir o espaço dos direitos externos: o Estado deve proibir todas as ações que impliquem violação da esfera de liberdade externa das pessoas. E, é claro, a afirmação da possibilidade de termos direitos a ações ilícitas marcava acentuadamente a separação entre ilícitos jurídicos e morais, o que, lembremo-nos, aparecia confuso em Grolman. Knopf (1936: 30) trata essa separação como uma das pedras angulares da doutrina penal feuerbachiana.

Essa visão, expressa sobretudo por Cattaneo, encontrou poucos anos depois um importante contraponto, nascido especialmente da pesquisa de Schubert (1978). Se o Feuerbach jovem teria separado com clareza o direito da moral, o Feuerbach maduro teria retrocedido nesse sentido, pois o seu projeto de Código Penal Bávaro de 1824 – que jamais entrou em vigor – voltava a penalizar uma série de condutas contra os costumes, que haviam sido permitidas no diploma de 1813, tais quais a bigamia (Cap. VI, arts. 12-13), o adultério (Cap. VI, arts. 14-16) e a sodomia (Cap. VI, art. 19). Isso é interpretado por Schubert como uma revisão da posição feuerbachiana de que o direito deveria apenas cuidar dos delitos de foro externo: "em um código que queira ocupar-se apenas de lesões a direitos, "crimes de volúpia" (*Verbrechen der Wollust*) não têm lugar" (1978: 191).[217] Cattaneo (1979), em resenha ao trabalho de Schubert, interpreta essa reviravolta como uma mudança de opinião provo-

---

[217] "Die wichtigste Neuerung am sechsten Hauptstück is seine Existenz. Für "Verbrechen der Wollust" gibt es im Gesetzbuch, das nur von Rechtsverletzungen handeln will, noch keinen offiziellen Platz."

cada pelas dificuldades práticas do direito penal, que Feuerbach teria conhecido especialmente como juiz. Nesse mesmo sentido, Naucke (1975) já havia acusado no Feuerbach tardio a resignação de um jurista experiente no tocante às reais possibilidades de implementação prática de um direito penal conforme à razão pura.

Nesse ponto, há esclarecimentos que devem ser feitos: **(i)** a interpretação do projeto de Código Bávaro de 1824 é muito difícil, pois trata-se de um trabalho sobre o qual Feuerbach deixou poucos registros. Contrariado pelo diploma não ter vingado, ele inclusive disse que havia destruído os manuscritos em vida; eles só tornaram-se publicamente conhecidos no século XX e hoje estão confiados à biblioteca da Universidade de Heidelberg, doados que foram pela família de Feuerbach a Gustav Radbruch, professor daquela instituição que trabalhava, à época, na biografia do jurista bávaro. É também importante esclarecer, ademais, que **(ii)** a mera criminalização de condutas "imorais" não implica, por si só, o retrocesso a um direito penal confessional: falando da doutrina de Mello Freire, Hespanha (1990a; 1990b) aponta, com muito acerto, que a criminalização de desvios sexuais pode muito bem dar-se por uma lógica de preservação da paz pública, já que tais condutas causavam inegavelmente, naquela época, desassossego e perturbação social. Assim, a criminalização do bestialismo, como feito no projeto de 1824 de Feuerbach, não necessariamente visava à implementação de uma determinada concepção moral a partir do direito penal, podendo casar-se com a estratégia penal de prevenção de lesões a bens jurídicos, defendida por Feuerbach desde a primeira edição do *Lehrbuch*. Na mudança de posição de Feuerbach no projeto de 1824, há que se levar em conta, ademais, **(iii)** o componente político necessariamente envolvido na feitura de um diploma legal. A limitação do conceito de "crime" promovida pelo Código Bávaro de 1823 fora muito criticada a seu tempo, como anota Schubert (1979: 35): o professor de Kiel A. F. J. Thibaut (1802: 35), por exemplo, teceu fortes críticas à ideia feuerbachiana de que crimes são apenas as condutas que implicam lesões a direitos externos. Para quem quer ver seu código aprovado, diminuir as hostilidades ao texto da lei é sem dúvida algo importante, e isso deve ter passado pela cabeça de um Feuerbach já amadurecido e experiente. Por fim, **(iv)** se para uma história do pensamento de Feuerbach essa questão é importante, ela é menos relevante para uma história que, como a desta tese, ocupa-se do direito penal que Feuerbach legou para as gerações posteriores, já que o direito penal é indubitavelmente aquele que foi construído na primeira fase de sua vida intelectual, e funda-se portanto na postulação de uma separação forte entre legalidade e moralidade.

Sendo assim, não deixa de ser relevante anotar os impactos metodológicos duradouros que derivam da separação entre direito e moral do primeiro Feuerbach. Como anota Radbruch, a dogmática penal de Feuerbach tomou, por esse caminho, contornos de uma doutrina verdadeiramente liberal,[218] por ter o propósito destacado de garantia e preservação da esfera interna de cada cidadão, seja contra interferências estatais, seja contra interferências de outros sujeitos racionais. Em termos metodológicos, é importante também notar que essa opção teórica é capaz de dar pinceladas privatistas (porque foca-se em interesses individuais mais do que no interesse público) a um saber que tem por objeto uma matéria essencialmente pública, gerando-se assim uma área do direito híbrida, com nuances de direito público e privado. Isso é produto de uma certa opção teórica na formulação do objeto da disciplina, que compreende tanto a proteção da esfera íntima dos cidadãos (autonomia), quanto a garantia de interesses coletivos (paz pública) por meio do exercício exclusivo da violência penal – a liberdade individual do liberalismo iluminista e a tarefa repressiva do rei absolutista, portanto.

III. A necessidade do Estado e a importância das instituições de governo

A posição de Feuerbach no tocante aos temas-chave da teoria política de seu tempo é também importante para mostrar o caráter historicamente contingente do tipo de dogmática penal que ele ajudou a construir: muitos dos elementos de sua teoria penal ficam mais bem explicados, do ponto de vista histórico, se se têm em mente certos pontos de par-

---

[218] O liberalismo do primeiro Feuerbach não é isento de polêmicas, entretanto. Importantes intérpretes de sua obra (Schubert, 1824) apontam que a efetividade de seu direito penal de coação psicológica dependia de penas draconianas e aterrorizantes; entretanto, se isso é filosoficamente verdade, do ponto de vista histórico, não é menos verdade que ele tenha se canonizado como o grande liberal da dogmática penal iluminista.

tida que derivam de sua filosofia política. Tome-se como exemplo sua teoria da pena como coação psicológica, que até hoje o celebriza: a primeira e mais detalhada explicação de seus fundamentos vem na obra feuerbachiana especificamente dedicada ao direito de resistência dos súditos em face do soberano, o *Anti-Hobbes*.[219]

Anti-Hobbes foi publicado em 1797, portanto apenas um ano depois de *Kritik des natürlichen Rechts*, de forma que, evidentemente, a pauta de preocupações teóricas e práticas de Feuerbach não foi tão modificada entre uma obra e outra. Pode-se mesmo dizer, como faz Cattaneo,[220] que o *Anti-Hobbes* é um segundo passo na mesma direção que Feuerbach já havia caminhado com seu primeiro livro: enquanto o primeiro ocupava-se, com vistas a sua concepção de moralidade, da dedução do direito natural em uma perspectiva individualista e idealista, o segundo cuidava do homem inserido em uma comunidade civil, com a mesma metodologia e o mesmo norte moral de *Kritik*. Nesse campo, Feuerbach tratou de dois temas que se mostraram essenciais para o específico caminho que tomou sua teoria penal dali em diante: em primeiro lugar, os conceitos de pena estatal e os limites político-morais da pena; e, ainda, a importância das instituições estatais para a construção de uma ordem social racionalmente aceitável, tema que tinha em seu coração a questão da legalidade, que desde então tem se mostrado tão importante para a dogmática penal.

Feuerbach escreveu em meio a um conjunto de acontecimentos importantes de seu tempo. Internamente, travava-se nos Estados alemães uma disputa com vistas à implementação de uma ordem política pós-feudal. A Alemanha foi, como se sabe, uma nação em que esse obstáculo só veio a ser superado muito tardiamente. Talvez o exemplo mais evidente disso esteja no movimento de codificação: enquanto no Bra-

---

[219] 1797. Anti-Hobbes oder über die Grenzen der höchsten Gewalt und das Zwangsrecht der Bürger gegen den Oberherrn. Gießen: Müllerschen Buchhandlung. Doravante, simplesmente AH.

[220] "Se la Kritik conteneva una deduzione razionalistica del concetto di diritto naturale, svolta in una prospettiva aprioristica, con l'attenzione rivolta essenzialmente all'uomo singolo, l'Anti-Hobbes rappresenta il passaggio alla considerazione dei problemi relativi al fondamento e alle condizioni della possibilità di esistenza dello Stato" (Cattaneo, 1970: 181).

sil a Constituição de 1824 afirmava a unidade nacional e impunha os códigos,[221] eles tiveram uma difícil penetração na vida política alemã: em 1814, Savigny publicava seu *Da Vocação de Nosso Século para a Legislação e a Jurisprudência*, condenando os códigos impostos pelo legislativo nacional e defendendo a utilização de um direito romano modernizado como base da cultura jurídica alemã. Dessa forma, temas ligados à consolidação política do liberalismo permaneceram na pauta dos intelectuais germânicos desde o século XVIII, e Feuerbach é ele próprio um exemplo da perenidade desses tópicos. Para a teoria penal, esses debates tangenciam um conjunto relevante de instituições como as teorias dos fins da sanção criminal, a doutrina da dosimetria pena ou a regra da legalidade penal.

Para além das fronteiras dos Estados alemães, a Revolução Francesa e seus desdobramentos tiveram também grande impacto sobre Feuerbach, que foi profundamente marcado pelos grandes temas da filosofia política iluminista: jusnaturalismo racionalista, contratualismo, individualismo etc. Feuerbach foi um grande adversário da monarquia nobilitária. Mas, como contemporâneo do terror pós-revolucionário, condenava com a mesma veemência os excessos democráticos e desqualificava os jacobinos como "utópicos da liberdade" – a expressão consta de sua dissertação de doutorado (1795: 48). Ao meio termo, posicionava-se a favor de uma monarquia constitucional, o que, segundo Hartmann,[222] situava-o na típica posição da emergente burguesia alemã de fins do século XVIII: favorável a reformas, mas contrário a qualquer tipo de reviravolta mais radical. Essa moderação era de fato propagada por Feuerbach: "em nosso

---

[221] "Organizar-se-ha quanto antes um Codigo Civil, e Criminal, fundado nas solidas bases da Justiça, e Equidade" (Constituição de 1824, art. 179, inc. XVIII).

[222] "Mäßigung und Ordnung, Gesetzlichkeit und gesetzmäßige Freiheit, diesen Schlachtruf der deutschen Burgeoisie, der für sie typisch ist und sie auf dem Wege des Verrats der Revolution und zur Verschwägerung und zur Teilung der macht mit dem deutschen feudalen Junkertum begleitete, erhebt Feuerbach frühzeitig" (Hartmann, 1961: 37). Segundo Naucke (1975: 875-6), Hartmann corresponde à melhor visão do que era a leitura da Alemanha Oriental sobre Feuerbach, servindo de bom balanço para as leituras predominantemente ocidentais que dele são feitas.

tempo, o homem liberal que não seja jacobino tem de ser um regalista convicto", dizia ele (*apud* Naucke, 1975: 877).[223]

Anti-Hobbes é uma obra que tem como principal objeto o direito de resistência dos súditos contra o soberano, formulado por Feuerbach nos seguintes termos: "É verdadeiramente exigida por *justiça* uma incondicional obediência dos súditos e um ilimitado e supremo poder de coação do soberano?"(*AH*, 7.).[224]

A finalidade do Estado apresentada nesta segunda obra é uma decorrência direta dos conceitos de liberdade oferecidos em *Kritik* (Hartmann, 1961: 31). Liberdade moral, lembremos, referia-se à ausência de coação interna; enquanto liberdade jurídica, apenas à ausência de uma coação externa.[225] Assim sendo, a primordial função de um Estado seria garantir essas condições, já que o fim último da humanidade é a moralidade[226] e todos os outros fins – o do Estado inclusive – subordinam-se a ele. O Estado seria a solução ao desafio que a razão pura prática colocou perante os homens para dar cumprimento a seu dever supremo: „encontrar uma condição em que a liberdade dos homens esteja segura. Ou, em outras palavras: uma condição de segurança, em que o homem seja livre, como deve ele ser de acordo com sua natureza racional" (*AH*, 19-20).[227] Por isso, diz Zaffaroni que Feuerbach foi um adversário

---

[223] "In unseren Zeiten muß der liberale Mann, der nicht Jakobiner ist, ein entschiedener Royalist sein."

[224] "Sollte unbedingter Gehorsam der Unterthanen und eine unbegrenzte über allen Zwang erhabene Gewalt des regenten von der Gerechtigkeit wirklich geboten seyn?"

[225] "Die juridische Funktion [der Vernunft] muß daher, als Grund des Rechts, ebenfalls noch mehrere Merkmale in ihrem Wesen enthalten. Die juridische Freiheit ist eben so, wie die moralische, eine bloße Negation, nur mit dem Unterschiede, dass sie dort in Verneinung einer bestimmten Nöthigung, hier in der Verneinung eine Nöthigung überhaupt besteht" (Kritik, 249).

[226] Na mesma linha da já mencionada passagem de Kritik (276), um dos parágrafos de abertura de *Anti-Hobbes* reforça a posição de Feuerbach nesse sentido: "Die Behauptung der Freiheit ist des Menschen Pflicht. Denn diese Freiheit ist die formale Bedingung aller besonderen Rechte des Menschen und ihre Ausübung, (die nur in concreten Handlungen und Rechten möglich ist) die Bedingung zur Moralität und zur möglichen Erreichung des höchsten Zwecks" (AH, 14).

[227] "Einen Stand aufzufinden, in welchem die Freiheit des Menschen gesichert ist, oder mit andern Worten: einen Stand der Sicherheit, in welchem der Mensch so frei ist, als er es seiner vernünftigen Natur gemäß, seyn soll."

da visão rousseauniana do estado de natureza bucólico: „a razão quer a liberdade, e não natureza" (*in* Feuerbach, 1989: 19).

Ao mesmo tempo, essa concepção do Estado como um garantidor de liberdades situa Feuerbach, segundo Naucke (1962), mais próximo dos iluministas do que de Kant. O filósofo de Königsberg, de fato, concebia o Estado mais como um garantidor de direitos privados, como já comentado. Também Zaffaroni diz que a visão de Feuerbach de que o Estado seria garante da ordem torna-o mais iluminista e menos kantiano (*in* Feuerbach, 1989: 19). Cattaneo, no mesmo sentido, diz que

> os iluministas sustentavam a exigência do Estado, pois colocavam-no um certo escopo (a defesa da humanidade), e constatavam que tal escopo poderia ser atingido apenas em um Estado: é esse exatamente o procedimento seguido por Feuerbach, que se avizinha dos iluministas ainda pelo fato de manter a possibilidade do aperfeiçoamento moral do homem apenas através do Estado (Cattaneo, 1970: 238).[228]

A criação do Estado deu-se, na teoria de Feuerbach, por meio da celebração de três pactos diferentes. Trata-se de um contratualismo escalonado, por assim dizer, que é exposto em detalhes na *Investigação Filosófico-Jurídica sobre o Crime de Alta Traição* (1798a).[229] Primeiramente, haveria um pacto de união social (*Gesellschaftsvertrag*, ou *pactum unionis*): aquele pelo qual os homens abandonam o estado de natureza e unem-se com vistas à formação da sociedade civil. É nesse contrato que está estipulado que o fim da sociedade civil é garantir a liberdade dos cidadãos, bem como que no ato de sua fundação dá-se a união das forças de todos em favor da vontade geral (*Untersuchung*, 44). Em seguida, viria o pacto de sujeição (*Unterwerfungsvertrag*), que determina quem será o soberano (*Untersuchung*, 50). Ao fim de tudo estaria o pacto de constituição (*Verfassungsvertrag*), que expressa as escolhas políticas do Estado:

---

[228] "Gli illuministi sostenevano l'esigenza dello Stato, poiché si ponevano un certo scopo (la difesa dell'umanità), e pois constatavano che tale scopo poteva venire raggiunto soltanto in una compagine statale: questo è esattamente il procedimento seguito da Feuerbach, il quale si avvicina agli illuministi anche per il fatto di ritenere possibile il perfezionamento morale degli uomini soltanto attraverso lo Stato."

[229] 1798. Philosophisch-juridische Untersuchung über das Verbrechen des Hochverraths. Erfurt: Henningschen Buchhandlung. Doravante, apenas Untersuchung.

de que maneira organizar-se-á o poder político, quais os seus limites e qual a forma como ele deve ser exercido (*Untersuchung*, 57).

Na parte em que Feuerbach fala do pacto de constituição, há um trecho de marcante importância. A passagem, em sua literalidade, é a seguinte:

> Volto-me agora ao último pacto fundamental da união civil, que é o pacto de constituição; que determina os limites arbitrários (*willkührlichen Grenzen*) do poder soberano, bem como a forma pela qual sua vontade (*Willen*) deve ser exercida (*Untersuchung*, 57).[230]

Vale notar que, ao falar dos limites do poder soberano, Feuerbach usa o adjetivo „arbitrário", derivado de „arbitrariedade" ou „arbítrio" (*Willkür*, na grafia atual); e para falar do exercício da vontade do soberano, escolhe o substantivo *Willen*. As escolhas não são acidentais. *Willkür* e *Willen* têm significados distintos e importantes na filosofia moral kantiana, de que Feuerbach era um leitor muito atento. Segundo Walker,

> ambos os termos podem ser traduzidos por "vontade", mas um livre arbítrio (*Willkür*) é uma vontade no sentido vulgar do termo, capaz de escolher entre as exigências da moralidade e as exigências de nossos motivos e desejos não-morais ("patológicos"). (...) *Wille* (vontade), entretanto, é a vontade considerada como puramente racional, e um livre *Wille* (vontade) é uma vontade autônoma (Walker, 1999: 44).

Ou seja, Feuerbach estava dizendo que os celebrantes do pacto constitucional têm liberdade de vontade, em sentido forte (*Willkür*), para escolher os limites – os contornos, o desenho institucional – das formas políticas do Estado que fundam; mas que, seja qual for a forma política escolhida, o Estado deverá ser sempre conduzido de acordo com o objetivo que a razão pura prática impõe ao soberano, que tem de racionalmente querer (*willen*), como manda a razão pura, a finalidade do Estado,

---

[230] "Ich wende mich nun zu den letzten Grundvertrag des bürgerlichen Vereins. Und dieser ist der Verfassungsvertrag, welcher die willkürlichen Grenzen der höchsten Gewalt und die Art, wie sie ihren Willen äußern soll, bestimmt."

que é a preservação da liberdade de todos.²³¹ Por essa razão, ele começou *Anti-Hobbes* deixando clara a natureza a-histórica de sua investigação, como fizera Kant no prólogo da *Metafísica dos Costumes*: a razão histórica do surgimento de diferentes Estados e formas de governo era sempre variável, disse ele; mas isso não importava, pois os fundamentos primeiros do Estado e sua importância para a vida social não vinham da história, mas sim da razão pura.²³² Nesse mesmo sentido, a vontade geral de que fala Feuerbach é sempre *Willen*, e nunca *Willkür*: ou seja, uma vontade racionalmente conduzida no sentido daquilo que todos reconhecem ser o objetivo dos homens. Formar o Estado é um dever proveniente de um imperativo moral categórico, portanto.

Essa visão do Estado terá relevantes impactos em sua teoria jurídico-penal. Em primeiro lugar, o Estado terá o dever racional de se autopreservar, pois ele é um meio necessário para a realização do fim supremo da humanidade. Logo, as condutas que visem à aniquilação ou diminuição do Estado deverão ser duramente apenadas, porque precisam ser reprimidas a todo custo. Ou seja: tornam-se matéria penal por excelência, e sujeitam-se às penas mais graves. Em segundo lugar, o Estado terá o dever racional de usar os instrumentos que estejam à sua disposição e sejam apropriados ao cumprimento de seu fim – sendo um

---

[231] Dessa forma, a arbitrariedade na escolha das formas políticas do Estado não seria absolutamente ilimitada: não se poderia querer uma forma de Estado que impossibilitasse a realização dos próprios fins do Estado, pois isso implicaria, ao mesmo tempo, querê-los e não querê-los (por agir de forma a anulá-los), o que seria uma contradição inaceitável para a razão pura prática. Eis aí a importância de se manter a unidade da razão pura prática, com ele fizera em *Kritik*: Feuerbach era capaz de manter a postulação de que as formas do Estado poderiam ser livremente (*Willkür*), mas ao mesmo tempo condenar certos arranjos institucionais que, como o jacobinismo, eram a seu ver incompatíveis com os fins do Estado e, por conseguinte, com o dever supremo dos homens em matéria prática.
[232] "Wir müssen also bis zum Begriff des Staats, einer Entstehung und seinem Zwecke zurückgehen. – Bei diesem Geschäfte, dürfen wir aber weder die Geschichte, noch die Erfahrung um Rath befragen, so gute Dienste sie uns auch sonst in anderen Wissenschaften, oder in den angewandten Theilen unserer Wissenschaft leisten können. Denn wir fragen nach Begriffen, nach denen wir die Erfahrung selbst beurtheilen und meistern wollen: wir fragen nicht: welches der Zweck der Staaten in der Erfahrung ist? sondern, welches der Zweck derselben, bei allem nur möglichen Widerspruche der Erfahrung, seyn soll?"

deles, é claro, a força física (sanção, pena). Em terceiro lugar, qualquer pessoa que interfira com a execução dessa tarefa estatal estará interferindo, indiretamente, na realização dos fins supremos da humanidade, e torna-se dela um opositor político; pois o *Willen* do soberano e o *Willen* da comunidade e de cada um de seus membros, como produtos da mesma faculdade de razão pura, não podem senão estar de acordo. Além disso, o direito penal será, para Feuerbach, um fenômeno estatal: ainda que haja direitos naturais, e que haja um direito natural de se defender (tratado sobretudo em *Kritik*), o direito penal em sentido estrito só se dá em âmbito estatal: tanto assim que ele é um direito do Estado, e não dos cidadãos (*Lehrbuch*, 1; 22). Em que pese a necessária avaliação do direito a partir de critérios de moralidade, a estatalidade do direito penal reforçava a separação entre direito e moral, ao permitir distinguir entre a pena estatal – "aquela aplicada diante de um ato ilegal pelo poder soberano de uma sociedade civil"[233] – da pena moral, mera reprovação de comportamentos eticamente reprováveis, mas não estatalmente criminalizados (Greco, 2009: 38).

Somado isso à sua doutrina da separação entre direito e moral, estavam postos os alicerces teóricos para a construção de uma dogmática penal de corte liberal, como a que ainda hoje temos. O que começa a ser ver aqui, portanto, é a inflexão política que transformou o "direito penal" não só no direito da força do soberano (como já era ao menos desde o século XVI), mas ao mesmo tempo no direito de proteção de individualidades: é racional não só querer o Estado e seu aparato punitivo, como também a preservação das liberdades de todos os seus súditos. Para a separação entre direito penal e processo penal, isso é de extrema importância: pois enquanto o processo era e continuou sendo visto como o conjunto de regras voltadas à efetivação da prerrogativa punitiva do Estado[234] – a parte prática do direito criminal, como visto em Klein e Stübel –, o direito penal de Feuerbach poderá, por esta via

---

[233] "Bürgerliche Strafe sei nur diejenige, welche von der bürgerlichen Gesellschaft (der höchsten Gewalt) den Bürgern zugefügt wird" (Feuerbach, *Revision*: I, 23).
[234] A despeito de o processo ter passado também por uma ampla reforma de cunho iluminista a partir do século XVIII, como mostra exemplarmente a progressiva abolição da tortura processual dos ordenamentos europeus.

teórica, ganhar aqui, ao menos em parte, uma função distinta, que logo se revelará oposta: assegurar as liberdades dos súditos perante o direito estatal de punir.

IV. A construção de um novo objeto teórico

O primeiro elemento de nosso direito penal refere-se, por óbvio, à sua existência autônoma enquanto área do direito. Nesse sentido, a primeira parte do capítulo mostrou que em diversos autores alemães contemporâneos de Feuerbach, já havia sido posta com clareza a distinção entre o direito penal e o restante do "direito civil";[235] mas que, por outro lado, ainda havia em fins do século XVIII uma relativa indiferenciação entre direito penal substantivo e direito penal processual, e também pouca especificidade desse amplo direito criminal dentro do direito público, já que as "penas" eram majoritariamente vistas como a punição soberana aos ilícitos públicos.

Digo que essa indiferenciação é relativa porque, relembremo-nos, esses autores distinguiam entre uma parte teórica do direito penal (direito substantivo) e uma parte prática do direito penal (direito processual); mas insisto que essa forma de enxergar direito e processo penal reflete uma relativa indiferença entre das duas, já que, postas as coisas dessa maneira, direito penal e processo penal são representados como dois ofícios distintos dentro de um mesmo saber, porque fundam-se em princípios comuns e, por conseguinte, acomodam-se dentro de um mesmo objeto teórico. Mas, bem sabemos, não é essa a nossa forma de enxergar a relação entre direito e processo penal: ainda que haja uma ligação funcional evidente entre as duas áreas, direito penal e processo penal são, para nós, duas disciplinas autônomas – tanto assim que o nosso processo penal tem uma parte teórica própria,[236] coisa que não

---

[235] No cenário europeu, porém, isto não era consensual, como será mostrado no capítulo seguinte.

[236] Estou longe de pretender inserir-me no debate quanto à existência ou não de uma teoria geral exclusiva do processo penal. Entre nós, Dinamarco, Cintra e Grinover (Teoria Geral do Processo, Malheiros, diversas edições) postulam a existência de uma teoria geral do direito processual como um todo, comum aos direitos processual civil e penal. Tucci e Pitombo (2002. Teoria do Direito Processual Penal: jurisdição, ação e processo penal, RT), ao contrário, sustentam a independência conceitual entre direito processual

poderia existir quando ele era visto como a mera parte burocrática de uma ciência penal compreensiva.

O primeiro passo dado por Feuerbach em seu *Lehrbuch* é não deixar dúvidas de que o direito criminal é um objeto teórico totalmente independente, destacado tanto do direito civil quanto do restante do direito público:

> O direito criminal (ciência do direito penal, direito punitivo) é a ciência dos direitos que, fundados em leis penais, tem o Estado contra os súditos, como transgressores dessas leis. Ele é por isso uma parte do direito público, distinguindo-se dos direitos civis, que instruem as pessoas privadas, e também dos direitos do Estado, como uma parte coordenada do direito público, que compreendem os fundamentos da constituição do Estado (*Lehrbuch*, 1).[237]

Como já foi comentado no capítulo anterior, classificar o direito penal na bipartição entre público e privado não era tarefa simples. Para fazê-lo, seria muito útil uma especificação substantiva do direito penal como um ramo do direito *sui generis*. O direito penal, que já vinha se destacando institucionalmente dos demais pela existência dos recentes códigos inteiramente dedicados à matéria punitiva, passou a destacar-se em Feuerbach também por seus fundamentos materiais.

Ainda que não haja indicação nas fontes de que esse tenha sido o propósito de Feuerbach ao construir um objeto teórico tão restrito para o direito penal, o fato é que o objeto por ele construído não tinha dificuldades para ser classificado dentro do direito público. Pois o direito civil, como Feuerbach diz, seria inteiramente ocupado das relações de pessoas privadas umas com as outras; e o restante do direito

---

civil e direito processual penal. Esta diferença é irrelevante para o meu argumento, pois interessa-me apenas o fato de que ambas as correntes enxergam o direito penal como algo distinto do direito processual penal, pouco importando se equiparam ou diferenciam os fundamentos teóricos do processo civil e penal.

[237] "Das Criminalrecht (Strafrechtswissenschaft, peinliches Recht) ist die Wissenschaft der Rechte des Staats, welche durch Strafgesetze gegen Unterthanen, als Übertreber derselben, begründet sind. Es ist daher ein Theil des öffentlichen rechts und unterscheidet sich von dem Civilrechte, in so ferne dieses Rechte der Privatperson lehrt, und von dem Staatsrechte, als einem ihm coordinierten Theile des öffentlichen Rechts, in so ferne dieses die durch die Verfassung des Staats begründeten Rechte darstellt."

público, visto como a regulação dos fundamentos e exercício do poder estatal, seria inteiramente ocupado dos assuntos do Estado. A definição das formas institucionais de um Estado era para Feuerbach, lembremo-nos, um exercício arbitrário (*Willkür*) das prerrogativas políticas do soberano, que requeria saber altamente especializado e não dizia respeito aos indivíduos a não ser quanto a seus princípios elementares.[238] O que, por corolário, indica que o direito penal nem podia ser visto como totalmente ocupado de assuntos privados, por não ser parte do direito civil, nem como indistintamente misturado ao direito público, porque, segundo ele comentava em passagens do *Lehrbuch*, o direito penal distinguia-se de outras normas publicísticas. Ou seja, sobrava-lhe apenas a posição de fazer parte do direito público, mas como um objeto teórico distinto das demais áreas do direito público. De mais a mais, ao restringir o objeto do direito penal à definição de crimes e penas, Feuerbach conseguia transformá-lo em um direito do Estado contra os súditos infratores das leis (*Lehrbuch*, 1), eliminando elementos facultativos típicos de direito privado que à época pertenciam também ao processo criminal, onde a iniciativa para a persecução de muitos crimes ficava também a cargo do ofendido.[239] Essa separação absoluta entre o direito material e processual penal aparece taxativamente em Feuerbach, que a postula em poucas palavras:

> A doutrina sobre o meio pelo qual o direito efetiva os direitos que lhe conferem as leis penais (processo criminal) é, na verdade, parte do

---

[238] Feuerbach diz, no *Anti-Hobbes*, que as pessoas não têm legitimidade ou capacidade técnica para julgar os meios e fins eleitos pelo governante: "Die Staatskunst ist eine gar große, schwer zu erlernende und schwer auszuübende Kunst. Sie setzt die entschiedensten Talente, verbunden mit den tiefsten und weitumfassendsten Kentnisse voraus." (AH, 61). "(...) und es wird, hoffe ich, keines Beweises bedürfen, daß es dem Volke unmöglich sey, über das Vernünftige einer Regierung überall etwas vernünftiges zu bestimmen, und auf die erkannte Zwecklosigkeit oder Zweckdrigkeit ein Zwangsrecht, oder rechtmäßigen Ungehorsam zu gründen." (AH, 63).

[239] Era justamente o processo criminal e seus elementos privados que dificultavam, como visto nos comentários do Conselheiro Ribas, a classificação do direito criminal como inteiramente pertencente ao direito público.

direito processual em geral, e permanece vinculado ao direito criminal apenas para a conveniência do ensino acadêmico (*Lehrbuch*, 4).[240]

Assim, o direito penal renunciava a qualquer preocupação prática quanto às formas de fazer processar os infratores das leis criminais ou à execução de suas penas. Essas tarefas pertencem ao processo penal e ao direito de execução penal,[241] respectivamente. A separação entre direito material penal e direito processual penal em Feuerbach é tão profunda que este último sequer é representado como um dos "saberes auxiliares" do direito penal – e, frise-se, o rol de ciências auxiliares é extenso o suficiente a ponto de incluir o estudo de línguas clássicas (*Lehrbuch*, 6). O problema do direito penal é, para Feuerbach, analisar a legislação criminal – aquela que dá ao Estado o direito de definir crimes e aplicar penas –, de acordo com princípios filosóficos racionalmente evidentes:

> A ciência do direito punitivo positivo é composta por: 1) os princípios sobre a punição das ações antijurídicas em geral – parte filosófica (geral), e a partir daí 2) os direitos particulares do Estado que visam à punição das categorias especiais de ações jurídicas individuais – parte positiva (especial) (*Lehrbuch*, 4).[242, 243]

Algumas coisas importantes podem ser extraídas da última citação do *Lehrbuch*. A primeira delas é registrar que esse objeto bastante restrito que Feuerbach elegeu para a sua ciência penal foi por ele sub-

---

[240] "Die Lehre von der Art, wie der Staat gesetzmäßig seine Rechte aus Strafgesetzen geltend macht (Criminalprocess) ist eigentlich Theil des Prozessrechts überhaupt und wird mit dem Criminalrechte selbst nur aus Bedürfnissen des akademischen Unterrichts verbunden."

[241] Sobre a despreocupação de Feuerbach com a execução penal, v. Cattaneo, 1979: 428-9; Schubert, 1978: 72-3. Também por razões filosóficas Feuerbach evitava a execução da pena, pois ela implicava a instrumentalização do criminoso e, por conseguinte, a violação de sua dignidade, em termos kantianos (Cattaneo, 1984: 186).

[242] "Die Wissenschaft des positiven peinlichen Rechts geht 1) aus von den allgemeinen Grundsätzen über Bestrafung rechtswidriger Handlungen überhaupt, – philosophischer (allgemeiner) Theil, und stellt alsdann 2) die besonderen Rechte des Staats in Hinsicht auf Bestrafung einzelner Arte rechtswidriger Handlungen dar – positiver (besonderer) Theil."

[243] Essa representação do objeto da ciência penal como totalmente dependente das leis penais, juntamente com a postula antropológica e política de Feuerbach, darão à legalidade um papel central em sua teoria, o qual guardamos até hoje.

divido em parte geral e parte especial, como ainda o é hoje, e como já faziam também outras obras e códigos de seu tempo. Nesse aspecto, portanto, nenhuma novidade. Essa forma de divisão tinha estreita relação com o papel *organizador* que o jusracionalismo anterior e contemporâneo a Feuerbach atribuía à ciência do direito, e principalmente com os critérios de organização impostos pelo modelo geometrizante da racionalidade jurídica moderna, como já foi dito. Organizar significava, primeiramente, pôr ordem aquilo que parecia bagunçado numa época em que o velho direito romano lutava para sobreviver, e normas jurídicas diversas pululavam de fontes variadas, de maneiras nem sempre harmônicas. Não por acaso, muitos dos livros de direito penal de fins do século XVIII dedicavam algum importante espaço ao problema das fontes do direito penal, algo que hoje para nós parece um apêndice desimportante dos livros didáticos da disciplina: postulavam o que era válido como lei criminal, o que não o era, e como as diferentes fontes do direito relacionavam-se umas com as outras. Se a ciência do direito penal definia seu objeto, como dizia Feuerbach, a partir das leis penais, então determinar quais eram as leis válidas era de fundamental importância não só do ponto de vista prático-jurisdicional, mas também teórico, pois por esse caminho fixava-se o âmbito de extensão da disciplina. Por isso, já no quinto parágrafo do *Lehrbuch* lê-se o seguinte:

> As fontes do direito criminal comum alemão são: I) a filosofia do direito penal, na medida em que sua aplicação não seja limitada por leis penais positivas; II) as leis penais positivas do antigo Império, entre as quais as leis estrangeiras recebidas na Alemanha, especialmente as de direito romano e as de direito canônico, e as leis nacionais, tanto a Ordenação Judicial Penal de Carlos V, de 1532, quanto as demais leis imperiais (*Lehrbuch*, 5).[244]

---

[244] "Die Quellen des gemeinen deutschen Criminalrechts sind: I) die Philosophie des Strafrechts, so weit diese in ihrer Anwendung nicht durch positiv gesetzliche Bestimmungen beschränkt wird; II) die positiven Strafgesetze des ehemaligen deutschen Reichs; wohin gehören fremde in Deutschland ausgenommene Gesetze, nämlich des Römischen und des Canonischen Rechts; einheimische, und zwar die peinliche Gerichtsordnung Carls V. v. J. 1532, nebst anderen Rechtsgesetzen."

O DIREITO A AÇÕES IMORAIS

Somado tudo isso, deve-se notar que estava dado o primeiro passo para a construção de um novo objeto teórico, que consistia em: **(i)** definir um objeto próprio, o direito penal, distinto dos demais direitos públicos e privados, o processo penal inclusive; **(ii)** determinar o seu conteúdo, dado pelas leis penais válidas; e **(iii)** moldá-lo de acordo com a "filosofia do direito penal", que lhe dará a "cara de código" com o qual hoje estamos acostumados: aqui, ver-se-á como a parte geral da dogmática penal contemporânea ganhou o conteúdo que até hoje guarda – uma teoria do delito e uma teoria da pena.

A parte geral, como ponto de partida filosoficamente fundado, não começava nas leis positivas. Ao contrário, a filosofia impunha uma certa metodologia de trabalho ao estudo das leis penais. Ela tampouco era positivamente fundamentada em qualquer outro dado da experiência. Com efeito, na primeira nota de rodapé de sua parte geral propriamente dita, Feuerbach dirá, seguindo com o mesmo idealismo de *Anti-Hobbes*, que a história não proporciona nenhum fundamento seguro para a ciência do direito penal.[245] Em vez disso, ela era filosoficamente desenrolada a partir de pontos de partida anteriores, porque mais gerais e evidentes, que indicavam o marco inicial da construção dogmática do direito penal. A partir daqui, deixava-se a apresentação do objeto e dos materiais de trabalho e entrava-se na dogmática penal, em sentido estrito. Ou, falando nos termos ainda hoje postos por muitos cursos e manuais de direito penal: saía-se dos *prolegômenos* para entrar na parte geral dos delitos criminais.[246]

Por tudo isso, a primeira questão apresentada na parte geral do direito penal (*Lehrbuch*, 8-18) são os "princípios primeiros do direito criminal" (*obersten Grundsätze des Criminalrechts*). São eles que fazem a ponte ente a parte puramente ideal da disciplina – os seus princípios primeiros – e a parte geral das leis penais.

---

[245] "So vielfach lehrreich eine geschichtliche Entwicklung des Strafrechts ist; so führt sie doch auf keine Weise zu einer sicher Grundlage für dem Leben dienende Wissenschaft oder für Gesetzgebung."
[246] Assim apresentam-se as Instituições de Direito Penal de Basileu Garcia (1956), por exemplo; ou, mais atualmente, a obra homônima de Miguel Reale Jr. (2002).

O primeiro desses princípios era dado por sua filosofia do Estado, anteriormente apresentada a público no *Anti-Hobbes*. Feuerbach toma como um ponto de partida evidente que o Estado é necessário como garantidor das liberdades (elemento do novo liberalismo), e que só através do uso da força ele poderá cumprir o seu papel de pacificador da sociedade (elemento prevalecente da filosofia política do Antigo Regime).[247] A citação é longa, mas muito importante para ser omitida:

> A união da vontade e da força dos indivíduos proporciona o fundamento da sociedade civil para a garantir liberdade recíproca a todos. Um Estado é uma sociedade civil organizada constitucionalmente mediante a submissão a uma vontade comum, sendo seu principal objetivo a criação da condição jurídica, ou seja, a existência conjunta dos homens conforme as leis do direito (*Lehrbuch*, 8).[248]

> Qualquer lesão jurídica contraria o objetivo do Estado, ou seja, que no estado não tenha lugar nenhuma lesão jurídica. Por isso, o Estado tem o direito e o dever de desenvolver instituições que impeçam tais lesões (*Lehrbuch*, 9).[249]

> As instituições requeridas pelo Estado devem ser instituições coativas, sobretudo fundadas na coerção física do Estado, que anula as lesões jurídicas através de uma de duas formas: 1) Preventivamente, quando impede uma lesão ainda não consumadas; (...) 2) Posteriormente à lesão, obrigando o ofensor à reparação ou reposição (*Lehrbuch*, 10).[250]

---

[247] A presença desses dois elementos é uma constante em diversos momentos da obra de Feuerbach, o que mostra como ele incorpora às bases de sua teoria as tensões próprias do momento de transição entre o velho mundo da ordem política absolutista e o novo mundo da política liberal.

[248] "Die Vereinigung des Willens und der Kräfte Einzelner zur Garantie der wechselseitigen Freiheit Aller, begründet die bürgerliche Gesellschaft. Eine durch Unterwerfung unter einen gemeinschaftlichen Willen und durch Verfassung organisierte bürgerliche Gesellschaft, ist ein Staat. Sein Zweck ist die Errichtung des rechtlichen Zustandes, d. h. das Zusammenbestehen der Menschen nach dem Gesetze des Rechts."

[249] "Rechtsverletzungen jeder Art wiedersprechen dem Staatszwecke, mithin ist es schlechthin nothwendig, daß im Staate gar keine Rechtsverletzung geschehen. Der Staat ist also berechtigt und verbunden, Anstalten zu treffen, wodurch Rechtsverletzungen überhaupt unmöglich gemacht werden."

[250] "Die geforderten Anstalten des Staats müssen nothwendig Zwangsanstalten seyn. Dahin gehört zunächst der physische Zwang des Staats, der auf doppelte Art Rechtsver-

Mas a coerção física é insuficiente para evitar as lesões jurídicas, já que a coerção prévia só é possível diante da existência de fatos reais que permitam antecipar a ocorrência da lesão. (...) A coerção posterior, por sua vez, só é possível após ocorrida a lesão jurídica, e tem como objeto a obtenção de um bem como reparação. Por isso, a coerção física é insuficiente para: 1) a proteção de direitos irreparáveis (...) 2) a proteção de direitos reparáveis, mas que se tornam irreparáveis com frequência (*Lehrbuch*, 11).[251]

Dado que, por sua filosofia moral, o fim supremo do homem é a moralidade, e que esse fim pressupõe algumas condições necessárias, garantir essas condições é fundamental, sobretudo em relação àquelas que sejam insubstituíveis – como a existência do Estado e a vida humana, por exemplo. Assim, ainda que a própria moralidade exija a constituição e respeito ao Estado[252] e à vida alheia, ela não é suficiente para protegê-las, dado o fato de serem irreparáveis na hipótese de uma lesão. Por isso, a proteção das condições fundamentais da moralidade dá-se, adicionalmente, pela vida da legalidade e, necessariamente, pela imposição de uma pena estatal.

Está aqui um primeiro passo para a estipulação de um critério substantivo de especificação dos ilícitos penais, que já aparecia nos contemporâneos de Feuerbach, e que até hoje sustentamos: o direito penal cuida de nossos bens jurídicos mais importantes, protegendo-os por meio das sanções criminais.

O segundo princípio decorria da incapacidade de o Estado dar conta de seu papel valendo-se apenas da coação física. Ora, se o Estado não

---

letzungen aufhebt, 1) zuvorkommend, indem er eine noch nicht vollendete Beleidigung verhindert, (...); 2) der Beleidigung nach folgend, indem er Rückerstattung oder Ersatz von dem Beleidiger erzwingt."

[251] "Physischer Zwang reicht aber nicht hin zu Verhinderung der Rechtsverletzungen überhaupt. Denn der zuvorkommende Zwang ist nur möglich unter der Voraussetzung von Thatsachen, aus den der Staat entweder die Gewissheit oder doch ihrer Wahrscheinlichkeit erkennt. (...)Physischer Zwang ist daher nicht hinreichend 1) zum Schutz unersetzlicher Rechte (...), auch nicht 2) zum Schutz der an sich ersetzlichen Rechte, weil sie oft unersetzbar werden."

[252] A criação do Estado em Feuerbach é, como em Kant, um dever moral categórico, e não um imperativo prudencial utilitário. Nesse sentido, Greco, 2009: 36.

consegue impedir fisicamente o cometimento de crimes a contento (*Lehrbuch*, 12), então é preciso que ele o faça psicologicamente. Para isso, Feuerbach recorria a uma imagem antropológica muito corrente na filosofia moral de seu tempo, citada no capítulo anterior: aquela segundo a qual os homens podem ser guiados por seus estímulos sensoriais:[253]

> Todas as violações têm sua causa psicológica na sensibilidade, na medida em que os desejos humanos impulsionam o homem, por prazer, a cometer a ação. Esse impulso sensível pode ser anulado se todos souberem que sua ação será seguida, infalivelmente, de um mal maior do que o desgosto proveniente da abstenção do fato (*Lehrbuch*, 13).[254]

> Para fundar a convicção geral sobre a vinculação entre os ilícitos e esse mal, é necessário que uma lei estabeleça o mal como necessária consequência do delito (ameaça legal) (*Lehrbuch*, 14).[255]

> O mal cominado por uma lei estatal e infligido em virtude dessa lei é uma pena civil (*poena forensis*). A razão de sua necessidade e existência está na necessidade de preservar a liberdade recíproca de todos mediante o cancelamento do impulso sensível dirigido às lesões jurídicas (*Lehrbuch*, 15).[256]

---

[253] Para uma curta exposição sobre a importância da antropologia de Feuerbach para o desenvolvimento de sua teoria de Feuerbach, v. o ensaio preliminar de Zaffaroni, na tradução argentina do Lehrbuch (Feuerbach, 1989).

[254] "Aller Ubertretungen haben ihren psychologischen Entstehungsgrund in der Sinnlichkeit, in wiefern das Begehrungsvermögen des Menschen durch die Lust an Oder aus der Handlung zur Begehung derselben angetrieben wird. Dieser sinnliche Antrieb kann dadurch aufgehoben werden, dass jeder weiß, aus seine That werde unausbleiblich ein Uebel folgen, welches grösser ist, als die Unlust, die aus dem nicht nicht befriedigten Antrieb zur That entspringt."

[255] "Damit nun die allgemeine Ueberzeugung von der nothwendigen Verbindung solcher Uebel mit Beleidigungen begründet werde, so muß ein gesetzt dieselben als nothwendige Folge der That bestimmen (gesetzliche Drohung)."

[256] "Das von dem Staate durch ein Gesetz angedrohte, und, kraft dieses Gesetzes, zuzufügende Uebel, ist die bürgerliche Strafe (poena forensis). Der allgemeine Grund der Nothwendigkeit und des Daseyns derselben ist die Nothwendigkeit, der Erhaltung der wechselseitigen Freyheit Aller, durch Aufhebung des sinnlichen Antriebs zu Rechtsverletzungen."

O fundamento jurídico da pena é a causa de que depende a possibilidade jurídica da pena. (...) O fundamento jurídico para infligir a pena é a sua prévia cominação legal. (*Lehrbuch*, 17).[257]

Ou seja: o Estado exerce a coação psicológica através da ameaça da pena; e como a ameaça só se efetiva uma vez comunicada aos súditos, esse meio de comunicação – a lei penal – é o fundamento jurídico da aplicação concreta de uma pena criminal. Esses eram os dois pontos de partida racionalmente auto-evidentes do direito penal. Por essa via, registre-se, o valor da legalidade era duplamente reforçado: seja pela filosofia do Estado, seja pela filosofia moral que fundamentava o sistema penal de Feuerbach, as leis estatais eram indispensáveis. Vale dizer: a formalidade da lei penal ganhava uma importância até então inédita em outros contemporâneos seus. Esse ponto, de tão relevante, merece um item em separado.

V. Que vale como delito criminal?
1. Legalidade

A legalidade em Feuerbach implica, resumidamente, o crime ser uma infração à lei e só existir dentro de um Estado político (*Lehrbuch*, 31). Em *Untersuchung*, recordemo-nos (v. item IV), Feuerbach trata o pacto constitucional como o terceiro e definitivo passo para a saída do estado de natureza e entrada na sociedade civil; e esse pacto não diz respeito à união das pessoas em uma comunidade civil, pois a isso refere-se o pacto de união social (1º passo); e nem à escolha e nomeação de um soberano, pois a isso refere-se o pacto de sujeição (2º passo). O pacto de constituição diz respeito, isto sim, às formas políticas do Estado, ou seja, ao desenho institucional escolhido por critérios de conveniência política, através do qual o soberano executará sua tarefa pública de garantir a condição jurídica – preservar a liberdade externa dos súditos e garantir as condições para a moralidade, em outras palavras. Mas, ainda que a forma particular de cada Estado seja uma escolha polí-

---

[257] "Rechtsgrund der Strafe ist ein Grund, von welchem die rechtliche Möglichkeit der Strafe abhängt. (...) Der Rechtsgrund der Zufügung ist die vorhergegangene Drohung des Gesetzes."

tica contingente, e não uma dedução racional necessária, é exigido que alguma forma institucional seja escolhida, pois o pacto de constituição é um elemento necessário, e não meramente acidental, da passagem do estado de natureza para o estado civil. Ou seja, Feuerbach postula, por seu contratualismo em três passos, que construir um conjunto de instituições políticas é, para o cumprimento dos fins do Estado, tão importante quanto unir-se em sociedade ou apontar um soberano, mesmo que o desenho político de cada Estado possa variar.[258] Assim, não surpreende que elementos puramente formais, que podem ser inadvertidamente menosprezados, acabem por ganhar papel de destaque em sua teoria jurídica. Para a teoria penal, a legalidade é um desses elementos e merece especial atenção.

"Legalidade", como já foi dito e redito, significa exigir uma conduta (ação ou omissão) coativamente, com o respaldo de uma sanção estatal. Ela é o principal instrumento pelo qual o Estado realiza seu fim: através da sanção, ele é capaz de exigir coativamente o respeito, por todos os súditos, aos limites da liberdade externa dos demais.

Na teoria de Feuerbach é importante notar, primeiramente, que em relação a alguns ilícitos, notadamente os crimes de polícia, a legalidade é inteiramente constitutiva da proibição jurídica (e não meramente da possibilidade de punição, como antes era majoritário): enquanto em certos crimes contra o indivíduo e contra o Estado haveria um dever moral prévio a exigir a conduta (independentemente da pena), nos crimes políticos, que existem por mera conveniência do Estado, só a legalidade cria a exigência comportamental; e, em ambos os casos, só a legalidade permite a imposição de uma pena estatal, pois a existência de uma lei prévia é, em sua teoria, uma condição objetiva de punibilidade:

> O fundamento objetivo de toda punibilidade é a existência de uma realidade de fato que seja prevista em uma lei penal. Uma ação que não

---

[258] A ideia de que as instituições políticas tinham um papel fundamental na proteção da liberdade individual serviu como pilar de diversas teorias penais daquele tempo; não era, portanto, uma exclusividade de Feuerbach. Stübel (1795: 5), por exemplo, postulava que o poder soberano dava sustentação às ações privadas através das instituições, protegendo-as contra adversidades tão-logo o cidadão precisasse de sua ajuda.

se enquadre em nenhuma lei penal não é punível perante um tribunal de direito externo (*Lehrbuch*, 80).[259]

Por isso, acerta Naucke (1975: 881) ao tratar os brocados feuerbachianos como as portas de entrada de um direito penal estatal como até então não havia sido construído, e até hoje não superado.[260]

Em segundo lugar, a lei é na teoria feuerbachiana um instrumento imprescindível para uma atuação eficiente do direito penal, pois Feuerbach a via como a garantia efetiva de que todos abster-se-iam da conduta ilícita. Lembremo-nos de que, segundo sua antropologia, dirigimos nossas ações praticáveis ou por dever (racionalmente), ou por estímulo (sensorialmente).[261] A moral exige condutas pela via do dever, e não pode fazê-lo por meio de uma pena; ao passo que a legalidade, com a coação que a segue, faz atuar por estímulo. "Para Feuerbach, a teoria da pena e a legalidade penal estão proximamente ligadas uma à outra", pois a coação psicológica geral depende da previsão legal para que possa operar (Greco, 2009: 51).[262] Por isso Feuerbach insistia tanto, recordemo-nos, na ideia de que o direito implica um direito à coação (*Kritik*, 259 e ss.): sem a pena, a legalidade perderia o ganho de direcionamento das ações humanas que a sensualidade lhe confere; e que a moralidade, que depende do reconhecimento racional e espontâneo do dever, não pode aproveitar.

Além de conformar condutas pela ameaça da pena, a legalidade era também importante para comunicar o conjunto proibitivo, sobretudo daquelas condutas que não são crimes segundo o "direito das gentes"

---

[259] "Der objective Grund aller Strafbarkeit ist das Vorhandenseyn einer Thatsache, welche unter der Drohung eines Strafgesetzes enthalten ist. Eine Handlung, die unter keinem Strafgesetze steht, hat vor dem Gerichtshof des äussern rechts keine Strafbarkeit."

[260] "[nulla poena sine lege] enthält die Grundvoraussetzung für ein rechtsstaatliches Strafrecht. Feuerbach selbst hat das aufgefasst, und er hat diese Grundvoraussetzung in einer bis heute nicht übertroffenen Weise auseinandergelegt" (Naucke, 1975: 880-1).

[261] Segundo Kaulbach (1972: 297), a mesma oposição entre direito racional e direito real que existia em Kant fazia-se também presente em Feuerbach – "os extremos da razão e da empiria", em suas palavras.

[262] "Für Feuerbach sind Straftheorie und Strafgesetzlichkeit eng miteinander verbunden: Er geht davon aus, dass der Zweck (die allgemeine Abschreckung, der phsychologische Zwang) nur durch eine verherige, gesetzliche Strafandrohung verwirklicht werden kann."

(*jus gentium*) (*Lehrbuch*, 86, nota a) – ou seja, as condutas contingencialmente proibidas em cada Estado particular. O poder punitivo criminal em relação à maioria dos delitos resultaria, portanto, do exercício do poder político de cada estado individual, segundo os objetivos e estratégias que lhe fossem ocasionalmente convenientes. Somando-se isso à necessidade de uma atuação eficiente do direito penal, a legalidade feuerbachiana implicava também uma certa taxatividade *avant la lettre*, dado que a penalização de condutas cuja proibição não era acessível pela razão pura exigia uma descrição pormenorizada da conduta, dentro do paradigma iluminista de certeza do direito (Cattaneo, 1979: 429). Essa busca pela precisão comunicativa do direito penal foi, de fato, uma marca constante da carreira de Feuerbach: seu projeto de código de 1824 dedicou diversos capítulos à técnica de construção das leis penais, sempre visando precisar o conteúdo da proibição.[263]

Somadas essas duas coisas com a separação filosófica de direito e moral levada a cabo em *Kritik*, têm-se as bases para a formulação de uma das mais importantes ideias da dogmática penal contemporânea: a noção de legalidade como reserva de proibição penal e condição de aplicação de penas estatais. Ainda que alguns ilícitos jurídicos coincidam com ilícitos morais (não matar, por exemplo), é só através de um processo institucional específico – uma lei, um estatuto etc. – que esses ilícitos tornam-se propriamente jurídicos, e são juridicamente exigíveis sob pena de cominação das sanções juridicamente impostas por um tribunal estatal; e para os demais ilícitos penais que existem por conveniência política do soberano, a legalidade é inteiramente constitutiva do delito criminal. Em qualquer hipótese, a ameaça da pena, que é a razão de ser do direito penal, sempre dependerá de uma lei positiva.[264]

A lei penal é, portanto, aquilo que faz a ponte entre os fundamentos racionais do direito penal e a sua existência prática, servindo-lhe ainda como condição necessária para seu funcionamento legítimo e eficaz. É relevante registrar aqui que a legalidade jogava um papel fun-

---

[263] Projeto de Código Penal da Bavária de 1824, 1ª parte, item III (*Von der Aulsegung der Strafgesetze*), arts. 7º. a 11. Sobre a legalidade no projeto de 1824, v. Schubert, 1979: 73 e ss.
[264] Sobre a importância da legalidade para a função de ameaça das penas criminais, v. Greco, 2009: 40-45.

damental na superação de diversas pendências institucionais e filosóficas que dão sentido à dogmática penal contemporânea: ela reforça o poder penal como um poder político do estado civil, ao mesmo tempo em que garante, pela reserva de proibição, as liberdades dos súditos contra o exercício arbitrário desse mesmo poder; e presta-se, ainda, ao incremento da eficiência da intimidação preventiva, já que "estimula" o comportamento lícito ao unir um efeito desagradável (a pena) à conduta criminosa. Tanto assim que, dos princípios filosóficos primeiros apresentados por Feuerbach no início de sua parte geral (v. item V), que têm clara conexão com os embates da filosofia moral e política de então, os três princípios dogmáticos derivados são, todos eles, diretamente relacionados à ideia de legalidade penal como constituidora do delito e comunicadora da ameaça penal (Bohnert, 1982: 9-10). Trata-se dos três brocardos pelos quais Feuerbach é até hoje lembrado por muitos penalistas:

> Da precedente dedução derivam-se os seguintes princípios primeiros do direito punitivo: toda pena jurídica dentro do Estado é a consequência jurídica, fundada na necessidade de preservar os direitos externos, de uma lesão jurídica e de uma lei que comine um mal sensorialmente perceptível (*Lehrbuch*, 19).[265]
>
> Daí surgem, sem exceção alguma, os seguintes princípios: I) Toda pena imposta pressupõe uma lei penal (*nulla poena sine lege*). (...) II) A imposição de uma pena está condicionada à existência da ação cominada (*nulla poena sine crimine*) (...) III) O fato legalmente previsto (o pressuposto legal) está condicionado pela pena legal (*nullum crimen sine poena legali*). Consequentemente, o mal, como consequência jurí-

---

[265] "Aus obiger Deduction ergibt sich folgendes höchste Princip des peinl. Rechts: Jede rechtliche Strafe im Staate ist die rechtliche Folge eines, durch die Notwhendigkeit der Erhaltung äusserer Recht begründeten, und eine Rechtsverletzung mit einem sinnlichen Uebel bedrohenden Gesetzes" (nulla poena sine lege). (...) II) Die Zufügung einer Strafe ist bedingt durch der Daseyn der bedrohten Handlung (nulla poena sine crimine). (...) III) Die gesetzlich bedrohte That (die gesetzliche Voraussetzung) ist bedingt durch die gesetzliche Strafe (nullum crimen sine poena legali). Denn durch das Gesetz wird an die bestimmte Rechtsverletzung das Uebel als eine nothwendige rechtliche Folge geknüpft."

dica necessária, vincular-se-á mediante a lei a uma determinada lesão jurídica (*Lehrbuch*, 20).[266]

Do ponto de vista histórico, é muito importante anotar que houve uma relativa mudança funcional no princípio da legalidade penal: ele tem, hoje, a principal função de atuar como uma garantia do indivíduo perante o poder estatal. Sua função é, sobretudo, garantista: „o princípio da legalidade", diz Roxin, „serve para evitar uma punição arbitrária e incalculável sem lei, ou baseada em uma lei obscura ou retroativa" (Roxin, 2006: 139).[267] Kindhäuser (2006: 41), no mesmo sentido, fala do princípio da legalidade como instrumento da função garantista do Estado de Direito, que exige lei escrita, prévia, determinada e específica. Mas em Feuerbach, o autor que muitos reconhecem como o criador do princípio da legalidade penal, tal princípio só parcialmente tem relação com a preservação de garantias individuais: em termos teóricos, seu papel é delimitar o campo de estudos da ciência do direito penal; e, em termos políticos, garantir a efetividade da coação psicológica:

> Para fundar a convicção geral acerca da vinculação necessária entre as ações e esse mal [a pena], é necessário que: I) uma lei o estabeleça como uma necessária consequência do delito (previsão legal). Para que a imaginação de todos tome por real a conexão abstrata da cominação legal deverá, também, II) mostrar essa relação na realidade, e por isso, apenas se o ilícito ocorrer, deverá ser infligido o mal a ela conectado (Execução) (*Lehrbuch*, § 13).[268]

---

[266] "Hieraus fießen folgende, keiner Ausnahme unterworfen, untergeordneten Grundsätze: I) Jede Zufügung einer Strafe setzt ein Strafgesetz voraus (nulla poena sine lege)."
[267] "Dagegen dienst das (...) Gezetzlichkeitprinzip der Vorbeugung gegen eine willkürliche, nicht berechenbare Bestrafung ohne Gesetz oder auf Grund eines unbestimmten oder rückwirkenden Gesetzes."
[268] "Damit nun die allgemeine Uberzeugung von der nothwendigen Verbindung solche Uebel mit Beleidigungen begründet werde, so muß I) ein Gesetz dieselben als nothwendige Folge der That bestimmen (gesetzliche Drohung). Und damit die Realität jenes gesetzlich bestimmten idealen Zusammenhangs in der Vorstellung Aller begründet werde, muß II) jener ursächliche Zusammenhang auch in der Wirklichkeit erscheinen, mithin, sobald die Übertretung geschehen ist, das in dem Gesetz damit verbundene Uebel zugefügt werden (Vollstreckung, Execution)."

É por isso que, nos mais atentos intérpretes contemporâneos de Feuerbach, sua legalidade não é apenas ligada à vulgata liberal de proteção dos súditos em face do Estado: ela aparece também com um papel ativo, conformador e dirigente. Segundo Naucke, „a lei deve proteger o cidadão perante o Estado, mas deve também ameaçá-lo e aterrorizá-lo, moldando o cidadão" (1975: 881);[269] e acrescenta que esses dois aspectos – o liberal e o dirigente – pertencem a um só tempo à doutrina da legalidade feuerbachiana. Schubert (1979: 71) vai além, apontando que o direito liberal de Feuerbach funcionava paradoxalmente por uma lógica do terror. Greco (2009: 19), em recente tese doutoral sobre o tema, trata a doutrina de Feuerbach como um direito penal do determinismo, por sua pretensão fortemente diretiva e conformadora de opiniões por intermédio da punição.

Isso tem, novamente, relação direta com a filosofia moral e política de Feuerbach que: **(i)** por seus pressupostos antropológicos, exigia que a pena fosse previamente declarada ao homem para determiná-lo de acordo com o sentimento de afastamento do mal sensível; e **(ii)** por sua doutrina da separação entre direito e moral e da arbitrariedade política do soberano, permitia a criminalização de condutas cuja proibição não era auto-evidente, reclamando por isso a prévia cominação a fim de que todos se determinassem pela repulsa à pena. É, como se vê, uma acomodação dogmática de dois sentidos políticos distintos que tinha (como ainda hoje tem) o direito criminal moderno: perseguidor implacável da criminalidade e mantenedor da paz social e, em meio ao influxo iluminista, defensor das liberdades individuais e limitador dos arbítrios criminais do soberano.

Ainda que o direito penal não fosse inteiramente definido por Feuerbach como um direito de garantia – o direito penal era o conjunto de direitos do Estado contra os criminosos, e não dos indivíduos contra o Estado, recordemo-nos –, esses elementos davam à sua legalidade penal a propriedade de limitação à atuação penal do Estado, tão típica da dogmática penal clássica, e que nós hoje reconhecemos como a mais impor-

---

[269] "Das Gesetz soll den Bürger vor dem Staat schützen, es soll ihm aber auch drohen und ihn schrecken, es soll den Bürger anpassen (...) Diese beiden Seiten der Lehre vom Gesetz gehören bei Feuerbach zusammen."

tante função do princípio da legalidade. Feuerbach dirá, por exemplo, que a lei prevalece a todo custo, "não dependendo a sua aplicação de um juízo especial sobre sua adequação ao fim ou ao direito" (*Lehrbuch*, 74), bem à moda kantiana; que "a sentença jurídica é apenas um meio de aplicação da lei" (*Lehrbuch*, 75), lembrando Beccaria; e que uma ação não pode ser apenada sem prova inequívoca que indique sua contrariedade à lei (*Lehrbuch*, 83). Ou seja: a teoria de Feuerbach dá à legalidade penal o papel teórico central que ainda hoje lhe atribuímos e, mesmo sem transformar o direito penal em um direito cujo único sentido seria garantista, ela sugeria o seu papel protetivo em diversas oportunidades, sobretudo se considerarmos que o papel do direito como um todo era, para ele, a garantia das liberdades externas de todos. Não há, portanto, qualquer impropriedade em remeter os fundamentos do princípio da legalidade contemporâneo a Feuerbach, do ponto de vista de uma história das ideias jurídico-penais.

Por conseguinte, se considerarmos, como é certo considerar, tanto o papel teórico quanto o papel político do princípio da legalidade na dogmática penal contemporânea, a relevância histórica de Feuerbach surge evidente. Mas nem sempre é isso que se vê na historiografia jurídico-penal. Muitos de seus comentadores atuais apontam, com razão, que ele não inventou a ideia de legalidade penal. Wolf (1951: 546), por exemplo, remete a ideia do *nullum crimen, nulla poena sine lege* à Carta Magna e, mais proximamente, à declaração de direitos da Revolução Francesa. Bohnert (1982: 6) aponta no mesmo sentido. Entre nós, Hungria (1953: 35-6) diz que Feuerbach não inventou a legalidade, apenas cunhou o brocardo do *nullum crimen*. Eles têm uma certa razão; afinal, Beccaria (1774: 13-14) já havia dado à legalidade um papel de destaque antes mesmo de Feuerbach nascer, e Greco (2009: 51) lembra que ela já aparecia, com papel de destaque, tanto na Declaração dos Direitos do Homem de 1789[270] e no Código de Delitos e Penas da França revolucionária, de 1795.[271]

Mas isso não quer dizer que Feuerbach não tenha feito nada de novo com a legalidade; ou que o seu reconhecimento como o formulador do

---

[270] Artigos 7, 8 e 14.
[271] Artigos 2 e 3.

princípio da legalidade pelos penalistas contemporâneos deva-se ao mero acidente histórico dele ter tido a felicidade, ou sorte, de ser redator do Código Bávaro de 1813, como afirma Bohnert (1982:7). Pois, se é verdade que Feuerbach não inventou a legalidade, é também verdade que ele deu à ideia de legalidade um papel fundamental, do ponto de vista metodológico, para a dogmática penal contemporânea: ou seja, aquilo que era até então uma orientação de caráter preponderantemente político-criminal, como é o caso exemplar de *Dos Delitos e Das Penas*, ou uma estratégia de organização das fontes do Estado, como aparece em Klein, transformou-se em Feuerbach na pilastra que, ao lado da ideia de pena criminal, sustenta todo o edifício teórico do direito penal: Feuerbach construiu toda a sua parte geral em cima das leis penais e respectivas penas, e declarou expressamente que onde não há leis penais, não há direito penal, e a ciência penal carece aí de objeto.[272] A legalidade é, portanto, constitutiva do objeto de estudos da ciência do direito penal,[273] e não é um dos muitos institutos que aparecem na lição sobre as fontes do direito, como até então ocorria. Com isso, como aponta com acerto Greco (2009: 49-50), Feuerbach rompia com a tradição predominante em seu tempo, e que continuou em voga por algum tempo depois dele: crimes não eram, em sua teoria, violações de condutas naturalmente proibidas e legalmente apenadas, mas sim condutas legalmente proibidas (i.e., cuja proibição vinha da lei penal) e legalmente apenadas.[274]

---

[272] Lembremo-nos: Feuerbach abre o Lehrbuch definindo a ciência do direito penal como aquela que tem por objeto o estudo as leis penais estatais: "Das Criminalrecht (Strafrechtswissenschaft, peinliches Recht) ist die Wissenschaft der Rechte des Staats, welche durch Strafgesetze gegen Unterthanen, als Uebertreter derselben, begründet sind" (Lehrbuch, 1).

[273] Essa função metodológica da legalidade penal é até hoje preservada em livros didáticos correntes da disciplina, como mostra a seguinte passagem do *Manual de Direito Penal* de Mirabete: "À reunião das normas jurídicas pelas quais o Estado proíbe determinadas condutas, sob ameaça de sanção penal, estabelecendo ainda os princípios gerais e os pressupostos para a aplicação das penas e das medidas de segurança, dá-se o nome de *Direito Penal*" (Mirabete, 1990: 21. Destaques originais).

[274] "Allgemein war die dem gemeinen Recht entstammende Überzeugung herrshend, dass es sog. Verbrechen von Natur aus gebe, die keinerlei gesetzlichen Niederschlags bedürften, und dies blieb trotz Feuerbach noch lange so" (Greco, 2009: 49-50).

Convém anotar aqui que os dois pontos pelos quais Feuerbach é até hoje muito lembrado – sua teoria da legalidade e sua teoria da pena (que será comentada pouco adiante) – correspondem exatamente ao núcleo central de nossa parte geral do direito penal (teoria do delito e teoria da pena). Se os autores vistos no capítulo anterior estavam ainda em busca de uma parte geral, Feuerbach encontrou a nossa parte geral contemporânea com precisão. É por isso que seu *Lehrbuch* parece-nos já tão familiar e próximo de um direito penal como o nosso, mesmo trabalhando sobre a *Constitutio Criminalis Carolina* e não sobre um código moderno qualquer; e que o Código Bávaro de 1813, de que ele foi o principal redator, já é tão facilmente classificável entre os códigos inaugurais do direito penal contemporâneo.

Somado isso ao que foi dito no capítulo anterior, já temos um conjunto considerável de fatos históricos que nos permitem insistir na tese principal deste trabalho: a historicidade da dogmática penal contemporânea. Porque mesmo a legalidade, que é um dos indiscutíveis alicerces do nosso direito penal, conforme consta de praticamente todos os cursos e manuais da disciplina hoje existentes, e que nos parece tão "natural", pode ser historicamente explicada não só no que diz respeito à maneira específica de sua formulação (uma legalidade que separa o lícito do ilícito), mas também à posição de central importância a ela conferida.

Em primeiro lugar, a legalidade explica-se historicamente por ter se revelado um instrumento fundamental para colocar elementos de disputas teóricas existentes em fins do século XVIII e início do XIX a serviço de um mesmo direito penal, que assumiu a forma teórica que hoje conhecemos. A legalidade casava, por exemplo, a concepção de Estado como pacificador social e responsável pela administração da punição (cf. cap. II, item II) com a natureza predominantemente política do delito (cf. cap. II, item III): a lei era um instrumento pelo qual o Estado cumpria seu dever público de manter a paz; e a criminalização de condutas e imposição de penas era toda justificada por essa tarefa política do Estado. A determinação de quais condutas seriam punidas, e de como o seriam, tinha como fundamento apenas e tão-somente o cumprimento da tarefa política do soberano.

A legalidade explica-se historicamente, ademais, pelas reformas institucionais que buscavam fortalecer a justiça real em detrimento das demais instâncias de poder político, dando cada vez mais importância ao direito legislado e, principalmente, à parte específica do direito que cuidava da definição e persecução dos delitos (cf. cap. II, item V), já que isso implicava a apropriação do poder jurisdicional como um todo (fazer as leis e definir as penas respectivas, julgá-las e executá-las) por parte do Estado. Ao mesmo tempo, sua ligação com o ambiente intelectual de seu tempo surge evidente ao considerar-se sua relevância para a filosofia política liberal, de contenção do poder soberano em benefício dos direitos individuais. E, por fim, também pelo seu papel instrumental em face da antropologia própria da filosofia penal utilitarista, que a reclamava como um instituto de comunicação da ameaça da pena e, por conseguinte, de prevenção do crime.

2. A especificidade do delito criminal

O processo teórico de qualificação do delito jurídico-penal, por oposição aos meros desvios morais e principalmente aos demais ilícitos civis deu-se não só por um lado formal (legalidade), mas também um pouco por um lado substantivo. Digo "um pouco" porque a teoria de Feuerbach é bastante empobrecida nesse sentido: o recheio à couraça da legalidade penal é bem menos trabalhado do que a forma da legalidade em si mesma.

No que diz respeito à distinção entre o ilícito penal e as infrações morais, além da legalidade, também a externalidade servia para separar uma coisa da outra. Como já comentado, a esfera interna dos homens era o terreno da moralidade, e a externa, o do direito. Essa distinção era corrente à época de Feuerbach, de forma que não foi decisiva a sua contribuição nesse sentido: a *Constitutio Criminalis Carolina*, em 1532, já exigia "trabalhos sensíveis" para a constituição de um delito (art. 178);[275] e Stübel, poucos anos antes do *Lehrbuch*, insistia no mesmo ponto (Stübel, 1795: 13). Thomasius e Kant já haviam tornado essa distinção quase um lugar comum à época. Por isso, postulava Feuerbach que toda ação para ser julgada criminosa, pressupunha "a capacidade de ser exteriormente reconhecível, pois só uma ação externa pode lesionar a um

---

[275] "Item so sich jemand eyner missethatt mit etlichen scheinlichen wecken, die zu Vollbringung der missethatt dienstlich sein mögen."

direito" (*Lehrbuch*, 32). Mas adiante, ao comentar o problema do nexo de causalidade entre ação e resultado, ele foi ainda mais explícito:

> É impossível que uma ação seja antijurídica sem chocar com o direito externo, pois só o é uma ação (exterior) que lesiona um direito, ou o põe em perigo. A mera intenção antijurídica não proporciona a uma ação nenhuma característica de ilicitude. Quem fala de participação em crime com um veneno falso, ou do homicídio de um cadáver, ou coisas semelhantes, confunde o moral com o jurídico, os fundamentos da polícia de segurança com o direito à pena, e deveria também condenar por tentativa de homicídio a qualquer bávaro que vá a uma igreja e reze pela morte de um desafeto (*Lehrbuch*, 42, nota c).[276 e 277]

O delito criminal distinguia-se também dos demais ilícitos civis. Aqui, o primeiro critério distintivo era a pena. Feuerbach fazia um uso da palavra „crime" que, como ainda era comum em seu tempo, por vezes referia-se a todo tipo de lesão jurídica (*Lehrbuch*, 21), mas majoritariamente referia-se ao ilícito especificamente criminal. O "crime criminal" seria aquele a que se cominasse uma pena criminal não civil; vale dizer, corporal e não pecuniária (*Lehrbuch*, 22). Essa era uma distinção já corrente em seu tempo: Bentham, diante das dificuldades de especificação da "jurisprudência penal" como um ramo autônomo do direito, afirmava que a única possibilidade de sua individualização segura estava na penalidade agregada à proibição legal: onde quer que uma pena criminal fosse acoplada a uma lei imperativa, então aquele comando, que

---

[276] "Weil bürgerliche Strafbarkeit ohne eine dem äussern Recht widersprechende Handlung unmöglich, eine Handlung aber nur dann (äusserlich) rechtswidrig ist, wenn sie das Recht verletzt oder gefährdet. Die rechtswidrige Absicht allein giebt keiner Handlung das Merkmal der Rechtswidrigkeit. Wer von dem Verbrechen der Mittheilung eines vermeintliches Gifts, von dem Versuch der Tödtung eines Leichnams und dergl. spricht, verwechselt das Moralische mit dem Rechtlichen, die Gründe der Sicherungspolizey mit dem Recht zur Strafe, u. muß auch jenen Bayern eines strafbaren Versuchs der Tödtung schuldig erkennen, der nach einer Kapelle wallfahrtete, um da seinen Nachbar – todt zu beten."

[277] A externalidade servia também, como ainda hoje serve, como medida para a consumação ou não do delito. O delito acabado chamava-se, na em Feuerbach, delito perfeito; a tentativa próxima, crime começado; e a tentativa remota, crime preparado (*Lehrbuch*, 43).

de outra forma seria civil, passaria a pertencer ao direito criminal.[278] Ou seja, o crime, para ele, não se distinguia substancialmente dos ilícitos civis senão pela pena criminal que teria como consequência jurídica, reforçando a minha postulação de que a constituição do delito era um problema de segunda ordem na teoria criminal pré-contemporânea. Aqui está mais uma marca da tradição jurídica do "crime" horizontal: ele distinguia-se por sua consequência jurídica (a pena criminal), e não por suas propriedades substantivas particulares.

Havia, entretanto, um dado substantivo inovador na doutrina criminal de Feuerbach: além da externalidade e da legalidade, Feuerbach insistia na ideia de que os verdadeiros crimes eram aqueles que lesionavam diretamente direitos dos súditos ou do Estado. Por isso ele estabelecia a diferença entre ilícitos policiais e crimes: os primeiros não seriam antijurídicos em si mesmos, mas os últimos sim: crimes seriam as condutas que, contrariando leis estatais, violassem os direitos naturais (racionalmente reconhecíveis) dos cidadãos ou do Estado – "direitos que são independentes do exercício de qualquer ato de governo ou do reconhecimento do Estado"[279] (*Lehrbuch*, 22). Assim o eram, por exemplo, os crimes que lhes visassem a anulação total e irreversível, como o homicídio (que anulava o indivíduo) ou o crime de alta traição (que anulava o Estado). Já os delitos politicamente definidos (policiais) eram aqueles que, por conveniência do Estado, reprimiam condutas que não eram em si mesmas ilícitas (*Lehrbuch*, 22). A diferença entre as duas coisas não era mero preciosismo conceitual, pois trazia também variações em sua dogmática: não seria possível, por exemplo, alegar erro de direito em relação aos verdadeiros crimes, já que a proibição da conduta era racionalmente acessível; mas tal alegação seria possível quanto às

---

[278] "It should seem then, that, wherever a simply imperative law is to have a punitory one appended to it the former might be spared altogether: in, which case, saving the exception (which naturally should seem not likely to be a frequent one) of a law capable of answering its purpose without such an appendage, there should be no occasion in the whole body of the law for any other than punitory, or in other words than penal, laws" (Bentham, 1823, XVII, 2, IX).

[279] "Unabhängig von der Ausübung eines Regierungsacts und der Erklärung des Staats, gibt es Rechte (der Unterthanen im Staate oder des Staates selbst). Diese durch Strafgesetze gesichert, begründen den Begriff eines Verbrechens im engern Sinne."

contravenções policiais (*Lehrbuch*, 86, nota 1).[280] Essa diferença entre o crime em sentido estrito e as demais condutas penalmente repreendidas por mera conveniência do Estado foi aprofundada no projeto do Código Penal Bávaro de 1824, como bem anota Schubert (1979: 27), pois o art. 2º do Código de 1813, que referia-se conjuntamente a crimes e ilícitos policiais como "atos puníveis", foi suprimido.[281]

Além de indicar um conjunto de direitos que diziam respeito aos verdadeiros crimes à moda liberal, a definição de Feuerbach exigia também um certo nível de lesão a esses direitos para que uma conduta se pudesse dizer verdadeiramente criminosa: O parágrafo 11 do *Lehrbuch* dizia, na mesma linha de Klein, que os crimes precisavam ser prevenidos porque representavam lesões irreparáveis, ou de difícil reparação. No código de 1813, o impacto que daí resultava também era grande: a natureza jurídica do furto, por exemplo, variava conforme o valor do montante furtado.[282]

Somadas as duas coisas, a indicação de um conjunto de direitos e de um certo nível mínimo necessário para a configuração do delito, a doutrina penal de Feuerbach fazia com que a ocorrência de um crime dependesse, para sua configuração, de efetiva lesão a um direito externo da vítima. "O Estado pode apenar somente lesões a direitos, nessa qualidade"[283] (Feuerbach, *Revision*: I, 54). A mais importante limitação da doutrina de Feurbach, também inovadora para os padrões da época, era que a definição do delito como lesão a direitos retirava do

---

[280] Segundo Hespanha (1988: 55), a limitação da desculpa e da ignorância para o descumprimento da legislação estatal é uma constante na substituição do velho direito costumeiro pelo direito estatal na modernidade.

[281] No projeto do código de 1824, Feuerbach usou apenas a palavra "crimes" (*Verbrechen*) para descrever o objeto do código; enquanto no código de 1813, o citado art. 2º falava em "atos apenáveis" (*strafbare Handlungen*) para descrever diversos tipos de ilícitos (*Verbrechen, Vergehen, Polizeiübetretungen*), entre eles os crimes.

[282] Código da Bavária de 1813, art. 379: "O furto é um delito (*Vergehen*), se o valor do furto consistir em mais do que a some de cinco guildas (Gulden) da moeda bávara (*baierischer Reichswährung*), porém não atingindo a soma de vinte e cinco guildas (...)." Art. 380: "Um primeiro furto simples, cujo valor não atinja a soma de cinco guildas, será punido como ilícito de polícia."

[283] "Der Staat kann nur Rechtsverletzungen, und zwar als solche bestrafen."

rol de condutas apenáveis, em princípio,[284] uma série de condutas que tradicionalmente figuravam entre os atos proscritos à época, como delitos de pensamento ou de consciência, meras intenções ou ações imorais sem repercussão sobre terceiros.

É importante anotar que, mesmo assim, as possibilidades de criminalização pelo Estado permaneciam muito amplas. Se a restrição material do conceito de delito importava para os meandros do tratamento jurídico de crimes ou contravenções, ou para a definição dos limites possíveis do erro de direito, ela não restringia especialmente as possibilidades político-criminais de proibição de condutas sob ameaça de penas, que se submetiam apenas ao restritíssimo limite da moralidade como objetivo da humanidade (que, de resto, era válido para todas as disciplinas, e não só para o direito penal). Na prática, isso queria dizer que a maior parte das proibições penalmente relevantes era definida por critérios de exclusiva conveniência política do soberano, mesmo que não fossem "crimes" no sentido estrito do termo. Por isso, acerta Greco ao lembrar que, até mesmo pela sua doutrina de separação entre direito e moral, a filosofia político-criminal de Feuerbach funcionava, do ponto de vista do próprio autor, como mera "linha mestra para o legislador", o que o levava a reconhecer que a legislação criminalizante poderia não segui-la se o legislador assim entendesse conveniente: "Onde fala o legislador, cessam todos os questionamentos da Filosofia",[285] dizia Feuerbach (*Revision*: I, 343-349). O programa criminalizante do Estado não precisa, portanto, conformar-se àquilo que naturalmente se tenha por um delito:

> Na medida em que o Estado está justificado a procurar em forma mediata seu objetivo, valendo-se de leis de polícia e proibindo desse modo ações que em si não são antijurídicas, haverá direitos especiais do Estado a exigir a omissão dessas ações particularmente proibidas,

---

[284] Em princípio, apenas, haja vista a previsão no projeto de código de 1824 de Feuerbach dos "delitos de volúpia". Para comentários específicos sobre tais delitos de volúpia e seu significado para a doutrina feuerbachiana da separação entre direito e moral, v. a parte final do item II deste capítulo, bem como a obra de Schubert (1978), inteiramente dedicada ao projeto de código bávaro de 1824.

[285] "Da, wo der Gesetzgeber spricht, haben alle Einwendungen der Philosophie ein Ende."

que originariamente eram para os súditos juridicamente possíveis (*Lehrbuch*, 22).

É especialmente por isso que, como já foi dito, nos limites políticos do Estado soberano, a eficácia das leis penais é inoponível e inquestionável.[286] Afinal, a lei é um instrumento técnico-político cuja avaliação em primeiro lugar não é dada ao súdito, que, como já fora dito no *Anti-Hobbes*, não tem conhecimento técnico para questioná-la; e, mais importante ainda, tampouco é dada ao jurista, por estar fora do objeto da ciência do direito penal: pois ela começa nas leis penais, e o juízo de criminalização é, por definição, anterior à lei criminal que dele resulta. Por outro lado, como ilícito puramente político que é, o crime não existe para fora dos limites políticos do Estado – para além dos vínculos políticos entre súditos e soberanos, portanto: "dado que um crime é a infração a uma lei, e esta não é possível sem a obrigatoriedade da mesma, só aquele que esteja obrigado pela lei penal de um Estado pode estar obrigado por esse Estado" (*Lehrbuch*, 31).

Por tudo isso, pode-se perceber que Feuerbach já conseguia distinguir o crime em sentido estrito e outros ilícitos de natureza pública, mesmo que as consequências jurídicas para uns e outros fossem muito semelhantes.

Ao construir sua teoria por esses caminhos específicos, Feuerbach não estava descrevendo o direito penal; estava, isto sim, **construindo um certo direito penal**, tal qual hoje conhecemos. No tocante à teoria da legalidade, ficou evidente como ela jogava em sua teoria um papel que ajudava a fazer pontes entre mundos distintos de ideias políticas, ao reforçar tanto a exclusividade do poder criminal do Estado, quanto a proteção das liberdades individuais dos cidadãos. O primeiro passo de Feuerbach na construção de seu direito penal consistia em definir um saber teórico distinto, a partir de uma metodologia própria, e voltado a um objeto teórico exclusivo, que foi construído sobretudo pelo aspecto formal da legalidade, mas também um pouco pela via substantiva da lesão relevante a direitos externos. Ao fazer tudo isso, ele estava dando

---

[286] Lembrando a já citada passagem do Lehrbuch a esse respeito: "A lei penal é válida por si mesma, não podendo depender sua aplicação de um juízo especial sobre sua adequação ao fim ou ao direito" (*Lehrbuch*, 74).

uma resposta normativa à pergunta fundamental (no sentido estrito da palavra: aquilo que fundamenta, que funda) da dogmática penal contemporânea: "que é um crime, ou ilícito criminal?". A resposta que Feuerbach deu, como vimos, dependia em certa medida do conceito de pena criminal, dada as vastíssimas possibilidades políticas de criminalização de condutas. Portanto, assim como precisou abrir sua dogmática penal com uma teoria do delito criminal, Feuerbach precisaria concluí-la com uma teoria da pena criminal. A semelhança com a atual divisão da parte geral do direito penal – teoria do delito e teoria da pena (com alguma variação terminológica) – não é, por óbvio, mera coincidência.

VI. Que vale como pena criminal?
1. Uma certa concepção de ser humano

A teoria da pena de Feuerbach é ainda hoje o elemento mais conhecido de sua dogmática penal. Ela é citada, com maior ou menor detalhe, na maioria dos livros didáticos de direito penal, além de ser objeto de muitas teses acadêmicas. Entre os leitores mais atentos de Feuerbach, é difundida a constatação de que a sua teoria da pena é estreitamente vinculada a uma certa concepção de ser humano. Por isso, é fundamental que seja detalhada essa visão antropológica que lhe dá fundamento. Mesmo porque, considerando agora as especificidades desta investigação, essa antropologia determina um conjunto importante de características de sua teoria penal, as quais carregamos conosco até hoje: ela oferece um conceito muito idealista de culpabilidade, em primeiro lugar; ademais, ela sugere uma específica imagem teórica do criminoso que é ainda viva em nosso imaginário; e, aliada à sua concepção de pena, ela sugere também uma certa economia da punição que igualmente permanecemos sustentando em nossas práticas penais do presente. Ao mesmo tempo, ela reforça a ideia de que sua teoria queria acomodar mundos teóricos distintos e rivais, um baseado na concepção retributiva e moralizante de pena como castigo, e outro, na concepção utilitarista e psicológica de pena como desestímulo.

A visão antropológica de Feuerbach é resumida logo no início do *Lehrbuch*, pela seguinte afirmação:

> Todas as condutas ilegais têm a sensualidade como causa psicológica, na medida em que as necessidades do homem são o que o move,

por prazer, a cometer a ação. Esse impulso sensorial pode ser cancelado se cada um souber que à sua ação há de seguir, infalivelmente, um mal que será maior que o desgosto que virá da não satisfação de seu impulso à ação (*Lehrbuch*, 13).[287]

Por essa passagem, não é difícil de enxergar que ele trabalhava com a mesma teoria contraditória de seus antecessores (v. cap. II): o homem é um ser ao mesmo tempo dotado de livre-arbítrio, mas também movido por estímulos não racionais. Feuerbach é taxativo ao afirmar que só a sensualidade é causa de um crime; o que equivale a dizer que não há motivo propriamente racional para o cometimento de um crime. Nesse sentido, alinha-se com Kant,[288] conforme comentado no capítulo anterior: se o crime for pensado como produto de uma máxima moral, ele será invariavelmente inaceitável do ponto de vista racional. Isso não quer dizer, frise-se, que o cometimento de crimes não possa ser objeto de apreciação racional: é possível estudar cientifica ou filosoficamente as razões que levam à criminalidade. Feuerbach quer apenas dizer que o móvel para uma ação criminosa jamais será a conformação a um dever moral provindo da razão pura, mas apenas os estímulos sensoriais. Daí segue que a pena pode ter um importante papel na proteção dos bens jurídicos que a política criminal escolha tutelar, se vista como contra-estímulo dirigida à anulação desses mesmos estímulos criminógenos.

Para fins de prevenção criminal, a teoria da pena de Feuerbach apoiava-se, destarte, em uma teoria psicológica bastante elementar: os homens inclinam-se para as coisas que lhes dão prazer e afastam-se daquelas que lhes trazem sofrimento, dor, desgosto etc. Se ele vislumbra no crime um prazer, ficará tendente ao cometimento do delito; para evitá-lo, basta tornar o efeito do crime mais desprazeroso do que

---

[287] "Alle Uebertretungen haben ihren psychologischen Entstehungsgrund in der Sinnlichkeit, in wiefern das Begehrungsvermögen des Menschen durch die Lust an oder aus der Handlung zur Begehung derselben angetrieben wird. Dieser sinnliche Antrieb wird dadurch aufgehoben, dass jeder weiss, auf seine That werde unausbleiblich ein Uebel folgen, welches grösser is, als die Unlust, die aus dem nicht befriedigten Antrieb zur That entspringt."

[288] Sobre o alinhamento entre Feuerbach e Kant na visão do homem com ser a um só tempo sensorial (*homo phaenomenon*) e racional-ideal (*homo noumenon*), v. Greco, 2009: 43-4.

a sua abstenção. A ameaça da pena funcionaria como um contra-estímulo psicológico, e coagiria – porque o estímulo determina – ao não cometimento do delito. Greco (2009: 44), com acerto, fala[289] da teoria da pena feuerbachiana como a chave para um direito penal construído a partir do determinismo, pela assimilação de uma lei de causalidade por meio de associações mentais. Daí o porquê de Feuerbach haver originalmente batizado sua teoria, hoje conhecida por prevenção geral negativa, de "teoria da coação psicológica" (*psychologischer Zwang*). Não por coincidência, ao nomear os chamados conhecimentos auxiliares do direito penal, a psicologia é o primeiro saber especificamente citado.[290] Ao mesmo tempo, ele reconhecia uma teoria moral da punição como algo válido, ao acusar, como fizera Kant, a imoralidade inerente a toda ação criminosa voluntária.

Daí segue que, sendo a pena pensada como um instrumento de proteção de direitos que só se efetiva quando presentes os requisitos psicológicos com que Feuerbach trabalha, só ao ser humano individual pode dirigir-se o direito penal:

> Unicamente o indivíduo pode ser sujeito de um crime, não podendo sê-lo jamais uma pessoa moral (sociedade, *universitas* ou *collegium*). Qualquer que seja a sociedade, só os indivíduos podem ser criminosos, mesmo quando todos os membros de uma sociedade tenham querido e executado o crime (*Lehrbuch*, 28).[291]

Seu conceito de „autor", pela mesma razão, é igualmente restrito a pessoas individuais: „Toda infração pressupõe uma determinada pessoa como causa efetiva. Chama-se autor a pessoa em cuja vontade e ação

---

[289] O autor remete o uso preponderante da estratégia político-criminal determinista a Hommel, autor uma geração anterior a Feuerbach. Ainda segundo Greco (2009: 44), a base desta estratégia penal-determinista seria religiosa, o proviria o dogma da impossibilidade de conciliação entre liberdade de ação e providência Divina.

[290] "Zu den Hülfskenntnissen des Criminalrechts gehören A) Wissenschaften im eigentlichen Sinne, und unter diesen, außer den übrigen Theilen des positiven Rechts, vornehmlich: I) die Philosophie und zwar 1) die Pscychologie" (Lehrbuch, 6).

[291] "Nur ein Individuum ist mögliches Subject eines Verbrechens; nie eine moralische Person (Gesellschaft, universitas oder Collegium). Blos die Einzelnen in einer Gesellschaft jeder Art sind die Verbrecher, selbst dann, wenn Alle das Verbrechen wollten un vollbrachten."

ocorra a causa eficiente que tem o crime como efeito (*autor delicti*)" (*Lehrbuch*, 44). Para além do indivíduo, a cominação da pena seria não um instrumento de proteção preventiva de direitos, mas uma aplicação despropositada e inútil da força coativa estatal.

2. O mal da pena

Seja pela concepção de ser humano com que Feuerbach trabalhava, que necessitava de contra-estímulos para não cometer crimes; seja pela sua teoria da legalidade, que exigia uma certa atuação coativa do Estado para ganhar a eficiência prática adicional que a institucionalização é capaz de conferir, não bastava a declaração formal da proibição de uma conduta em lei: era preciso, adicionalmente, que lhe fosse acoplada uma pena – o estímulo sensível que determina ao comportamento lícito, coisa que a moralidade não pode fazer. Assim, da mesma forma que não poderia haver um crime sem uma lei que o desse legalidade, de nada adiantaria a lei sem uma sanção que lhe conferisse eficácia através da penalidade. Dessa forma, lei, crime e pena demandam-se e implicam-se reciprocamente, e constituem os alicerces da teoria penal de Feuerbach, claramente expressos pelos três brocardos, já citados, pelos quais até hoje é lembrado em nossa dogmática penal contemporânea: toda pena pressupõe uma lei penal (*nulla poena sine lege*); toda pena pressupõe uma conduta incriminada (*nulla poena sine crimine*); e todo crime deve ser apenado com a pena a ele prevista (*nullum crimen sine poena legali*) (*Lehrbuch*, 20).[292] Ressalte-se, mais uma vez, que os elementos constitutivos de nossa parte geral do direito penal estão já claramente postos como os pilares da teoria penal feuerbachiana.

Assim como o conceito de crime era em sua teoria muito simples, também o era o conceito de pena: a pena é um mal sensível que se comina com a intenção de evitar crimes, disse Feuerbach no *Anti-Hob-*

---

[292] "I) Jede Zufügung einer Strafe setzt in Strafgesetz voraus. (Nulla poena sine lege.) (...) II) Die Zufügung einer Strafe ist bedingt durch das Daseyn der bedrohten Handlung. (Nulla poena sine crimine.) (...) III) Die gesetzlich bedrohte That (die gesetzliche Voraussetzung) ist bedingt durch die gesetzliche Strafe (Nullum crimen sine poena legali)."

bes.²⁹³ No *Lehrbuch* (133), Feuerbach disse que a pena é um "mal penalmente cominado" que tem como objetivo principal "o de afastar a todos do crime mediante sua ameaça". O conceito vinha desde *Revision* (1799), em que já definia pena como um "mal sensível".²⁹⁴ A ideia tradicional da pena como mal somava-se ao seu lado "sensível" e, portanto, ao seu potencial preventivo no mundo real. Mesmo sendo um exemplar produto da tradição metafísica kantiana,²⁹⁵ Feuerbach, jurista como era, não negava a importância da prática, e nem a diminuía em face da teoria, ao contrário do que podem sugerir algumas passagens de sua obra, se consideradas isoladamente e fora de contexto.²⁹⁶

Esse mal poderá variar em conformidade com os objetivos paralelos que ele visar a atingir, que podem ser: **(i)** a intimidação direta do restante da população mediante a execução pública da pena; **(ii)** a segurança do Estado perante os criminosos apenados; ou **(iii)** o melhoramento do apenado.²⁹⁷ Qualquer coisa que seja um mal sensível definido pelas leis como consequência de um crime será, portanto, uma pena, independentemente dos objetivos paralelos a que visar.²⁹⁸, ²⁹⁹

---

²⁹³ "Üben wie hingegen Gewalt, um ein physisches Übel zuzufügen, das wir in der Absicht uns vor Beleidigungen zu sichern vorher angedroht haben, so ist dies Strafe" (AH, 203).
²⁹⁴ "Der Begriff der bürgerlichen Strafe wäre also folgender: sie ist ein vom Staate, wegen einer begangenen Rechtsverletzung zugefügtes, durch ein Strafgesetz vorher angedrohtes sinnliches Übel" (*Revision*: I, 56).
²⁹⁵ A bem da verdade, Cattaneo (1984) aponta que Kant reconhecia o caráter intimidatório da pena; ele apenas negava que isso pudesse fundamentar metafisicamente a punição.
²⁹⁶ Refiro-me às passagens de abertura de quase todas as suas obras, quando Feuerbach descarta a possibilidade de a experiência (às vezes por ele chamada de "história") bastar para uma metafísica do direito, ou do Estado, ou da punição etc.
²⁹⁷ *Lehrbuch*, 133.
²⁹⁸ Como a pena é simplesmente um mal sensível, Feuerbach manifesta inclusive ceticismo quanto a ser possível chegar-se a um conceito mais detalhado de pena: "se é que um conceito de pena existe", diz ele (*Lehrbuch*, 16).
²⁹⁹ A restrição que Feuerbach impunha aos fundamentos da pena dizia respeito à pena com fins "preventivo-especiais", para usar outra expressão anacrônica. Grolman, por exemplo, dizia que a pena era, além de um constrangimento à boa conduta de todos pela ameaça da pena, também uma forma de evitar futuros atos criminosos por parte do condenado – uma anulação da possibilidade física (*Aufhebung der physischen Möglichkeit*) de cometimento do delito (Grolman, 1805: 8-20). Feuerbach não aceitava esse tipo de

A definição singela de Feuerbach permitia unir, exclusivamente no que diz respeito ao conceito de pena, as duas correntes tradicionalmente adversárias da filosofia moral: utilitarismo e retributivismo; pois para uma ou para outra a pena precisa ser, substantivamente, um **mal**. Seja para retribuir o mal ao agente que o causou por culpa, seja para impedir o cometimento de novos delitos por parte do condenado ou do restante da comunidade, uma pena nunca poderá ser, como bem diz Roxin (2006: 55), passar férias em Palmas de Mallorca. Por isso, mesmo sendo Feuerbach um autor claramente utilitarista no que diz respeito à razão de existência de seu direito penal, ele é capaz de falar da pena como um mal satisfativo, em tom marcadamente retributivista e kantiano, sem entrar em contradição: "toda pena é pública, na medida em que satisfaz penalmente a lei mediante o sofrimento do infrator, e na medida em que ela esteja ligada a um crime, ela é uma pena criminal" (*Lehrbuch*, 136).[300] É o utilitarismo com roupas de justiça retributiva, como diz Naucke. Nesse mesmo sentido, Greco (2009: 45), em alusão a *Anti-Hobbes*, acrescenta que a visão utilitarista de Feuerbach era limitada, já que ele rejeitava a ideia, corrente em seu tempo, segundo a qual o papel da pena seria o de simplesmente exercer uma restrição ou limitação (*Abschreckung*) geral sobre a coletividade, em favor de uma apreciação do apenado mais próxima do antiutilitarismo kantiano:

> Para Feuerbach, o objetivo da aplicação da pena, portanto, não era a limitação da coletividade, mas sim a confirmação da verdade da ameaça. (...) Fosse ao agente permitido delinquir impunemente, perderia a ameaça penal toda e qualquer capacidade de persuasão, tornar-se-ia ela uma promessa descumprida, um "estompido vazio" (Greco, 2009: 46).

Esse ponto é muitíssimo importante: utilitarismo e retributivismo, que no campo filosófico são correntes éticas tradicionalmente tratadas

---

"prevenção especial negativa" como fundamento da pena, pois ele impede o cumprimento do dever moral supremo de homem ao negar-lhe autonomia.

[300] "Jede öffentliche Strafe (p. publica) ist in so ferne als sie durch Leiden des Uebertreters dem Gesetze genug thut, peinlich, und so ferne sie an ein Verbrechen geknüpft ist (im Gegensatz von Privatstrafen) Criminal-Strafe"

como adversárias,[301] aparecem na teoria penal de Feuerbach unificadas. É claro que essa contradição teórica cobrou seu preço mais à frente: retributivismo e utilitarismo exigem, por exemplo, espécies diferentes de pena, às vezes; e, principalmente, calculam e quantificam a pena por critérios distintos. (Pires, 1998b: 137-43; 1998c: 180-3). Esse último ponto é, aliás, a chave da reformulação teórica empreendida por Roxin (2006: 85 e ss.). Jakobs (1998) sustenta que, por causa dessa indevida união, toda a teoria da pena contemporânea está fadada ao insucesso. Mas o fato é que, mesmo com todas as contradições implicadas, retribuição e prevenção entraram juntas para a dogmática penal contemporânea e, até hoje, figuram lado a lado nos nossos livros de direito penal e até mesmo no nosso Código Penal:

> O juiz, atendendo à culpabilidade, aos antecedentes, à conduta social, à personalidade do agente, aos motivos, às circunstâncias e consequências do crime, bem como ao comportamento da vítima, estabelecerá, conforme seja necessário e suficiente para **reprovação** e **prevenção** do crime (Lei 7.209/84, art. 59. Destaques meus).

Considerado seu jusnaturalismo racionalista, seu conceito de pena e sua antropologia, a teoria de Feuerbach antecipava, de todos os lados, as causas possíveis de cometimento de um crime: do ponto de vista racional, ninguém cometeria um crime porque ele é em si mesmo irracional, considerados os direitos e deveres racionais dos homens; e do ponto de vista empírico, ninguém cometeria um crime porque – considerando a pena como consequência necessária – ele é contra-instintivo, já que equivaleria a buscar a dor em vez do prazer. Ou seja, uma tal teoria reforçava o papel estatal de garantia da ordem por meio da administração do castigo, em uma tônica semelhante à de Hobbes (ainda que por caminhos distintos). Nesse sentido, e ao contrário de uma leitura corrente que saúda Feuerbach como um liberal incorrigível (Zaffaroni, 1989), muitos estudiosos seus têm apontado, como Schubert, que o direito penal de Feuerbach era liberal em seus contornos, mas podia muito bem

---

[301] Há, porém, muitos autores que não enxergam essa separação como absoluta. Isso se vê principalmente em estudos mais recentes dedicados à ética kantiana, seja em geral (Hare, 1997: 147 e ss.), seja no que diz respeito particularmente à sua teoria da pena (Byrd, 1989).

ser draconiano em seu conteúdo: como o crime é sempre uma fraqueza diante de um impulso, o legislador está sempre autorizado a prever o pior martírio como pena, a fim de evitar o delito.[302]

O lado oposto da moeda, porém, é que a sua dogmática penal não conseguia lidar teoricamente com as pessoas que cometessem crimes, uma vez que ela era toda pensada preventivamente, e que cercava-se de evitar o crime tanto pelo lado racional, quanto pelo lado instintivo do homem. O cometimento do crime negava, portanto, as características mais elementares da antropologia de Feuerbach: pois o sujeito, além de agir irracionalmente, agia contrariamente ao impulso humano mais básico, qual seja, o de evitar a dor proveniente da pena. Por isso, sua teoria penal eximia-se de qualquer atuação referente ao criminoso: ele fica fora de sua construção teórica, na qualidade de um sujeito que negou até mesmo seus instintos humanos elementares e não se amolda aos pressupostos antropológicos a partir dos quais sua teoria é construída. A teoria de Feuerbach não cuida, em absoluto, da execução da pena, como que renunciando à preocupação com aquele que, por negar sua moralidade e seus instintos, não pode ser ajudado, por ser incompreensível.[303] Por esse caminho, reforçava-se a imagem do criminoso já esboçada no capítulo anterior: um sujeito diferente, anormal e inexplicável. Ele carrega, portanto, o retrato teórico do criminoso que já fora pintado por autores anteriores, já vistos no capítulo passado, e que é também produto do choque entre os dois mundos opostos da filosofia moral da modernidade.

Há outro ponto em que retribuição e prevenção caminham de mãos dadas na dogmática penal contemporânea, e que Feuerbach também preservou das gerações que o antecederam: ambas recomendam for-

---

[302] "Der stärkste Vorwurf gegen Feuerbachs Straftheorie geht dahin, ihre konsequente Befolgung in einem Gesetz müsse zu einem drakonischen, ja terroristischen Strafsystem führen. Da jedes noch so geringe Verbrechen durch die stärksten inneren Impulse veranlasst sein könne, sei der Gesetzgeber genötigt, um auch tatsächlich das Ziel der Verhinderung jeder Rechtsverletzung zu erreichen, die schrecklichsten Martern zu ersinnen und unterschiedslos auf alle Gesetzverstöße anzudrohen" (Schubert, 1978: 72).
[303] Como lembram Cattaneo (1979: 428-9) e Schubert (1978: 72-3), um direito penal que traz em si o pressuposto de que o crime será evitado pela ameaça infalível da pena não precisa mesmo preocupar-se tanto com a execução da pena.

temente que a punição criminal seja infalível (sendo que a teoria preventiva recomenda, além disso que ela seja imediata). No psicologismo preventivo de Feuerbach – como no de Beccaria, já visto – o efeito intimidatório da pena só será efetivo se, a cada crime ocorrido, seguir-se infalivelmente a pena legal: é esse o sentido do terceiro, e menos divulgado, de seus brocardos principiológicos: *nullum crimen sine poena legali* (*Lehrbuch*, 20). Hobbes dizia, como vimos, que a não aplicação da pena pelo soberano seria um fator que convidaria os súditos ao cometimento de crimes; Feuerbach pensava de forma muito semelhante:

> Para fundamentar a convicção geral acerca da vinculação necessária entre o mal [penas] e os atos ilícitos, é necessário: I) que uma lei a estabeleça como necessária consequência do fato. Para que a imaginação de todos tome como verdadeira esta conexão ideal da cominação legal, deve-se igualmente II) mostrar-se essa relação no mundo real, em razão de que, tendo lugar o ilícito, siga-se a execução do mal que a ele se conecta. A coação psicológica dá-se, portanto, mediante a efetividade harmônica dos poderes Legislativo e Executivo, que atuam segundo um objetivo ameaçador comum (*Lehrbuch*, 14).[304]

Sem essa execução infalível da pena, a cominação penal perderia todo sentido:

> O objetivo da ameaça da pena na lei é a intimidação de todos, como possíveis protagonistas de lesões jurídicas. O objetivo de sua aplicação é dar efetivo fundamento à cominação legal, pois sem a aplicação da pena a cominação legal seria um vazio (seria ineficaz). (*Lehrbuch*, 16).[305]

---

[304] "Damit nun die allgemeine Ueberzeugung von der nothwendigen Verbindung solcher Uebel mit Beleidigungen begründet werde, so muss I. Ein Gesetz dieselben als nothwendige Folge der That bestimmen (gesetzliche Drohung). Und damit die Realität jenes gesetzlich bestimmten idealen Zusammenhangs in der Vorstellung Aller begründet werde, muss II. Jener ursachliche Zusammenhang auch in der Wirklichkeit erscheinen, mithin, sobald die Uebertretung geschehen ist, das in dem Gesetz damit verbundene Uebel zugefügt werden (Vollstreckung, Execution). Die Zusammensimmende Wirksamkeit der vollstreckenden und gesetzgebenden Macht zu dem Zwecke der Abschreckung bildet den psychologischen Zwang."

[305] "I. Der Zweck der Androhung der Strafe im Gesetz ist Abschreckung Aller als möglicher Beleidiger, von Rechtsverletzungen. II. Der Zweck der Zufügung derselben ist

Portanto, ainda que seu conceito político de delito mantivesse o direito absolutista de graça, sua teoria da pena contundentemente recomendava o exercício infalível da punição como única forma de atuação sensata e eficiente do direito penal. Trata-se, portanto, de uma doutrina perfeitamente moldável à "semiotécnica das punições" de Foucault (1987: 86), apontada como um dos pilares do reformismo do século XVIII. Por isso, Feuerbach falava da pena como uma "consequência jurídica" do delito: "toda pena jurídica dentro do Estado é a consequência jurídica de uma lesão jurídica e de uma lei que comine um mal sensível, fundada na necessidade de preservar direitos externos". (*Lehrbuch*, 19).[306] A pena é um verdadeiro dever do Estado (*Verbindlichkeit des Staats*) diante do cometimento do crime (*Lehrbuch*, 17), pois é seu dever "criar institutos mediante os quais impeçam-se as lesões jurídicas" (*Lehrbuch*, 9). Por tudo isso, Pires (1998d: 215) reconhece Feuerbach como o jurista mais importante para a ideia contemporânea de que o direito penal não tem como existir sem as penas criminais.

Tal qual o seu conceito de delito, a ideia da pena obrigatória tem, além do significado político de tratar a pena como o instrumento por excelência de manutenção da paz pública, também uma grande importância teórica: o direito penal e o delito criminal definem-se, direta ou indiretamente, a partir das penas criminais (corporais). Pois o direito penal estuda as leis que tratam de delitos criminais, entendidas como tais aquelas a cuja violação o Estado liga a uma pena criminal de aplicação obrigatória. A teoria feuerbachiana, assim, transpira a pena criminal por todos os poros: não só porque seu objeto teórico define-se por meio dela, somada à legalidade; mas também porque ela remenda as contradições da filosofia de seu tempo e reúne, em uma mesma teoria, a obrigação política de punir (como em Beccaria e Hobbes) com o caráter moral da pena criminal (como em Kant), e transforma-os numa

---

die Begründung der Wirksamkeit der gesetzlichen Drohung, in wiefern ohne sie diese Drohung leer (unwirksam) seyn würde."

[306] "Jede rechtliche Strafe im Staate ist die rechtliche Folge eines, durch die Nothwendigkeit der Erhaltung äusserer Rechte begründeten, und eine Rechtsverletzung mit einem sinnlichen Uebel bedrohenden Gesetzes."

obrigação jurídica de punir – definindo a pena como uma consequência jurídica do delito: *nullum crimen sine poena legali*.

Os traços principalmente retributivistas da teoria penal de Feuerbach aparecem destacadamente nos fundamentos subjetivos da punibilidade absoluta (*Subjective Gründe der absoluten Strafbarkeit*), que consistiam em dois institutos: a imputação (*Zurechnung*) e a culpabilidade, ou culpa (*Schuld*). É importante anotar que, ainda que já estejamos navegando aqui por conceitos familiares, esses institutos tinham na teoria de Feuerbach um papel bem particular: a culpa era para ele o conjunto dos elementos subjetivos (intelectuais) da imputação, e funcionava, como anota Buchenberger,[307] como um guarda-chuva que abrangia tanto a intencionalidade quanto a negligência. A culpa era para ele, portanto, um pressuposto da imputação (Buchenberger, 1932: 29). Juntamente com os fundamentos subjetivos da punibilidade relativa, as regras de imputação e a culpabilidade serviam para determinar: **(i)** se um sujeito que tivesse dado causa a um resultado criminoso havia-o feito, ou não, de maneira responsável, de forma a poder responder pelo seu ato sujeitando-se a uma pena criminal; e, em caso afirmativo, **(ii)** qual deveria ser essa pena. Os fundamentos subjetivos da punibilidade absoluta – culpabilidade e imputabilidade – respondiam à primeira indagação; os fundamentos subjetivos da punibilidade relativa, à segunda, através dos institutos do dolo (*intencionalidade antijurídica*) e da culpa (*imprudência*) e principalmente à luz da legislação vigente.

O mesmo fundamento antropológico idealista e racionalista que serviu de base para a filosofia moral e política de Feuerbach dá também a base de sustentação de suas teorias da imputação e da culpabilidade, pois ambas dependem de sua imagem de ser humano. Não por acaso, Buchenberger (1932: 26) anota que seus conceitos de imputação e culpabilidade não podem ser compreendidos sem que se tenha em mente a sua teoria da pena. Mas, se até aqui o lado instintivo do homem e a sua psicologia elementar haviam prevalecido na sua teoria para as causas do crime e para a essência da pena, os fundamentos da responsabi-

---

[307] "Schuld im Sinne Feuerbachs ist der intelektuelle Teil der Zurechnungsfähigkeit, der in den Schuld formen variiert wird, also Oberbegriff von Vorsatz und Fahrlässigkeit" (Buchenberger, 1932: 28).

lidade criminal em Feuerbach formam-se por um discurso fortemente calcado na ideia de livre-arbítrio moral: "ao tentar responder a questão relativa à relação entre imputação e culpa", diz Grünhut, "Feuerbach parte do pressuposto de que a imputação é inseparavelmente ligada à culpa pessoal, assumindo o livre-arbítrio" (Grünhut, 1922: 77).

Porém, assim como a sua teoria da pena "fez as pazes" entre retributivismo e utilitarismo, Feuerbach também juntou determinismo e livre-arbítrio na sua dogmática da responsabilidade penal, adotando o mesmo tipo de solução de compromisso. No *Lehrbuch*, ele começa apresentando seus conceitos de imputação e culpabilidade. A imputação, diz ele, é a relação de causalidade que há entre uma vontade individual contrária à lei penal (causa) e o fato criminoso (consequência), chamando-se imputável aquele que é suscetível de imputação por um fato criminoso.[308] A culpa, diz ele, é determinada pela imputação:[309] ninguém será considerado culpado de um crime que não se lhe possa jurídico-penalmente imputar. O conceito de imputação, note-se bem, é formado pela ideia da causalidade: a vontade é a causa, e o resultado criminoso é o efeito. Mas, para além disso, toda a sua ideia de culpabilidade é fundada em um juízo de imputação moral do ato ilícito. A culpabilidade expressa a reprovabilidade individual da conduta ilícita e dá a medida, por meio do dolo e da culpa, da pena merecida pelo sujeito. Em *Revision*,[310] Feuerbach postula mesmo que o conceito puro de imputação restringe-se à "relação da ação com o sujeito livre"; e como o livre

---

[308] "Die Beziehung einer (objectiv) strafbaren That als Wirkung auf eine dem Strafgesetz widersprechende Willensbestimmung des Thäters, als Ursache der selben, heißt die Zurechnung (Imputation), und der (äussere und innere) Zustand einer Person, vermöge welches ihr eine That zugerechnet werden kann, die Zurechnungsfähigkeit (Imputabilität)" (Lehrbuch, 84).

[309] "Die Zurechnung bestimmt die Schuld (das Verschulden) als allgemein subjectiven Grund der Strafbarkeit" (Lehrbuch, 84).

[310] "Der vorhergegebende engere Begriff, ist der reine Begriff der Imputation. Es ist hier von weiter nichts, als von der Beziehung der Handlung auf das freie Subject (...) Soll aber das Subject selbst für schuldig oder für das Gegentheil gehalten werden, so muss die That aus wirklicher Freiheit geschen seys, weil Freiheit die Bedingung der Moralität ist, und ohne diese zwar Legalität oder Illegalität (äussere Gesetzmässigkeit oder Gesetzwidrigkeit) aber keine Moralität oder Immoralität der Handlung vorhanden seyn kann" (*Revision*: I, 154-5).

arbítrio é condição da moralidade, sem ela pode-se falar em legalidade ou ilegalidade, mas jamais em reprovabilidade moral da ação, o que é pressuposto para a imposição do mal da pena.

Para que se possa fazer o juízo de imputabilidade, é necessário, além da ligação causal entre vontade e resultado ilícito, também um juízo objetivo de contrariedade dessa vontade em relação à lei penal: a punição de qualquer ato, diz Feuerbach, "está condicionada por uma ilicitude da vontade como causa do crime" (*Lehrbuch*, 88).[311] Mas não só: a imputação também supõe que tenha sido possível uma vontade lícita do agente, e ficará excluída "pela existência de um estado da pessoa que tenha cancelado a possibilidade, em geral, de atuar conforme o seu arbítrio ou de determinar-se adequando-o às leis penais" (*Lehrbuch*, 88).[312] Seelmann, falando de outros autores dessa mesma época, anota que às vésperas do direito penal contemporâneo, assiste-se à retribuição ganhando um novo papel na teoria jurídica da punição, o que parece mostrar-se também em Feuerbach: se antes a substância do delito estava na reprovabilidade moral da conduta, a partir de fins do século XVIII, em face do caráter cada vez mais político do ilícito criminal, ela transmuta-se em mero juízo de reprovação e restringe-se à punibilidade do ilícito (em vez de constituir o próprio ilícito), dando os limites da responsabilidade do agente.[313]

Se esse juízo de contrariedade à lei penal dará a reprovabilidade da conduta, ele indica a culpabilidade do agente, portanto. (Note-se bem: mesmo fazendo uso de ideias anteriores – culpa, reprovação – esses elementos estão sendo reunidos de uma forma cada vez mais próxima da dogmática penal contemporânea.) Assim, se estiver cancelada no agente a possibilidade de uma vontade lícita, ou de se orientar segundo uma tal vontade, excluir-se-á sua culpabilidade. Não há culpabilidade quando

---

[311] "Alle Strafbarkeit bedingt ist durch eine Gesetzwidrigkeit des Willens als Ursache des Verbechens."

[312] "So wird die Strafbarkeit nothwendig ausgeschlossen durch das Daseyn eines Zustandes der Person, in welchem für sie die Möglichkeit aufgehoben war, entweder überhaupt nach Willkühr zu handeln oder ihre Willkühr den Strafgesetzen gemäß zu bestimmen."

[313] Seelman (2001: 18-21) refere-se a Filangieri especificamente, mas faz consignar diversas vezes, expressamente, que a doutrina da responsabilidade do autor italiano é grandemente compatível com a de Feuerbach.

o resultado dá-se sem vontade, como, por exemplo, quando falta força física para realizar a conduta devida (*Lehrbuch*, 89); ou quando o agente encontrar-se em um estado mental que não o permita ter consciência de seu dever penal e da punibilidade pelo seu descumprimento, como nas hipóteses de menoridade, desenvolvimento mental incompleto, embriaguez completa acidental, sonambulismo ou erro, entre outras (*Lehrbuch*, 90); ou, por fim, quando, mesmo existindo a consciência da lei penal, não seja possível que ela aja sobre os impulsos do agente, por encontrar-se em um estado de perigo que o faça agir instintivamente. Em nenhum desses casos pode-se dizer que uma vontade ilícita tenha sido causa da conduta; e, portanto, o agente não será imputável, e nem será reprovável o resultado danoso a que tenha fisicamente dado causa (por ação ou omissão) (*Lehrbuch*, 91). A aplicação da pena exige que o agente tenha desejado livremente cometer o delito, de onde se presume que ele livremente compactuou com sua própria punição (Greco, 2009: 46-7).

Isso pode parecer contraditório dentro da teoria de Feuerbach: como seria possível adequar essa posição não determinista (porque exige liberdade moral) com a afirmação do § 13 do *Lehrbuch*, que parece tão determinista ("Todas as violações têm sua causa psicológica na sensibilidade, na medida em que os desejos humanos são o que impulsiona o homem, por prazer, a cometer a ação")?

A melhor resposta parece ser a seguinte: Feuerbach aceita que os homens movem-se tanto por razão, quanto por instinto. Nesse sentido, ele está perfeitamente inserido nas disputas teóricas da filosofia moral de seu tempo, como visto no capítulo anterior. Por um mandamento de razão, ninguém cometeria um crime, pois o crime é essencialmente irracional e só acontece quando os instintos prevalecem sobre a razão. Logo, o direito penal, como meio de defesa, deve centrar-se em cancelar os instintos ilícitos das pessoas: daí o porquê de o mal da pena ter de ser maior do que a frustração da abstenção do crime; e, principalmente, daí o porquê da pena ter de ser um mal administrado em caráter infalível, como já visto. A estratégia preventiva do direito penal é, portanto, inteiramente pensada tendo em vista o lado instintivo do agir humano. Mas, como mal que é, a aplicação da pena tem de ser, além de útil, também justa, pois aplicar um mal indevido por critérios de utilidade seria instrumentalizar o apenado e renegar-lhe a possibilidade de exercer sua vida conforme a lei prática suprema – a moralidade. O juízo de justiça da pena dá-se pelas categorias da imputabilidade e da culpabilidade, e como juízo de justiça que é, compete à dogmática penal; o juízo de utilidade defensiva da pena pertence à política criminal e, como juízo político que é, compete exclusivamente ao soberano, que decide, desde uma vasta gama de possibilidades, as condutas que quer evitar por meio da pena criminal, para fins de pacificação social. Assim, se a dogmática penal tem pouco a dizer sobre a substância do crime e da pena, bem como sobre as estratégias de criminalização, que se definem politicamente, ela tem, por outro lado, muito a dizer sobre culpabilidade e imputação. Vale dizer, se a parte psicológica de seu modelo de ser humano reclamava uma política utilitarista de administração da pena, a parte moral desse modelo impunha-lhe um limite de justiça: nenhuma política penal pode, por razões utilitárias, ultrapassar os limites da punição de inocentes, ou do castigo excessivo (além da culpabilidade) dos culpados.

A melhor forma de dar conta desse sincretismo é ter em mente a divisão metodológica, também feita por Feuerbach, entre a previsão legal e cominação da pena, de um lado – tarefas políticas –, e, de outro, a sua imputação individual e concreta a um sujeito determinado – tarefa jurídico-penal.[314]

No primeiro caso, culpabilidade e imputação são quase irrelevantes: o que vale é a missão política do direito penal e os instrumentos com que opera para dar conta de sua tarefa de manter a paz a todo custo. Por isso, o discurso moral sobre o merecimento individual da pena é-lhe àquela altura menos importante, prevalecendo uma antropologia simplória (os homens dirigem-se ao prazer e afastam a dor), bem à moda hobbesiana. É com base nessa visão que Feuerbach postula: **(i)** quais são as causas do crime; **(ii)** por que o papel da pena criminal é eminentemente dissuasório; e **(iii)** por que recomenda-se que a sua aplicação seja infalível. Assim, **(i)** o crime é causado pela busca instintiva de um prazer sensual; **(ii)** a pena é um grande desprazer; e **(iii)** os homens pre-

---

[314] Sobre as diferenças entre a ameaça em abstro da pena e sua execução em concreto, v. Greco, 2009: 46 e ss.

cisam ser estimulados a não cometer crimes, o que se faz pela ideia de que o mal da pena seguirá imediata e necessariamente a conduta ilícita. Trata-se sobretudo de um debate de formas, o que explica o já mencionado papel prevalecente da legalidade em sua teoria do ilícito criminal.

Uma vez cometido o crime, saímos do campo da racionalidade jurídico-política e entramos no campo da racionalidade jurídico-moral: é chegado o momento de determinar que pena o sujeito efetivamente receberá em razão do ilícito cometido. Feuerbach passa a utilizar então o vocabulário moral do livre-arbítrio, ainda que de forma incompleta: **(i)** ninguém pode ser punido se sua ação for absolutamente determinada (não livre); **(ii)** a lei penal exige a punição; **(iii)** só a punição criminal é capaz de satisfazer a lei penal; e **(iv)** quem age sem reprovabilidade não merece receber pena.

Por conseguinte, Feuerbach desenvolve ao mesmo tempo uma teoria preventiva da pena, com objetivo dissuasório e fundamentada em uma psicologia associativa, conjugada a uma teoria retributiva da culpabilidade, com objetivo de aplicação da pena justa e fundamentada em uma teoria do livre-arbítrio moral. Ou seja: a razão de ser da pena criminal é a sua utilidade preventiva; mas só a finalidade preventiva não possibilita a sua aplicação, pois além de útil, a imposição de uma pena deve ser moralmente justa. Por essa união, retribuição e prevenção são retalhadas em uma mesma teoria da pena, como ainda hoje prevalece em nossos cursos e manuais. A lição de Mirabete não poderia ser mais clara nesse sentido:

> Desde a origem até hoje, porém, a pena sempre teve o caráter predominantemente de retribuição, de castigo, acrescentando-se a ela uma finalidade de prevenção e ressocialização do criminoso. A retribuição e a prevenção são faces da mesma moeda (...) Enquanto se proclama na exposição de motivos da Lei de Execução Penal o princípio de que as penas e as medidas de segurança devem realizar a proteção dos bens jurídicos e a reincorporação do autor à comunidade, a realidade demonstra que a pena continua a ser necessária, como medida de justiça, reparadora e impostergável (...) (Mirabete, 1990: 247).

VII. Um direito penal que somos capazes de reconhecer
No prefácio à primeira edição do Lehrbuch, lê-se a seguinte passagem:

> Depois da publicação de *Revision*, o autor passou por uma experiência nada incomum, porque esperada, como é de se esperar por qualquer um que não siga a corrente majoritária. Ergueram-se contra o autor diversos tipos de armas; combateu-se-lhe com injúrias e engodos em opúsculos e a partir das cátedras, ainda que raras vezes com razões claras (*Lehrbuch*, X).[315]

Essas duas frases dão a ideia de quanto Feuerbach foi um autor polêmico em seu tempo, e do quanto foi inovadora a sua teoria. Se a sua doutrina sobre o crime e a pena nos parecem hoje elementares, a comparação entre sua teoria penal e as de seus contemporâneos, feita na primeira parte deste capítulo, mostra que as coisas que ele disse estavam longe de ser verdades pacificamente aceitas entre os penalistas de fins do século XVIII, mesmo os seus contemporâneos. Hartmann (1961: 68 e ss.), no mesmo sentido, aponta que Feuerbach escreveu a sua teoria penal contra a visão dominante de sua época, o que rendeu-lhe boas polêmicas, entre as quais as mais importantes – contra Klein e Grolman – foram comentadas ao longo do capítulo.

Escrevendo contra seu tempo,[316] Feuerbach legou para as gerações posteriores de estudiosos de direito penal de língua alemã uma teoria

---

[315] "Nun noch ein kleines Wort an die Gegner des Verfassers. Er hat nach der Erscheinung seiner Revision eine Erfahrung gemacht, die ihn gar nicht befremdete, weil er sie erwartete und weil ein jeder sie erwarten muss, der sich nicht in dem Ströme der Gewohnheit fortreißen lässt. Man hat alle Arten von Waffen gegen ihn gebraucht: man hat ihn in Abhandlungen und von Kathedern herab – selten auch nur mit Scheingründen, öfters durch Schimpfwörter oder Spott, Bestritten."

[316] Wolfgang Naucke, um dos mais respeitados estudiosos de Feuerbach, insiste a todo instante no caráter inovador e fundador de sua teoria penal: "Im Alter von 25 Jahren hat [Feuerbach] die Grundbegriffe des damaligen Strafrechts revidiert, die auf den Satz "nulla poena sine lege" gegründete Theorie des psychologischen Zwanges formuliert und seinen Ruhm als energischer, kenntnisreicher, streitbarer Strafrechtstheoretiker begründet. Seinen wissenschaftlichen Arbeiten haben kein Gebiet des Strafrechts unberührt gelassen" (Naucke, 1975: 861). No que diz respeito à separação entre direito e moral, a doutrina feuerbachiana foi especialmente combatida (Knopf, 1936: 31 e ss.). Suas prin-

penal que apresenta todas as características daquilo que se reconhece na dogmática penal contemporânea:

(i) Uma ciência do direito penal autônoma, distinta tanto da filosofia moral, quanto das demais áreas do direito. Feuerbach distinguiu até mesmo o direito penal do processo penal e do restante do direito público, coisa pouco comum à época;

(ii) Dos fundamentos primeiros do direito penal (princípios morais e políticos), derivavam-se três princípios especificamente jurídico-penais que tinham a legalidade como eixo central: o princípio da legalidade ganhou em sua obra, portanto, o status de espinha dorsal de toda a teoria penal. Ele cumpre não só um papel político importante (como em Beccaria), mas também um papel metodológico que até hoje preservamos, que consiste em estabelecer o campo de investigação do direito penal;

(iii) A legalidade penal, somada à pena criminal, permitia destacar o ilícito penal de todos os demais ilícitos, fossem eles políticos ou morais. Feuerbach não confundia, para usar exemplos seus, o crime de homicídio com a ofensa moral de rezar pela morte de um desafeto; nem os ilícitos civis com os delitos criminais; e muito menos os ilícitos penais com os demais ilícitos de direito público. Ao mesmo tempo, ele separava também os ilícitos mais graves para o campo dos verdadeiros "crimes": as leis de polícia ("contravenções") não seriam verdadeiramente antijurídicas, só os crimes o são (*Lehrbuch*, 22). Por isso, dizia ele na introdução do Código Bávaro, é só em relação aos crimes que temos, "em nossos corações", o conhecimento da proibição. (Qualquer relação com o "juízo profano de ilicitude"[317] da atual doutrina da culpabilidade não é, evidentemente, mera coincidência.);

---

cipais polêmicas, entretanto, diziam respeito à chamada teoria da coação psicológica, que gerou disputas especialmente com Grolman e Klein.

[317] Tome-se como exemplo a lição de Mirabete sobre a consciência de ilicitude necessária à formulação do juízo de proibição: "O agente, no erro de proibição, faz um juízo equivocado sobre aquilo que lhe é permitido fazer na vida em sociedade. Evidentemente, não se exige de todas as pessoas que conheçam exatamente todos os dispositivos legais, mas o erro só é justificável quando o sujeito não tem condições de conhecer a ilicitude de seu comportamento. Não se trata, aliás, de um juízo técnico-jurídico, que somente

(iv) A pena criminal também ganhou em sua teoria um sentido bastante particular. Ao rejeitar a teoria "preventivo-especial" de Grolman, Feuerbach afirmava a distinção entre a pena criminal e os castigos emendatórios. Ao mesmo tempo, ao defender a ideia de que a pena útil tinha também de ser justa, reuniu em sua teoria duas correntes que, a despeito de serem amplamente vistas como incompatíveis pelos filósofos morais, figuram desde sempre em conjunto na dogmática da pena: utilitarismo e retributivismo. Isso leva à sua postulação de que a pena deve ser administrada segundo finalidades políticas, mas respeitando determinados tetos morais que impedem, por exemplo, a punição de inocentes por fins de utilidade social;

(v) Esses fundamentos foram montados em um objeto teórico que é bem familiar ao que hoje conhecemos. Em primeiro lugar, por sua estrutura: uma divisão em parte geral e parte especial, com os crimes organizados por ordem de generalidade e importância de acordo com os pressupostos políticos de sua teoria penal (importância do Estado e dos indivíduos). Se isso não era novidade, o fato é que essa parte geral foi dividida em uma teoria do delito e uma teoria da pena (algo que não era hegemônico àquele tempo), que respondiam às duas perguntas-chave para a afirmação da autonomia do direito penal: **(a)** *que vale como um delito criminal?* e **(b)** *qual pena deve ser imposta por um delito cometido, e em que circunstância deve sê-lo?*. Tudo isso antecedido de prolegômenos que buscavam dar alguma ordem à confusão de normas penais então existentes. Por fim, esse objeto teórico ganhou também uma determinada posição enciclopédica: foi colocado inteiramente no campo do direito público, a despeito de o direito penal não trabalhar apenas com interesses públicos, mas também com direitos das pessoas particulares. Isto é, em forma e conteúdo, a parte geral do direito penal com a qual hoje trabalhamos.

---

se poderia exigir dos mais renomados juristas, mas de um **juízo leigo, profano**, que é emitido de acordo com a opinião dominante no meio social" (Mirabete, 1990: 200. Destaques meus). Com a ressalva de que, em Feuerbach, não havia o elemento empírico que exigisse o juízo ser socialmente dominante. Mas a ideia é essencialmente a mesma.

Esse conteúdo da parte geral, entretanto, não é um dado natural da nossa disciplina. Este capítulo mostrou que uma teoria do delito fundada na legalidade, ao lado de uma teoria da pena fundada na união entre retributivismo e utilitarismo, eram caminhos teóricos possíveis para resolver um conjunto importante de problemas teóricos e institucionais do mundo jurídico e político em que viveu Feuerbach (e, consequentemente, a geração de fundadores da dogmática penal contemporânea). Para uma teoria política da centralização do poder nas mãos do soberano, a legalidade limitava o poder punitivo de eventuais jurisdições concorrentes e retirava a autoridade de outros textos que, até não muito tempo antes, ainda eram fontes do direito e jogavam ainda àquela altura um papel forte na interpretação das leis. Para uma teoria política da proteção individual, ao mesmo tempo, a lei penal como pré-requisito da punição reforçava a postura liberal de limites a arbítrios no exercício do poder criminal por parte do soberano.

No que diz respeito à teoria da pena, o elemento utilitário ungia o soberano no poder de punir e exigia-lhe que tal poder fosse exercido em benefício do Estado: mantendo a paz e combatendo o crime pela infalibilidade da punição. O elemento retributivo, por sua vez, evitava que a pena, como instrumento político, fosse usada de maneira arbitrária, pois sua "metafísica moral" proibia que inocentes fossem punidos, ou que a medida da pena fosse excessiva. Sobrevivia, portanto, a velha teoria moral retributiva da pena como castigo, aliada a uma nova concepção da punição como técnica preventiva.

Assim, considero o argumento deste capítulo devidamente demonstrado: na época de Feuerbach, todos estavam formulando teorias que, em muitos pontos, já eram muito parecidas com nosso direito penal; mas, em outros pontos significantes, eram ainda ligeiramente diferentes. Feuerbach, entretanto, reuniu todos os elementos disponíveis na teoria jurídica de seu tempo e construiu um direito penal que, como objeto teórico, já tinha a cara da nossa dogmática penal contemporânea, ao menos no que diz respeito a seus traços metodológicos mais elementares (e por isso constitutivos).

Esse direito penal que Feuerbach ajudou a construir eventualmente ganhou a Alemanha. Seu Código Penal Bávaro de 1813 foi em grande parte responsável por isso.[318] O *Lehrbuch* de Feuerbach tornou-se uma espécie de doutrina oficial do direito penal alemão, porque visto como interpretação autêntica do código. Ademais, seu código tornou-se modelo não só para outros Estados alemães, mas também para outras localidades na Europa, como a Áustria, a Suécia a Polônia e os cantões suíços, além de outros no leste europeu. Também em alguns desses lugares a doutrina de Feuerbach ganhou ares de um "saber oficial": vinte anos após a sua morte, publicava-se em Zurique, por exemplo, um extenso comentário de quase mil páginas ao *Lehrbuch*.[319] Charles Vatel traduziu o Código Bávaro para o francês em 1852, juntamente com alguns princípios da doutrina penal feuerbachiana tirados do *Lehrbuch*. Essa tradução foi a principal fonte da codificação penal argentina de 1866. Pouco tempo depois, também a codificação uruguaia de 1874 foi nela inspirada; e, pouco tempo antes, o mesmo código também serviu de modelo para o projeto de código nacional peruano, de 1859 (Duve, 2002). Ao lado de tantos outros códigos modernos, com destaque para o Francês, o código de Feuerbach orientou também a elaboração do Código Criminal do Império do Brasil, de 1830 (Zaffaroni e Batista, 2003: 434-5). Ou seja: uma certa representação teórica do direito penal, cuja construção aparece exemplar em Feuerbach, eventualmente espraiou-se por diversas culturas jurídicas.

---

[318] O sucesso do modelo de direito penal expresso pelo Código Bávaro de 1813 não implica sucesso ou perfeição do diploma feuerbachiano em si. Se o aquele Código, como modelo legislativo, logrou uma organização da matéria penal que em grande parte ainda preservamos, porque vemos como útil, diversos dispositivos do diploma de 1813 sofreram muitas críticas a seu tempo. O Código Bávaro de 1813 sofreu nada menos do que 111 emendas, o que levou Binding a reputá-lo um "naufrágio completo" (*apud* Greco, 2009: 19).

[319] Morstadt, Karl. 1997. *Ausführlicher kritischer Commentar zu Feuerbachs Lehrbuch*. Zurique: Schaffhausen.

IV.
Que significa tudo isso?

I. Retomando

Esta pesquisa teve por tema a análise do processo da formação da dogmática penal contemporânea. Esse direito penal, como descrito no primeiro capítulo, é um tipo normativo que agrupa as características constitutivas daquilo que nós hoje entendemos como o direito penal, enquanto área autônoma do direito. Tal tipo foi construído a partir dos elementos da dogmática do direito penal sobre os quais há razoável consenso, e que, porque fundamentais, acabam por estipular os limites dentro dos quais as discussões penais são travadas. Fora desses limites, as discussões, se houver, não serão penais, muito embora possam ser penalmente relevantes. Se reunidos em uma frase, todos os traços do tipo normativo da dogmática penal contemporânea resultam em algo que pode ser visto como uma definição elementar e, à primeira vista, não problemática da disciplina: "o direito penal é um ramo do direito que pertence ao direito público, definindo crimes e estipulando-lhes penas criminais por meio das leis penais, contando com uma parte geral, que estabelece regras iguais para todos os crimes, e uma parte especial, com regras particulares para os crimes em espécie".

Essa definição elementar poderia ser contestada sociologicamente, como tem sido há tempos pela criminologia: dizendo que o direito penal protege mais interesses particulares, ou de pequenos grupos politicamente dominantes, do que públicos; ou dizendo ainda que a noção substantiva de crime, como algo distinto de todos os demais ilícitos, é empiricamente indemonstrável; ou que a igualdade conceitual que está por trás de uma "parte geral" escamoteia o fato de que, na prática, o direito penal tem atuação seletiva. Tais críticas, ainda que válidas, são todas críticas de um ponto de vista externo à dogmática penal. Do ponto de vista interno, elas são irreproduzíveis, pois, se internalizadas, implodem a dogmática do direito penal como hoje conhecemos. Nenhuma obra atual de direito penal poderia dizer que o direito penal não existe como área autônoma do direito, ou que ele não tem nada a ver com crimes e penas criminais, ou que o direito penal é parte do direito privado: se uma tal obra existisse, seu autor seria considerado, na melhor das hipóteses, alguém que não estaria escrevendo sobre direito penal; e, na pior delas, alguém que não tem ideia do que o direito penal seja. Alessandro Baratta, um dos mais conhecidos criminólogos críticos, sabia bem disso, e dizia que o direito penal do presente não poderia conviver com uma criminologia que, como a sua, mirava justamente a deslegitimação sociológica desses pilares normativos que sustentam a dogmática penal: uma tal criminologia só seria compatível, talvez, com um direito penal do futuro (Baratta, 1981).

O sentido das críticas de Baratta e da criminologia crítica era principalmente o de mostrar como as coisas óbvias, naturais e (ditas) justas que o direito penal propaga aos quatro ventos como seus fundamentos evidentes não têm nada nem de óbvias, nem de naturais, e muito menos de justas quando analisadas pela ótica de sua realização empírica por meio dos aparelhos de justiça criminal. O argumento deste livro é igualmente um trabalho de desnaturalização, mas sob um ponto de vista hermenêutico e histórico.

Como trabalho de desnaturalizar, foi-lhe conveniente principiar pelos pontos óbvios e indiscutíveis de nossas construções penais do presente, todas incluídas na singela definição que foi dada na abertura desta conclusão, que formam o tipo da dogmática penal contemporânea. Por todo livro, procurou-se mostrar como os argumentos jurídicos e filosóficos que resultaram nesses pontos elementares não foram, à época de sua consolidação na teoria jurídico-penal, vistos como descrições de pontos pacíficos e naturais da disciplina; foram, isto sim, respostas normativas a problemas políticos e teóricos que muitas vezes dividiam cabeças brilhantes da filosofia política e jurídica.

QUE SIGNIFICA TUDO ISSO?

Essa divisão dava-se em torno de dois grupos de problemas, que tinham a um só tempo dimensões teóricas e institucionais. Um deles dizia respeito à representação teórica dos poderes criminais dentro de um Estado – ou seja, das prerrogativas de definir condutas ilícitas, perseguir os culpados e impor-lhes penas. O embate aqui dava-se por meio de dois movimentos políticos com sentidos opostos: o primeiro era a centralização do poder criminal nas mãos do soberano, em detrimento de qualquer outro poder político; o segundo, que veio pouco tempo depois, foi o de limitação desse mesmo poder criminal em face dos direitos individuais. Essas duas correntes tangenciavam muitos dos mesmos problemas, mas com sentidos obviamente distintos. Como também eram distintos os sentidos imprimidos por utilitaristas e retributivistas no tocante à teoria do direito de punir – o segundo grupo de problemas relevantes para o direito penal contemporâneo. Aqui, os temas do exercício político do poder criminal por uma lógica de Estado e dos limites impostos a esse exercício pelos direitos individuais somavam-se a duas visões antropológicas adversárias, cada uma com uma concepção de racionalidade humana em face da qual a pena tinha de se adequar: a primeira moral-idealista de índole retributiva, a segunda psicológico--associativa de índole utilitarista.

Mesmo diante dessas diferenças, Paul Johann Anselm von Feuerbach, tido como o pai da dogmática penal contemporânea, reuniu todos esses elementos em um edifício teórico que ostentava, já em 1801 e antes da vasta maioria de seus colegas europeus, todas as características do tipo normativo da dogmática penal contemporânea. O terceiro capítulo deste livro procurou mostrar em detalhes os arranjos intelectuais de que Feuerbach se utilizou para chegar a esse resultado. Sua dogmática penal sustentava-se em dois pilares principais: **(i)** uma teoria do delito fortemente escorada no instituto da legalidade penal; e **(ii)** uma teoria da pena que casava o permissivo moral para a punição com uma política utilitarista para a sua administração em concreto. Isso dava o conteúdo de sua parte geral, com uma teoria do delito e uma teoria da pena.

De forma também relativamente pioneira, a teoria de Feuerbach situava o direito penal dentro do direito público e separava-o em absoluto do direito processual penal. Como uma disciplina cuja autonomia começou a desenhar-se em face da concentração política do poder criminal nas mãos do soberano, a separação do direito penal material em relação ao processual não tinha nada de natural, já que as duas coisas pertenciam ao mesmo ofício político de perseguir criminosos e impor penas com vistas à manutenção da ordem política interna. Os aspectos processuais do direito penal eram, aliás, mais importantes do que os aspectos substantivos do delito nos momentos iniciais de autonomização do "criminal". Foi só no século XIX que o direito penal substantivo virou o jogo e colocou o processo penal em uma posição "adjetiva", para usar um termo ainda hoje empregado. Tampouco era evidente a colocação do direito penal no âmbito do direito público, já que diversos crimes eram particulares (os bens jurídicos eram privados, como propriedade e honra) e a ideia dos direitos individuais, que são particulares por definição e que desde o século XVIII já tinha forte presença na seara criminal, não ficava inteiramente à vontade no âmbito do direito público, que seria o direito dos interesses do Estado. O velho direito público teve de arrumar uma forma de relacionar-se com os direitos individuais. A solução de Feuerbach foi, de um lado, definir o direito criminal como "um direito do Estado contra o delinquente", o que o situava exclusivamente dentro do direito público; e, de outro, vincular esse direito à absoluta conformidade com as "leis criminais" (*Lehrbuch*, 1), submetendo tudo isso ao sentido supremo da moralidade humana, que era, à moda kantiana, pensada de maneira individualista. Com isso, o direito de criar delitos e impor penas dava-se com exclusividade ao soberano, ao mesmo tempo que se garantia seu estrito exercício a partir das leis, que deveriam ter ademais a característica de ajudar (e não atrapalhar) na realização das individualidades das pessoas. Dessa maneira atendia-se, concomitantemente, ao projeto político centralizador do poder criminal e ao projeto liberal e protetivo de limitação formal desse mesmo poder, enquanto a moralidade garantia que o fundamento teleológico de todo esse arranjo girasse em torno da preservação da liberdade externa dos cidadãos.

Um pressuposto teórico importante para que isso pudesse ser feito foi a separação aguda entre direito e moral, feita por Feuerbach em *Kritik des natürlichen Rechts* (1796). Lá, ele postulava por caminhos kantianos, mas de maneira diferente da de Kant, a colocação do moral e do legal em domínios distintos, não só quanto ao foro de atuação (interno *ver-*

sus externo), mas principalmente quanto ao âmbito de cada um dentro de uma mesma racionalidade prática: a moral cuidaria de deveres e o direito de liberdades. Mas essas últimas não seriam os meros terrenos não alcançados pelos deveres morais, pois todos nós temos direitos a ações imorais. Esse passo, que aparentemente arruinava a unidade da razão prática defendida por Kant, era defendido por Feuerbach pelo argumento wolffiano-kantiano de que quem quer os fins quer também os meios. Ora, se a moralidade tem de ser motivada apenas pela máxima de respeito ao dever, então é preciso também que a ação imoral esteja disponível, garantindo-nos um direito externo à imoralidade. O terreno dos ilícitos jurídicos separava-se com mais clareza dos morais e a legalidade tornava-se ainda mais importante como elemento criador dos delitos, transformando-os num problema essencialmente político e resguardando, por forma (lei) e substância (separação em relação à moral), a individualidade dos cidadãos.

A mesma duplicidade aparecia também na teoria de punir: o elemento moral, conceitualmente necessário à punição, impedia o castigo de inocentes por critérios utilitários e limitava a intensidade da pena ao grau da responsabilidade moral do agente. Do ponto de vista político, ainda que o castigo fosse sempre limitado por parâmetros retributivos, dava-se um sentido à punição que fosse além de um mero toma-lá-dá-cá em relação ao castigo: a pena preveniria delitos, como um efeito necessário (em razão da parte sensualista da natureza humana) de sua administração empírica, o que casava-se perfeitamente com o caráter público do direito penal por ele professado. Sua teoria da pena criminal fundava-se, destarte, tanto em uma teoria política sobre a legitimidade da punição (aliando, também aqui, o *munus* público de manutenção da paz e as limitações a ele impostas pelas liberdades individuais), quanto em um sincretismo filosófico-moral entre fundamentos retributivos e utilitários para a pena. Sua doutrina casava, ademais, as duas antropologias que hoje autores como Norrie e Pires veem como contradições que convivem dentro do direito penal: nosso intelecto reconheceria racionalmente a legitimidade da punição e guiar-se-ia sensualmente pela prévia representação da pena como um mal, abstendo-se do crime.

O direito penal assim representado, moldado por Feuebrach e sua geração, eventualmente espalhou-se por outros países que passaram por transformações políticas de inspiração liberal, como foi o caso do Brasil pós-colonial. Grupos semelhantes de problemas teóricos e institucionais apresentavam-se nesses lugares, se bem que com suas particularidades. Em que pese as diferenças, os problemas que Feuerbach resolveu em sua teoria, e que dão os pontos de partida de seu direito penal, eram suficientemente generalizantes para serem facilmente adaptáveis à realidade de qualquer país que vivesse problemas ligados à manutenção da ordem pública interna à limitação e regramento dos ofícios punitivos do Estado (policiais, prisionais). A representação do Estado como o ente que garante a ordem pelo monopólio da violência era, e continua sendo, um ponto central da teoria política moderna, e isso não é coisa que se restringia à Bavária. O «criminal» sempre foi, por isso, a parte do direito que se ocupa da ordem e da segurança, na velha lógica de que a pacificação social consegue-se pelo respeito às leis, e que isso se obtém preferencialmente por meio da punição. Lembremos da frase de abertura do Código Bávaro de 1751: «a mãe que pune garante paz e saúde». Essa lógica ganhou grande importância no imaginário da elite intelectual do Brasil recém independente, por exemplo. A urgência com que foi votado o Código Criminal de 1830, expressamente solicitado por D. Pedro I em sua Fala do Trono três anos antes, deu clara amostra de como o exercício da força criminal por meio das penas criminais era mesmo visto como fundamental para a consecução dos fins estatais.

II. O toque de Midas do direito penal

No início deste trabalho, uma das razões que foram apontadas para justificar a sua relevância dizia respeito à necessidade de uma pesquisa de história do pensamento jurídico que enxergasse, por um ponto de vista interno, alguns fenômenos de transformação na história das ideias penais que já foram desenvolvidos com olhares externos, mais ligados à teoria social do que ao pensamento jurídico propriamente dito. O principal exemplo então citado foi a teoria da racionalidade penal moderna de Álvaro Pires. Ao longo deste livro, um outro estudo da mesma linhagem, *D'ou vient le code pènale* (1996), de Yves Cartuyvels, foi também muito mencionado. Digo que são da mesma linhagem porque ambos têm forte inspiração metodológica em Foucault, que é um clássico sobre as transformações do pensamento punitivo no momento de surgimento da sociedade disciplinar.

Entretanto, mesmo reconhecendo a utilidade de todos esses trabalhos, que ficou ademais atestada pela ampla utilização que tiveram no texto da pesquisa, é importante ressaltar dois pontos que, a meu ver, asseveram a postulação de que há determinados assuntos na história do pensamento jurídico-penal que só podem ser adequadamente compreendidos com uma visão hermenêutica da dogmática jurídica do passado. Nesta pesquisa, há dois temas que especialmente comprovam essa postulação: **(i)** a consolidação do direito penal dentro do direito público; e **(ii)** a construção definitiva do direito penal como um objeto autônomo, apartado inclusive do processo penal. Com efeito, no que diz respeito ao primeiro tema, os trabalhos de Pires, Cartuyvels e Foucault tratam a publicização da matéria "criminal" como um dado operado no instante de consolidação do poder político dos reis (em meados da modernidade, portanto); e assumem que, pouco depois, o direito penal já estava naturalizado como parte do direito público, dado o discurso então predominante (visto em Beccaria e, entre os juristas, em Blackstone) de que todo crime continha uma *infra-ação* ao rei (de natureza pública, por conseguinte), mesmo quando dirigido a um particular. No tocante ao segundo tema, a distinção entre direito penal e processo penal lhes é pouco relevante, especialmente para Foucault e Pires; afinal, juntos ou separados, o direito penal e o processo penal modernos fazem parte, ambos, da sociedade disciplinar e da moderna racionalidade penal que nela opera.

A pesquisa que resultou neste livro mostrou que, do ponto de vista de uma história do pensamento jurídico penal, houve dificuldades estritamente dogmáticas que tiveram de ser superadas nesse processo. Pois, durante todo o século XIX, as fontes consultadas mostraram que na maioria dos trabalhos persistia a representação unitária, em um mesmo "direito criminal", dos direitos substantivo penal e processual penal; e, principalmente, continuava a haver muita polêmica sobre a posição enciclopédica desse novo saber, entre direito público e direito privado.

No que respeita à colocação do direito criminal no âmbito do direito público, convém recordar que um importante autor como J. Ortolan, por não conseguir situar o direito criminal adequadamente entre o direito público e o direito privado, chegou a quebrar a sua unidade e postular que haveria tantos direitos criminais quantas fossem as disciplinas do direito – um direito criminal político, outro marítimo, outro comercial etc; e que outros, como o Conselheiro Ribas, Vicente Ferrer Neto Paiva e Pimenta Bueno, situavam-no no âmbito do direito privado. A curta passagem em que Ribas cuidou do tema mostra que um dos problemas para a colocação do direito penal no direito privado era a excessiva presença de elementos dispositivos no processo criminal – que ficavam portanto sujeitos à conveniência e discricionariedade da vítima, o que a seu ver não cabia em um direito que se pretendia exclusivamente público.[320]

A separação entre direito e processo convinha também às diferentes necessidades metodológicas de cada disciplina. Ortolan comentava que o direito criminal foi se ocupando cada vez mais de definir minuciosamente crimes e penas, deixando de lado a realização prática do ofício de perseguir e punir. De forma que, como segundo elemento sugestivo da separação entre direito penal e processo penal, pode-se apontar a acomodação teórica de dois papéis contraditórios que repousavam em um velho e amplo "direito criminal": a realização prática do ofício de punir ficou para outras disciplinas das ciências criminais que não o direito penal, notadamente a política criminal e o processo penal; enquanto a proteção dos direitos individuais contra o poder punitivo do Estado ficou para o direito penal, agora centrado em uma metodologia de interpretação e definição restritiva dos conceitos com que operava. Por aqui, já é fácil perceber o quanto a dogmática penal contemporânea forma-se alinhada a uma orientação política notadamente liberal. Entretanto, o direito penal não abandonaria, como ainda hoje não abandonou, o velho princípio pré-liberal de que a pacificação social opera-se através do exercício incontrastável da violência estatal por meio da pena. Esta é uma importante ponte que liga modernidade e contemporaneidade no discurso de fundamentação do direito penal. "A pena criminal é o instrumento pelo qual protegem-se os fundamentos da unidade social"

---

[320] A tese de doutorado que apresenta a pesquisa que embasa os argumentos deste livro tem um capítulo que descreve, com bastante detalhe, os agudos debates em torno da posição enciclopédica do direito penal no século XIX, envolvendo inclusive juristas nacionais (Queiroz, 2009: 216 e ss.).

– essa frase poderia vir tanto de Hobbes quanto de diversos penalistas contemporâneos progressistas, defensores da ideia de que o direito penal deve proteger os nossos bens jurídicos mais relevantes.

Por internalizar essa contradição, o direito penal acaba tendo, em seu discurso normativo, uma performance igualmente contraditória: ao mesmo tempo que a dogmática penal assume o papel de proteger a todos conformando a penalização a um conjunto de regras estritas, os fundamentos da punição convidam à ampliação do espectro da punição: afinal, se o direito penal é duplamente bom – de um lado, porque garante uma punição regrada e não arbitrária; e, de outro, porque protege as coisas de maior importância que temos, conservando toda a ordem social –, não espanta que ele tenha se transformado na panaceia da ordem política do presente. Essa linha de raciocínio indicará sempre que a melhor forma de que dispomos para mostrar que realmente nos importamos com alguma coisa é a criminalização das condutas que lhe sejam lesivas. A dogmática penal contemporânea ganhou uma vara de condão que eleva os interesses por ele protegidos à posição de "fundamentais para a conservação da ordem social", além de fazer presumir o caráter regrado e não arbitrário da punição. Ungido pelos fundamentos da dogmática penal contemporânea à única área do direito com esse toque de Midas, não espanta que ele seja um dos instrumentos político-jurídicos mais utilizados para mostrar o quanto nós realmente valorizamos a paz e a vida ordeira, em detrimento de um mundo de crimes e insegurança; e tampouco espanta que ele tanto se preste a jogos políticos e pressões de grupos sociais que queiram dar proteção máxima a determinado interesse.

Além desse problema dos sentidos políticos, havia ainda outra etapa a se cumprir para a formação da dogmática penal contemporânea: situá-la adequadamente em face da divisão entre direito público e direito privado. A purificação do direito substantivo em relação ao direito processual desfazia o problema apontado pelo Conselheiro Ribas, é verdade; mas persistia aquele registrado por diversos outros autores: se a vítima é particular, o bem jurídico é particular, e o autor é particular, porque então o direito penal pertenceria ao direito público? Note-se bem: o problema não estava nos crimes públicos, como a insurreição, o Lesa-majestade ou a perturbação da ordem pública; estava, isto sim, nos crimes privados, como furtos, roubos sem armas, injúrias e calúnias, que presumivelmente eram à época majoritários, como hoje.

Entre as diversas saídas teóricas apontadas, as que mais tiveram acolhida foram as que (corretamente) davam ao problema moral da punição um papel central. Ortolan, mais uma vez, dizia que o poder de punição supunha uma autoridade que só se podia ter como existente no âmbito do direito público interno, com o Estado, em nome da coletividade, punindo e o súdito sendo punido. Nesse ponto, o direito penal mostrou precisar profundamente de uma teoria filosófica do direito de punir. No Capítulo II, as obras de Hobbes e Beccaria mostraram como era difícil representar o direito de punição a partir de uma lógica contratualista. Mas Kant advertia que a punição não necessitava de um contrato, e sim do seu reconhecimento racional na metafísica da moralidade: há ações corretas, e outras incorretas, e a punição é a resposta racional a essas últimas. Ao mesmo tempo, o discurso de que a ordem pública mantinha-se através do exercício do castigo estatal mantinha a ideia da pena fortemente associada ao exercício do *munus* público do soberano na teoria política de então.

Por essa razão, a contradição entre utilitarismo e retributivismo, que no campo filosófico sempre mostrou-se um problema, foi no direito penal muito bem-vinda. Aqui, mais uma vez, marca-se a distinção metodológica dada pelo ponto de vista hermenêutico a partir do qual se formula todo o argumento deste livro: essa mesma contradição é também apontada por Pires na racionalidade penal moderna, mas só uma investigação nas origens da dogmática penal contemporânea é capaz de mostrar, para além do resultado, os sentidos da incorporação desse sincretismo no edifício teórico do direito penal. Pellegrino Rossi percebia o quanto a noção de moralidade da punição era fundamental para a teoria jurídica da pena criminal, bem como o quanto ela eliminava o problema da punição excessiva e arbitrária, garantindo a não punição de inocentes: o fundamento do castigo é o mal do crime, só e nada mais. É isso que faz da punição algo que todos nós podemos racionalmente compreender, como diz Kant. Mas, ao mesmo tempo, Rossi percebia também que a administração concreta do castigo tinha de ser presidida por uma lógica de utilidade que é inerente a todo ato político, como é a pena estatal. Essa segunda parte de sua teoria, porém, é ignorada pelos seus leitores no tempo presente: sua insistência de que a justiça moral é o único princípio possível para a pena criminal rendeu-lhe o rótulo de absolutista puro, ainda que ele por diversas vezes tenha clamado que o critério da utilidade pode e deve ser levado em conta, como um motivo (uma razão particular para a ação), na administração da punição. Dessa forma, as duas contradições da dogmática penal contemporânea davam-se as mãos em um mesmo saber: o reforço do poder criminal do soberano casava-se bem com uma teoria utilitarista, que por sua vez era limitada por uma teoria da justiça absoluta que ia na contramão de práticas punitivas autoritárias que um poder criminal discricionário do soberano poderia implicar.

Do ponto de vista metodológico, esse dado propicia reflexões úteis. Não seria exagero dizer que há uma ideia razoavelmente difundida de que as mudanças na teoria do direito e na prática do direito dão-se de maneiras absolutamente distintas: instintivamente, diríamos que é mais fácil mudar as coisas na teoria, onde tudo se resolve entre o escritor e um pedaço de papel, do que na prática, onde todo aparato burocrático e as instituições políticas são envolvidos. Pois bem, a investigação que resultou neste livro mostrou que mesmo no nível puramente teórico, as grandes mudanças no direito não devem ser tomadas tão singelamente, pois quando os autores inovadores escrevem suas teorias inovadoras, eles o fazem sob o peso de uma tradição jurídica que, no caso do sistema romano-germânico, é milenar, o que os torna adversários intelectuais de respeitados livros e doutrinadores do passado que contam com uma enorme força provinda da tradição. A perenidade das doutrinas jurídico-filosóficas sobre os fundamentos da punição e a relação entre penas, crimes e pacificação social é, na formação da dogmática penal contemporânea, um exemplo disso: trata-se de peças fundamentais de um quebra cabeça que, mesmo montado de muitas formas diferentes por muitos autores diferentes, estiveram presentes desde antes do surgimento da disciplina, e ainda hoje continuam lá.

Basta dizer que mais de dois séculos depois de tudo isso, as mesmas marcas desnaturalizadas neste trabalho revelam-se claramente na obra de Claus Roxin, autor tido como um dos mais inovadores da dogmática penal atual. Roxin (1997: 98), ao mesmo tempo que rechaça todo fundamento retributivo para uma teoria da pena e reclama que a teoria da punição funde-se apenas em critérios puramente preventivos, permanece também insistindo que: **(i)** o crime deve ser um fato socialmente danoso (crime = mal); **(ii)** passar férias em Palmas de Mallorca não pode ser considerado uma pena (pena = mal); e que **(iii)** nenhuma pena imposta por critérios preventivos pode ultrapassar os limites da proporcionalidade ou desrespeitar a culpabilidade do condenado (punição depende de culpa; proibição de punir inocentes). Como foi visto, todos esses elementos pertenciam historicamente às doutrinas retributivas, que presumivelmente não teriam lugar em sua doutrina puramente preventiva.

Isso ocorre porque o trabalho de Roxin, mesmo que inovador, é um trabalho de direito penal, e só o é porque se amolda ao tipo da dogmática penal contemporânea. Rompidas as ideias dogmáticas de que o crime é um mal especialmente danoso e de que a pena é um contra-mal ou privação que lhe serve de resposta oficial (sendo-lhe devida por culpa e utilidade), estaríamos, ao menos em parte, deixando o direito penal, cambaleando de um lado para o outro da linha borrada que o separa de outros ramos do direito que, como o direito administrativo, podem prescindir das ideias da pena como um mal, da culpa penal e da preservação da sociedade por meio do castigo.

Para os que se ocupam de pensar mudanças para o sistema penal vigente, este trabalho sugere possíveis caminhos a serem considerados: romper, no nível do discurso normativo jurídico-penal, com a noção – que já carregamos conosco desde antes da dogmática penal contemporânea, mas com outros significados – de que os crimes atentam contra a existência da sociedade, bem como com o corolário de que a pena criminal é o último recurso da salvação social, o que envolve postular uma nova substância para o delito, um novo papel para a pena e, sobretudo, uma nova missão para o direito penal. Para isso, seria necessário deixar de definir o direito penal a partir da pena criminal, pois ela é a única distinção firme entre o penal e os demais ramos do direito, uma vez que as supostas diferenças substantivas do delito criminal nem sempre resistem a uma comparação mais rigorosa com os ilícitos civis e administrativos.

Se isso acontecer, entretanto, é provável que, a médio ou longo prazo, o direito penal como hoje conhecemos – a dogmática penal contemporânea – deixe de existir, sendo substituído por outra forma de disciplinamento jurídico dos conflitos sociais, talvez menos dependente da pena criminal e mais atenta a certos pontos que o direito penal de hoje negligencia, como a efetiva superação do conflito social subjacente ao crime ou os interesses individuais da vítima. Não é garantido, porém, que esse novo ramo do direito mude de nome com a mesma facilidade com que mudará sua lógica operativa: daqui a quinhentos anos, os juristas continuarão falando, provavelmente, em "direito penal", "crimes", "penas" e "culpa", mesmo que eles se arranjem de forma a resultar em um objeto teórico diferente daquele que hoje conhecemos. Será tarefa do futuro historiador mostrar o processo histórico de mudança que levará da dogmática penal contemporânea ao "direito penal" do futuro, tenha ele esse nome ou não.

REFERÊNCIAS BIBLIOGRÁFICAS

1. Códigos, leis e documentos

Áustria. 1803. *Gesetzbuch über Verbrechen un schwere Polizen-Übertretungen*. Wien: Johann Thomas Edlen.
Áustria. 1815. *Codice de' Delitti e delle gravi trasgressioni politiche*. Venezia: Pietro Pinelli.
Bavária (Alemanha). 1751, *Codex Juris Bavarici Criminalis*. München: Johann Jacob
Bavária (Alemanha). 1813. *Strafgesezbuche für das Königreich Baiern*. 3 T. München.
Brasil. 1826-30. *Annaes da Câmara dos Deputados*. Disponível em: http://www.camara.gov.br/publicacoes.
Brasil. 1830. *Código Criminal do Império do Brazil*. Rio de Janeiro: Typ. Nacional.
Brasil. 1890. *Código Penal da República dos Estados Unidos do Brasil* (Decreto 847/1890). Disponível em: http://www6.senado.gov.br/legislacao/ListaPublicacoes.action?id=66049
Brasil. 1984. Código Penal da República Federativa do Brasil (Decreto-lei 2.848/40, com redação dada pela Lei 7.209/84). Disponível em: http://www.planalto.gov.br/ccivil_03/Decreto-Lei/Del2848.htm
Espanha. 1807. *Las Siete Partidas del Rey Don Alfonso el Sábio*. Madrid: Imprenta Real. Disponível em: http://fama2.us.es/fde/lasSietePartidasEd1807T1.pdf.
Império Romano Bizantino. *Digesto (Justiniano)*. Livros 47 e 48. Baseado na edição de Mommmsen, Berlin: 1954. Disponível em: http://web.upmf-grenoble.fr/Haiti/Cours/Ak/.
Portugal. 1769. *Lei de 18 de Agosto de 1769, chamada de "Lei da Boa Razão"*. In: J. R. L. Lopes, R. M. R. Queiroz, T. S. Acca, *Curso de História do Direito*. São Paulo: Método, 2006, p. 161-9.
Prússia (Alemanha). 1794. *Allgemeines Landrecht für die Prussischen Staaten*. Berlin: Nauck, 1804.
Sardenha (Itália). 1770. *Leggi, e costituzioni di Sua Maesta*. Loix, et constitutions de Sa Majeste. T. I e II. In Torino: Stamperia Reale.
Toscana (Itália). 1786. *Codice Penal del Granducato di Toscana*. Firenze: Gaetano Cambiagi Stampatore.

2. Livros, capítulos e artigos de periódicos

ALEXY, Robert. On the Concept and the Nature of Law. **Ratio Juris** v. 21, n. 3, p. 281-99, 2008.

ARNOLD, Jörg. 2003. Neue Fragen an den Satz "nullum crimen, nulla poena sine lege". In: GRÖSCHNER, R.; HANEY, G. **Die Bedeutung P. J. A. Feuerbachs (1775-1833) fur die Gegenwart.** Wiesbaden: ARSP / Franz Steiner Verlag, 2004. p. 107-23.

BARATTA, Alessandro. Criminologia e dogmática penal: passado e futuro do modelo integral da ciência penal. **Revista de Direito Penal** v. 31, p. 5-37, 1981.

BECCARIA, Cesare Bonesana [Marquês de]. **Des délits et des peines.** Trad. Maurice Chevallier. Paris: Flammarion, 1991.

_____. **Dos delitos e das penas.** Trad. Marcílio Teixeira. Rio de Janeiro: Editora Rio, 1979.

_____. **Dei delitti e delle pene, coi commenti di vari insigni scrittori.** Livorno: Glauco Mais, 1834.

_____. **Tratado de los delitos y de las penas.** Madri: D. Joachin Ibarra, 1774.

BENTHAM, Jeremy. **Introduction to the principles of morals and legislation.** T. II. London: W. Pickering, 1823.

_____. **Traités de Législation Civil et Pénale:** ouvrage extrait des manuscrits de Jérémie Bentham, par Ét. Dumont. 3ª. ed. Paris: Rey et Gravier, 1830.

_____. **Introduction to the principles of morals and legislation**. Oxford: Oxford, 1907. Disponível em: http://www.laits.utexas.edu/poltheory/bentham/ipml/. Acesso em: 10/10/2010.

BERMAN, Harold J. **Law and Revolution:** The Formation of the Western Legal Tradition. Cambridge (MA): Harvard University Press, 1983.

BLACKSTONE, William. **Commentaries on the Laws of England.** T. IV. 8ª ed. Oxford: Clarendon Press, 1778.

_____. **Commentaries on the Laws of England.** Oxford: Clarendon Press, 1765-9. Disponível em: <http://avalon.law.yale.edu/subject_menus/blackstone.asp>. Acesso em: 01/08/2008.

BOHNERT, Joachim. **Paul Johann Anselm Feuerbach und der Bestimmtheitsgrundsatz im Strafrecht.** Heidelberg: Carl Winter – Universitätsverlag, 1982.

BRAVO LIRA, Bernardino. Bicentenario del Código Penal de Austria: Su proyección desde el Danubio a Filipinas. **Revista de estudios histórico-jurídicos, Valparaíso,** n. 26, p. 115-55, 2004.

BUCHENBERGER, Eduard. **Der Zweckgedanke in Anselm v. Feuerbachs Lehre von der Zurechnungsfähigkeit.** Breslau-Neukirch: Alfred Kurtze, 1932.

BYRD, Sharon. Kant's Theory of Punishment: Deterrence in Its Threat, Retribution in Its Execution. **Law and Philosophy** v. 8, n. 2, p. 151-200, 1989.

CARR, Craig L.; SEIDLER; Michael J. Pufendorf Sociality and the Modern State. In: HAAKONSSEN, K. **Grotius, Pufendorf and Modern Natural Law.** Aldershot: Ashgate Dartmouth. 1996.

CARTUYVELS, Yves. **D'où vient le code pénal?** Une approche généalogique des premiers codes pénaux absolutistes au XVIIIe siècle. Montreal, Ottawa, Bruxelles: Les

Presses de l'Université de Montréal, Les Presses de l'Université d'Ottawa, De Boeck Université, 1996.

CATTANEO, Mario. Legalità e Processo Penal nel pensiero di Karl Grolman. In: CATTANEO, M. **Illuminismo e Legislazione Penale**: saggi sulla filosofia del diritto penale nella germania del settecento. Milano: Edizione Universitarie di Lettere Economia Diritto, 1993a.

_____. Paura e Pena (Hobbes, Feuerbach e Kant). In: CATTANEO, M. **Illuminismo e Legislazione Penale**: saggi sulla filosofia del diritto penale nella germania del settecento. Milano: Edizione Universitarie di Lettere Economia Diritto, 1993b.

_____. **Dignità umana e pena nella filosofia di Kant**. Milano: Giufrè Editore, 1981.

_____. Savigny e Feuerbach. **Quaderni fiorentini per la storia del pensiero giuridico**, n. 9, p. 307-317, 1980.

_____. Una recente interpretazione dell'ultimo Feuerbach. **Quaderni fiorentini per la storia del pensiero giuridico**, n. 8, p. 423-436, 1979.

_____. La dottrina penal di Karl Grolman nella filosofia giuridica del criticismo. In: CATTANEO, M. **Illuminismo e Legislazione Penale**: saggi sulla filosofia del diritto penale nella germania del settecento. Milano: Edizione Universitarie di Lettere Economia Diritto, 1993c.

_____. **Anselm Feuerbach**: filosofo e giurista liberale. Milano: Edizioni di comunità, 1970.

CAVANNA, Adriano. **La codificazione penale in Italia**: le origini lombarde. Milano: Giuffrè Editore, 1975.

CONRAD, Herman. **Das Allgemeine Landrecht von 1794 als Grundgesetz des friederizianischen Staates**. Berlin: Walter de Gruyter & Co., 1985.

COSTA, Pietro. **Il progeto giuridico. Ricerche sulla giurisprudenza del liberalismo clássico:** V. I, Da Hobbes a Bentham. Milano: Giuffrè Editore, 1974.

CUNHA, Paulo Ferreira da. La polemique du premier manuel d'histoire du droit portugais, de Mello Freire. **Quaderni fiorentini per la storia del pensiero giuridico moderno**, n. 23, p. 487-97, 1994.

DYZENHAUS, David. Hobbes and the Legitimacy of Law. **Law and Philosophy**, v. 5, n. 20, p. 461-98, 2001.

DUVE, Thomas. Die Feuerbach-Rezeption in Lateinamerika. In: GRÖSCHNER, R; HANEY, G., **Die Bedeutung P. J. A. Feuerbachs (1775-1833) für die Gegenwart**. Stuttgart: ARSP / Franz Steiner Verlag, 2002. p. 154-67.

DOMAT, Jean. Traité des Loix Civiles. In: **Ouvres de Jean Domat**, ed. REMY, J. Paris: Firmin Didot Père et Fils, 1828.

FERRAJOLI, Luigi. 2000. **Derecho y razón**: Teoría del garantismo penal. 4ª ed. Madrid: Ed. Trotta, 2000.

FERRER, Vicente [Vicente Ferrer Neto Paiva]. **Elementos de Direito Natural**. 3ª. ed. Coimbra: Imprensa da Universidade, 1857.

_____. **Elementos de Direito Natural, ou Philosophia do Direito**. Coimbra: Imprensa da Universidade, 1850. Disponível em: <http://www.fd.unl.pt/Anexos/Investigacao/2143.pdf>. Acesso em: 03/10/2008.

REFERÊNCIAS BIBLIOGRÁFICAS

_____. **Curso De Direito Natural, segundo o estado actual da sciencia, principalmente em Allemanha.** Coimbra: Imprensa da Universidade, 1843.
FEUERBACH, Paul Johann Anselm. **Über Philosophie und Empirie in ihrem Verhältnisse zur positiven Rechtswissenschaft.** Darmstadt: Wissenschaftliche Buchgesellschaft, 1969.
_____. Einige Worte über historische Rechtsgelehrsamkeit und einheimische teutsche Gesezgebung. In: FEUERBACH, P. J. A. **Kleine Schriften vermischten Inhalts.** Nürnberg: Theodor Otto Verlag, 1833. p. 133-151.
_____. **Über die Strafe als Sicherungsmittel vor künftigen Beleidigungen des Verbrechers, nebst einer näheren Prüfung der kleinischen Strafrechtstheorie.** Chemnitz: Georg Friedrich Tasché. 1800.
_____. **Revision der Grundsätze und Grundbegriffe des positiven peinlichese Rechts.** 2 T. Erfurt: Henningschen Buchhandlung, 1799/1800.
_____. **Philosophisch-juridische Untersuchung über das Verbrechen des Hochverraths.** Erfurt: Henningsschen Buchhandlung, 1798a.
_____. Grundsätze der Criminalrechtswissenschaft, von D. Karl Grolman (Rezension). **Allgemeine Literatur-Zeitung,** n. 113, p. 65-79, 1798b.
_____. **Anti-Hobbes, oder über die Grenzen der höchsten Gewalt und das Zwangsrechte der Bürger gegen den Oberherrn.** Gießen: Müllerschen Buchhandlung, 1797.
_____. **Kritik des natürlichen Rechts als Propädeutik zu einer Wissenschaft der natürlichen Rechte.** Altona: s.e., 1796.
_____. **Über die einzig möglichen Beweisgründe gegen das Dasein und die Gültigkeit der natürlichen Rechte.** Leipzig und Gera, 1795.
FILANGIERI, Gataneo. **La Scienza della Legislazione.** 3 T. Livorno: Glauco Mais, 1827.
FOUCAULT, Michel. **Vigiar e Punir:** Nascimento da prisão. Petrópolis: Vozes, 1987.
FRANCO, Afonso Arinos de Melo. **O Constitucionalismo de D. Pedro I no Brasil e em Portugal.** Rio de Janeiro: Ministério da Justiça / Arquivo Nacional, 1972.
GARCIA, Basileu. **Instituições de Direito Penal.** T. I e II. 4ª ed. São Paulo: RT. 1956.
GRAFSTEIN, Robert. 1987. The significance of modern State of Nature theory. **Polity,** v. 4, n. 19, p. 529-50.
GRECO, Luis. 2009. **Lebendiges und Totes in Feuerbachs Straftheorie:** Ein Beitrag zur gegenwärtigen strafrechtlichen Grundlagendiscussion. Berlin: Duncker & Humblot, 2009.
GROLMAN, Karl. **Grundsätze der Criminalrechtswissenschaft.** Gießen und Darmstadt: G. F. Heyer, 1805.
_____. **Ueber die Begründung des Strafrechts und der Strafgesetzgebung, nebst einer Entwicklung der Lehre von dem Maaßtabe der Strafen und der juridischen Imputation.** Gießen: G. F. Heyer, 1799.
GROPP, Walter. **Deliktstypen mit Sonderbeteiligung.** Tübingen: Mohr, 1992,
GRÜHNHUT, Max. **Anselm v. Feuerbach und das Problem der strafrechtlichen Zurechnung.** Hamburg: W. Gente Verlag, 1922.
HART, H. L. A. **The Concept of Law.** 2ª ed. Oxford: Clarendon Press, 1994.
HARTMANN, Richard. **P. J. A. Feuerbachs politische und strafrechtliche Grundsanschauungen.** Berlin: V.E.B. Deutscher Zentralverlag, 1961.

REFERÊNCIAS BIBLIOGRÁFICAS

HESPANHA, António Manuel. **Panorama Histórico da Cultura Jurídica Européia**. Mem Martins: Publicações Europa-América, 1997.

_____. Da justiça à disciplina – textos, poder e política penal no Antigo Regime. In: **Justiça e litigiosidade, história e prospectiva**. Lisboa: Calouste Gulbenkian, 1993. p. 287-379.

_____. Una historia de textos. In: TOMÁS Y VALIENTE, F.; CLAVERO, B.; BERMEJO, J.; GACTO, E.; HESPANHA, A. M.; ALVAREZ ALONSO, C. **Sexo barroco y otras transgresiones premodernas**. Madrid: Alianza Editorial, 1990a. p. 187-196.

_____. Le projet de Code pénal portugais de 1786: un essai d'analyse structurelle. In: BERLINGUER, L. (org.). **Le politiche criminali nel XVIII Secolo ("La Leopoldina)**. V. 11. Giuffrè: Milano, 1990b. p. 387-448.

_____. Sábios e rústicos: a violência doce da razão jurídica. **Revista Crítica de Ciências Sociais**, n. 25/26, p. 31-60, 1988.

HOBBES, Thomas. **Elements of Law, Natural and Politic**. London: Simpkin, Marshall & Co, 1889. Disponível em: <http://etext.lib.virginia.edu/etcbin/toccer-new2?id=Hob2Ele.sgmIs=images/modeng&data=/texts/english/modeng/parsed&tag=publicð=teiHeader >. Acesso em: 10/04/2008.

_____. **Leviathan, or The Matter, Forme & Power of a Common-Wealth Ecclesiasticall and Civill**. London: Andrew Crooke, at the Green Dragon. Edição fac-similar. Oxford: James Thornton, 1881.

_____. **De Cive or The Citizen**. New York: Appleton-Century-Crofts, 1949.

_____. **De Cive**. London: R. Royson, 1651. Disponível em: <http://socserv2.socsci.mcmaster.ca/~econ/ugcm/3ll3/hobbes/index.html>. Acesso em: 14/07/2008.

HOCHSTRASSER, Tim. **Natural Law Theories in the Early Englightenment**. Cambridge: Cambridge University Press, 2000.

HÖFFE, Otfried. **Immanuel Kant**. São Paulo: Martins Fontes, 2005.

HOFFMANN-HOLLAND, Klaus. **Der Modellgedanke im Strafrecht**. Tübingen: Mohr Siebeck, 2007.

HUNGRIA [HOFFBAUER], Nélson. **Comentários ao Código Penal**. 4ª ed. Rio de Janeiro: Revista Forense, 1958.

JAKOBS, Günther. **Sobre la Teoria de la Pena**. Bogotá: Univ. Externado de Colombia, 1998.

JENKINS, Philip. Varieties of Enlightenment Criminology: Beccaria, Godwin, de Sade. **British Journal of Criminology**, v. 24, n. 2, p. 112-30, 1984.

KANT, Immanuel. Metaphysik der Sitten in zwei Theilen, und Pädagogik. In: ROSENKRANZ, K.; SCHUBERT, F. W. **Immanuel Kant's Sämmtliche Werke**. T. IX. Leipzig: Leopold Voss, 1838a.

_____. Grundlegung zur Metaphysik der Sitten. In: ROSENKRANZ, K.; SCHUBERT, F. W. **Immanuel Kant's Sämmtliche Werke**. T. VIII. Leipzig: Leopold Voss, 1838b.

KAPLOV, Louis; SHAVELL, Steven. Fairness versus Welfare. **Harvard Law Review**, v. 114, n. 4, p. 961-1388, 2001.

KAULBACH, Friedrich. Naturrecht und Erfahrungsbegriff im Zeichen der Anwendung der kantischen Rechtsphilosophie; dargestellt an den Thesen von P. J. A. Feuerbach.

REFERÊNCIAS BIBLIOGRÁFICAS

In: RIEDEL, M. (ed.). **Rehabilitierung der praktischen Philosophie**: Geschichte, Probleme, Aufgaben. Freiburg: Rombach, 1972. p. 297.

KOERNER, Andrei. **Habeas corpus, prática judicial e controle social no Brasil (1841--1920)**. São Paulo: IBCCrim, 1999.

KINDHÄUSER, Urs. **Strafrecht**: Allgemeiner Teil. Baden-Baden: Nomos, 2006.

KLEIN, Ernst Ferdinand. **Grundsätze des Gemeinen Deutschen und Preussischen Peinlichen Rechts**. Halle: Hemmerde und Schewtschke, 1796.

KNOPF, Werner. **Die Entwicklung der Religionsvergehen feit Anselm von Feuerbach**. Berlin: Triltsch & Huther, 1936.

LANGBEIN, John H. The Historical Origins of the Sanction of Imprisonment for Serious Crime. **The Journal of Legal Studies**, v. 5, n. 1, p. 35-60, 1976.

_____. **Prosecuting crime in the Renaissance**: England, Germany, France. Cambridge (MA): Harvard University Press, 1974.

LISZT, Franz von. **Tratado de Derecho Penal**. T. I-III. 18ª ed. Madrid: Reus, 1917.

LOMBROSO, Cesare. **L'Uomo Delinquente, in Rapporto all'Antropologia, alla Giurisprudenza ed alla Psichiatria**: Causa e Rimedi. Torino: Fratelli Boca Editori, 1897.

LOPES, José Reinaldo de Lima. **As palavras e a lei**: Direito, ordem e justiça na história do pensamento jurídico moderno. São Paulo: Editora 34, 2004.

MACCORMICK, Neil. 2005. **Rhetoric and the Rule of Law**: A theory of legal reasoning. Oxford: Oxford Univeristy Press, 2005.

_____. Law as institutional fact. In: MACCORMICK, N; WEINBERGER, O. **An institutional theory of law**: new approaches to legal positivism. Dordrecht: D. Reidel, 1986. p. 49-76.

MAESTRO, Marcello. **Cesare Beccaria and the origins of penal reform**. Philadelphia: Temple University Press, 1973.

MARRA, Realino. La giustiza penale nei principi del 1789. **Materiali per una storia della cultura giuridica**, v. 31, n. 2, p. 353-65, 2001.

MELLO FREIRE, Paschoal José de. **Ensaio do Código Criminal a que mandou proceder a Rainha Fidelíssima D. Maria I**. Lisboa: Typographia Miagrense, 1823.

_____. **Instituições de Direito Civil Português**: tanto público como particular. s.l.: 1779? Disponível em: <http://www.fd.unl.pt/Anexos/Investigacao/1077.pdf>. Acesso em: 15/08/2008.

_____. **Instituições de Direito Criminal Português**. s.l.: 1794? Disponível em: <http://www.fd.unl.pt/Anexos/Investigacao/1012.pdf>. Acesso em: 17/08/2008.

MIRABETE, Júlio Fabbrini. **Manual de Direito Penal**: Parte Geral. 5ª. ed. São Paulo: Atlas, 2000.

NAPOLI, Paolo. Police et justice dans les débats révolutionnaires (1789-91): Les enjeux d'une question toujours actuelle. **Quaderni fiorentini per la storia del pensiero giuridico moderno**, n. 30, p. 159-97, 2001.

NAUCKE, Wolfgang. Paul Johann Anselm von Feuerbach. **Zeitschrift für die gesamte Strafrechtswissenschaft** n. 87, p 861-87, 1975.

_____. **Kant und die psychologische Zwangstheorie Feuerbachs**. Hamburg: Hansischer Gildenverlag, 1962.

REFERÊNCIAS BIBLIOGRÁFICAS

NEDER, Gizlene. **Iluminismo jurídico-penal luso-brasileiro**: obediência e submissão. Rio de Janeiro: Freitas Bastos, 2000.

_____. Coimbra e os juristas brasileiros. **Revista Discursos Sediciosos: Crime, Direito e Sociedade**, v. 3, n. 5-6, p. 195-214, 1998.

NORRIE, Alan W. **Crime, reason and history**: A critical introduction to criminal law. London: Butterworths, 2001.

_____. **Law, ideology and punishment**: a historical critique of the liberal ideal of criminal law justice. Dordrecht: Kluwer Academic Publishers, 1991.

ORTOLAN, J. **Éléments de Droit Pénale**. Paris: Librerie de Plon Frères, 1855.

_____. **Cours de Législation Pénale compare**: Introduction Historique Analyses du Cours de 1839-40 par M. F. Narjot. Paris: Jouvert, 1841.

_____. **Cous de Législation Pénale compare**: Introduction Philosophique. Paris: Jouvert, 1839.

PASTOR, Daniel R. **Recodificación penal y principio de reserva de código**. Buenos Aires: Ad Hoc, 2005.

PIMENTA BUENO, José Antonio. **Apontamentos sobre o Processo Criminal Brasileiro**. Rio de Janeiro: Empreza Nacional do Diário, 1857a.

_____. **Direito Publico Brazileiro e Analyse da Constituição do Imperio**. Rio de Janeiro: Typographia Imp. e Const. de J. Villeneuve e C., 1857b.

PIRES, Álvaro P. 1998a. Aspects, traces et parcours de la rationalité pénale moderne. In: DEBUYST, C.; DIGNEFFE, F.; PIRES, A. P. **Histoire des savoirs sur le crime & la peine**: 2. La rationalité pénale moderne et la naissance de la criminologie. Montreal, Ottawa, Bruxelles: Les Presses de l'Université de Montréal, Les Presses de l'Université d'Ottawa, De Boeck Université, 1998a. p. 3-52.

_____. 1998b. Beccaria, l'utilitarisme et la rationalité pénale moderne. In: DEBUYST, C.; DIGNEFFE, F.; PIRES, A. P. **Histoire des savoirs sur le crime & la peine**: 2. La rationalité pénale moderne et la naissance de la criminologie. Montreal, Ottawa, Bruxelles: Les Presses de l'Université de Montréal, Les Presses de l'Université d'Ottawa, De Boeck Université, 1998b. p. 83-144.

_____. 1998c. Kant face à la justice criminelle. In: DEBUYST, C.; DIGNEFFE, F.; PIRES, A. P. **Histoire des savoirs sur le crime & la peine**: 2. La rationalité pénale moderne et la naissance de la criminologie. Montreal, Ottawa, Bruxelles: Les Presses de l'Université de Montréal, Les Presses de l'Université d'Ottawa, De Boeck Université, 1998c. p. 145-220.

_____. 1998d. Un noeud gordien autur du droit de punir. In: DEBUYST, C.; DIGNEFFE, F.; PIRES, A. P. **Histoire des savoirs sur le crime & la peine**: 2. La rationalité pénale moderne et la naissance de la criminologie. Montreal, Ottawa, Bruxelles: Les Presses de l'Université de Montréal, Les Presses de l'Université d'Ottawa, De Boeck Université, 1998d. p. 209-219.

POCOCK, John G. A. Languages and their implications: the transformation of the study of political thought. In: **Politics, language and time**: Essays on political thought and history. Chicago: The University of Chicago Press, 1971. p. 3-41.

PORTALIS, Jean-Étienne-Marie, TRONCHET, François Denis, BIGOT-PRÉAMENEU, Félix-Julien-Jean, MALEVILLE, Jacques. 1801 Preliminary Address on the First Draft

REFERÊNCIAS BIBLIOGRÁFICAS

of the Civil Code. **Department of Justice of Canada, International Cooperation Group**, 2005. Disponível em: <http://www.justice.gc.ca/eng/pi/icg-gci/code/index.html>. Acesso em: 15/09/2008.

PUFENDORF, Samuel von. 1964. **The Two Books on the Duty of Men and Citizen according to the Natural Law**. Cambridge: House of John Hayes. Disponível em: <http://www.constitution.org/puf/puf-dut.htm.>. Acesso em: 06/11/2008.

QUEIROZ, Rafael Mafei Rabelo. 2009. **A teoria penal de P. J. A. Feuerbach e os juristas brasileiros do Século XIX**: a construção do direito penal contemporâneo na obra de P. J. A. Feuebrach e sua consolidação entre os penalistas do Brasil. Tese (doutorado) – Faculdade de Direito, Universidade de São Paulo, São Paulo, 2009.

_____. 2007. **A Modernização do Direito Penal Brasileiro**: Sursis, Livramento Condicional e outras reformas do sistema clássico de penas no Brasil, 1924-1940. São Paulo: Quartier Latin.

RADBRUCH, Gustav. **Paul Johann Anselm Feuerbach**: Ein Juristenleben. Wien: Julius Springer, 1934.

REALE JR., Miguel. 2002. **Instituições de Direito Penal**. v. I. Rio de Janeiro: Forense, 2002.

REATH, Andrews. Legislating the Moral Law. **Noûs** v. 28 n. 4, p. 435-464, 1994.

RIBAS, Antônio Joaquim. **Direito Administrativo Brasileiro**: lições preliminares. Rio de Janeiro: F. L. Pinto & C., Livreiros., 1866.

RIBEIRO, Renato Janine. **Ao leitor sem medo**: Hobbes escrevendo contra o seu tempo. Belo Horizonte: Editora UFMG, 2004.

ROMAGNOSI, Giandomenico. **Génesis del Derecho Penal**. Bogotá: Editorial Temis Bogotá, 1956.

ROSSI, Pellegrino. **Traité de Droit Pénal**. T. I e II. Paris: Librairie Guillaumin et Cie., 1872.

_____. Traité du Droit Pénal. T. I-III. Genève: J. Barbezat & Cie., Libraires, 1829.

ROUSSEAU, Jean-Jacques. **Du Contrat Social, ou Principes de Droit Politique**. Amsterdam: Marc-Michel Rey, 1772.

ROXIN, Claus. **Strafrecht, Allgemeiner Teil**: Band I. Grundlagen: Der Aufbau der Verbrechenslehre. 4ª ed. München: Verlag C. H. Beck., 2006.

_____. **Política Criminal e Sistema Jurídico-Penal**. Rio de Janeiro: Renovar, 2002.

_____. **Derecho Penal, Parte General**. T. I. Madrid: Thomson Civitas, 1997.

RUGGIERO, Vicenzo. **Underestanding political violence**. A Criminological Analysis. Cardiff: Open University Press, 2006.

SBRICCOLI, Mario. 2004. Giustiza criminale. In: FIORAVANTI, M. **Lo Stato moderno in Europa**. Istituzioni e diritto. Roma-Bari: Editori Laterza, 2004.

_____. **Crimen Laesae Maiestatis**. Il problema del rato politico alle soglie della scienza penalistica moderna. Milano: Giuffrè Editore, 1974.

SCHMIDT, Eberhard. **Beiträge zur Geschichte des preussischen Rechtsstaates**. Berlin: Duncker & Humblot, 1980.

SCHUBERT, Gernot. **Feuerbachs Entwurf zu einem Strafgesetzbuch für das Königreich Bayern aus dem Jahre 1824**. Berlin: Duncker & Humblot, 1978.

SEARLE, John. **The construction of social reality**. New York: The Free Press, 1995.

SEELMANN, Kurt. Gaetano Filangieri e la proporzionalità fra reato e pena. Imputazione e prevenzione nella filosofia penale dell'Illuminismo. **Materiali per una storia della cultura giuridica**, v. 31, n. 1, p: 3-25, 2001.

SHECAIRA, Sérgio Salomão. 2004. **Criminologia**. São Paulo: RT.

SKINNER, Quentin. The State. In: BALL, T.; FARR, J.; HANSON, R.L. **Political innovation and conceptual change**. Cambridge: Cambridge University Press, 1989. p. 90-131.

_____. Hobbes and his disciples in France and England. **Comparative Studies in Society and History**, v. 8, n. 2, p. 153-67, 1966.

STERN, Laura Ilkins. **The Criminal Law System of Medieval and Renaissance Florence**. Baltimore: The Johns Hopkins University Press, 1994.

STÜBEL, Christoph Carl. **System des allgemeinen Peinlichen Rechts mit Anwendung auf die Chursachsen geltenden Gesezze, besonders zum Gebrauche für academische Vorlesungen**. Lepizig: Sommerschen Rechtswissenschaft, 1975.

TARELLO, Giovanni. **Storia della Cultura Giuridica Moderna**: I. Assolutismo e codificazione del diritto. Bologna: Società editrice il Mulino, 1976.

THIBAUT, Anton Friedrich Justus. **Beyträge zur Critik der Feuerbachischen Theorie über die Grundbegriffe des peinlichen Rechts**. Hamburg: Friedrich Perthes, 1802.

TOLEDO, Francisco de Assis. **Princípios básicos de direito penal**. 4ª ed. São Paulo: Saraiva, 1991.

TOMÁS Y VALIENTE, Francisco. **El Derecho penal de la monarquía absoluta (siglos XVI, XVII y XVIII)**. 2ª ed. Madrid: Tecnos, 1992.

TUCK, Richard. **Hobbes**. São Paulo: Edições Loyola, 2001.

_____. **Natural law theories**: Their origin and development. Cambridge: Cambridge University Press, 1979.

ULLMAN, Walter. **A history of political thought**: The Middle Ages. Middlesex: Penguin Books, 1968.

VAN MILL, David. Hobbes's Theories of Freedom. **The Journal of Politics**, v. 57, n. 2, p. 443-59, 1995.

WEHLING, Arno, WEHLING, Maria José. 2005. **Direito e Justiça no Brasil Colonial**: o Tribunal da Relação do Rio de Janeiro (1751-1808). Rio de Janeiro: Renovar, 2005.

WOLFF, Chrsitian. **Principes du Droit de la Nature e des Gens**. Amsterdam: Marc Michel Rey, 1758.

ZAFFARONI, Eugenio Raúl; BATISTA, Nilo. **Direito Penal Brasileiro**. T. I. Rio de Janeiro: Editora Revan, 2003.

ÍNDICE

AGRADECIMENTOS	3
APRESENTAÇÃO	5
PREFÁCIO	7
LISTA DE ABREVIAÇÕES DAS OBRAS DE P. J. A. FEUERBACH	11
INTRODUÇÃO	15

I. OS PONTOS DE PARTIDA	21
I. Uma história da dogmática penal	21
II. Algumas justificativas	24
III. A pesquisa e sua metodologia	29
IV. A dogmática penal contemporânea: uma história de semelhanças	35
1. De que é feita a dogmática penal contemporânea?	39
2. Dogmática penal contemporânea e Racionalidade Penal Moderna	56

II. "CRIMES" E "PENAS" ÀS VÉSPERAS DA DOGMÁTICA PENAL CONTEMPORÂNEA	63
I. Pontos de partida (metodológicos e institucionais)	69
1. Fazer justiça	69
2. Direito Públicos *versus* direito privado e a posição do "direito penal"	75
3. O quadro institucional	87
3.1. *Códigos, princípios e segurança jurídica*	102
II. "Delito" ou "Crime"	105

III. Punição 117
      1. O direito de punir 119
      2. A medida e a oportunidade da punição 126
   V. As cartas à mesa 134

III. P. J. A. FEUERBACH E A CONSTRUÇÃO
DA DOGMÁTICA PENAL CONTEMPORÂNEA 155
I. A DOGMÁTICA PENAL ÀS VÉSPERAS DE FEUERBACH 162
   1. CHRISTOPH CARL STÜBEL 162
   2. ERNST FERDINAND KLEIN 165
   3. KARL GROLMAN 169
II. A SEPARAÇÃO ENTRE DIREITO E MORAL 175
   III. A necessidade do Estado e a importância das instituições ... 187
   IV. A construção de um novo objeto teórico 195
   V. Que vale como delito criminal? 204
      1. Legalidade 204
      2. A especificidade do delito criminal 214
   VI. Que vale como pena criminal? 220
      1. Uma certa concepção de ser humano 220
      2. O mal da pena 223
   VII. Um direito penal com cara de direito penal 236

IV. QUE SIGNIFICA TUDO ISSO? 241
   I. Retomando 241
   II. O toque de Midas do direito penal 246

REFERÊNCIAS BIBLIOGRÁFICAS 255